全面呈现大萧条、美日、美苏

贸易战的本质与大国博弈

中国复兴的机遇、挑战与战略选择

贸易摩擦的影响、前景与应对

与大国兴衰

全球贸易摩擦

任泽平 罗志恒

著

人民出版社

目　录

序

中美贸易摩擦
本质、影响、应对和未来沙盘推演

自 2018 年 7 月 6 日中美贸易摩擦升级以来，美方对华加征关税的商品规模不断扩大，并逐步升级至投资限制、技术封锁、人才交流受阻、孤立中国等方面，对全球经济与贸易、外商直接投资（FDI）、地缘政治、中美关系等产生深远影响。截至 2019 年 5 月初，中美已进行了十轮经贸高级别磋商，双方围绕协议文本开展谈判，在技术转让、知识产权保护、非关税壁垒、服务业、农业、汇率和执行机制等方面达成共识。

但 2019 年 5—6 月，美国突然进一步提高关税税率和切断华为供应链打压中国高科技旗舰企业，中美贸易摩擦再次大幅升级。6 月底中美元首会晤，同意重启经贸磋商，中美贸易摩擦阶段性缓和。我们认为，中美贸易谈判存在波折和反复，即使达成协议，也绝不意味着一劳永逸地解决了中美经贸摩擦问题。对此，中国要做好两手准备。我们必须清醒地认识到，中美贸易摩擦具有长期性和日益严峻性。

随着中美贸易摩擦不断升级，美方的战略意图和底牌暴露得愈发明显，其目标显然不是缩减贸易逆差这么简单，越来越多的迹象表明这是打着贸易保护主义的旗号，剑指中国经济发展和产业升级，尤其是对中国高科技领域的战略遏制。最能显示美方战略意图的是两份文件和两个案例：2018 年 3 月的《301 报告》和 2018 年 5 月的美方"要价清单"，20 世纪 80 年代的美日贸易战以及当前美方对华为的围堵。

随着中国经济发展、中美产业分工从互补走向竞争以及中美在价值观、意识形态、国家治理上的差异愈发凸显，美国政界对中国的看法发生重大转变，鹰派言论不断抬头，部分美方人士认为中国是政治上的威权主义、经济上的国家资本主义、贸易上的重商主义、国际关系上的新扩张主义，是对美国领导的西方世界的全面挑战。他们认为，中国经济发展挑战美国经济霸权，中国进军高科技挑战美国高科技垄断地位，中国重商主义挑战美国贸易规则，中国"一带一路"倡议挑战美国地缘政治，中国发展模式挑战美国意识形态和西方文明。

中美贸易摩擦从狭义到广义有四个层次：缩减贸易逆差、实现公平贸易的结构性改革、霸权国家对新兴大国的战略遏制、冷战思维的意识形态对抗。缩减贸易逆差可以通过双边努力阶段性缓解，但如果美方单方面要求中国做出调整，而不彻底改变自身高消费低储蓄模式、对华高科技产品出口限制、美元嚣张的超发特权等根本性问题，美国的贸易逆差不可能从根本上削减，无非是类似当年美日贸易战之后美国对外贸易逆差从日本转移到中国，未来再从中国转移到东南亚。在实现公平贸易的结构性改革方面，中国可以做出积极改革，这也是中国自身发展的需要。但是，这些都难以满足美方战略遏制中国高科技升级和大国复兴的意图。因此，中美双方要管控分歧、避免误判，多谈判、合作、互信、寻求共赢，避免矛盾升级，中美双方共同维护有利于增进人类福祉的全球化和市场化。

中美贸易摩擦使我们清醒地认识到中国在科技创新、高端制造、金融服务、大学教育、军事实力等领域与美国的巨大差距；必须清醒地认识到中国在减少投资限制、降低关税、保护产权、国企改革等领域还有很多工作要做；必须清醒地认识到中美关系从合作共赢走向竞争合作甚至战略遏制；必须坚定不移地推动新一轮改革开放，保持战略定力。习近平在 2018 年 4 月 10 日博鳌亚洲论坛 2018 年年会开幕式讲话中向世界宣告："中国开放的大门不会关闭，只会越开越大！""实践证明，过去 40 年中国经济发展是在开放条件下取得的，未来中国经济实现高质量发展也必须在更加开放条件下进行。"

同时，我们也要清晰深刻地认识到中国经济发展的巨大潜力和优势，新一轮改革开放将释放巨大红利，最好的投资机会就在中国：中国有全球最大的统一市场（近 14 亿人口），有全球最大的中等收入群体（4 亿人群）；中国的城镇化进程距离发达国家仍有 20 个百分点的空间，潜力巨大；中国的劳动力资源近 9 亿人，就业人员 7 亿多，受过高等教育和职业教育的高素质人才有 1.7 亿人，每年大学毕业生有 800 多万人，人口红利转向人才红利；新一轮改革开放将开启新周期，释放巨大活力。

在中美贸易摩擦初期，主流媒体和市场出现了严重误判，"中美关系好也好不到哪儿去，坏也坏不到哪儿去""中美贸易摩擦对中国影响不大"等观点流行。但是，我们在一开始就鲜明提出了一些与市场流行观点不同但被后续形势演化所不断验证的判断："中美贸易摩擦具有长期性和日益严峻性""这是打着贸易保护主义旗号的遏制""中美贸易摩擦，我方最好的应对是以更大决心更大勇气推动新一轮改革开放，坚定不移。对此，我们要保持清醒冷静和战略定力"。

美国真正的问题不是中国，而是自己，是如何解决民粹主义、过度消费模式、贫富差距太大、特里芬难题等。20 世纪 80 年代美国成功遏制日本崛起、维持经济霸权的主要原因，不是美日贸易战本身，而是里根政府供给侧改革和沃尔克遏制通胀的成功。中国真正的问题是如何建设高水平的市场经济和开放体制。

更深层次来看，过去 40 年中国经济高速增长，受益于两大清晰的立国战略：对内改革开放，对外韬光养晦。今天的中国正处于战略转型期和战略迷茫期，需要解决的关键问题是面对未来政治经济社会形势演化趋势以及世界领导权更迭，确定一种对我有利的长远战略定位，类似当年英国的大陆均势、美国的孤立主义和中国当年的韬光养晦。中国对内的立国战略十分清晰，即继续深化改革开放。对外方面，中国最重要的外交关系是中美关系，中美关系的本质是新兴大国与在位霸权国家的关系模式问题，即选择韬晦孤立、竞争对抗还是合作追随。但是今天的中美关系，跟过去英德、英美、美日、美苏的关系不尽相同，既不是英德、美苏那种你死我活的全面竞争对抗关系，也不是英美那种同种同源的合作追随、顺位接班关系，更多的是竞争合作关系。因此，中国需要在美国回归到本国利益优先的霸权思维大背景下，树立并宣扬一种对全世界人民具有广泛吸引力的美好愿景和先进文明；在美国回归贸易保护主义的大背景下，以更加开放大气的姿态走向世界；在美国四面开战的大背景下，全面深入地建立与东南亚、欧洲、日韩、中亚等的自由贸易体系以实现合作共赢；历史是有规律的，凡是不断吸收外部文明成果、不断学习进步的国家，就会不断强大；凡是故步自封、阻碍时代潮流的国家，不管多强大，都必将走向衰败。

我们十多年前从事"大国兴衰的世纪性规律与中国崛起面临的挑战及未来"相关研究。自美国大选开始，我们便系统研究并持续跟踪美国经济社会发展背景、贸易保护主义和民粹主义抬头背后的经济社会基础、美国各界对华态度和战略转变、特朗普新政主张及进展等。

只有深入研究大国兴衰的世纪性规律、美国贸易保护主义和民粹主义抬头的经济社会背景、中美关系演变历程和趋势，清醒认识特朗普新政的核心诉求和底牌，才能避免战略误判，放弃幻想，着眼长远，沉着应对。

一、2018年以来，美对华从贸易摩擦向投资限制、技术封锁、人才交流受阻等全面升级，中方同步反制并加快改革开放进程

（一）中美贸易摩擦演变

2017 年 8 月，美国总统特朗普指示美国贸易代表办公室（USTR）对中国开展"301 调查"。2018 年 3 月，USTR 发布了调查结果《301 报告》，指控中国存在强迫技术转让、窃取美国知识产权等问题，特朗普据此对华加征关税。

自 2018 年 6 月 11 日起，美国收紧了科学、技术、工程、数学等专业中国留学生的签证发放。这一趋势逐渐蔓延并影响到了其他学科正常的学术交流，中国赴美交流学者多次被无理阻挠。

2018 年 6 月 15 日，美国单方面撕毁双方在 5 月份达成的共识，拟对 500 亿美元商品征收 25% 关税，分两批实施。6 月 15 日，中国决定对原产于美国的约 500 亿美元进口商品加征 25% 的关税。

2018 年 6 月 18 日，特朗普指示美国贸易代表确定拟加征关税的 2000 亿美元的中国商品清单，称如果中国采取报复性措施并拒绝改变贸易"不公平"做法，将额外征收 10% 的关税。6 月 27 日，特朗普表示将限制中国投资美国关键科技产业。

2018 年 7 月 6 日，美国对 340 亿美元的中国商品加征 25% 进口关税的措施落地。中国于同日对同等规模的美国产品加征 25% 的进口关税。

2018 年 8 月 1 日，特朗普威胁将对华 2000 亿美元商品加征关税税率从 10% 上调至 25%。8 月 3 日，中方回应将对美 600 亿美元商品分别加征 5%、10%、20% 和 25% 的关税。

2018年8月8日，美国宣布将于8月23日对华进口500亿美元商品中剩余的160亿美元商品加征关税。中国宣布8月23日对美160亿美元商品加征关税。

2018年9月18日，美国政府正式宣布于9月24日起，对约2000亿美元进口自中国的产品加征10%的关税，并将于2019年1月1日起将关税税率提高至25%。美国还称如果中国针对美国农民或其他行业采取报复措施，将对约2670亿美元的中国产品加征关税。中国商务部当日回应称将同步反制。

2018年10月1日，美加墨协定谈判成功，设置毒丸条款，规定美加墨三国都不得"擅自"与"非市场经济"国家签署协定。这意味着在没有美国许可的情况下，中国与加拿大和墨西哥两国分别签署自由贸易协定的可能性将变得极为渺茫；更为严峻的是，美国若将该条款纳入同欧盟和日本的贸易协定，中日韩自由贸易区（FTA）和区域全面经济伙伴关系（RCEP）谈判也将受到重大影响。

2018年11月1日，美国财政部外国投资委员会依据6月美国国会通过的《外国投资风险评估现代化法案》，正式加强对航空航天、生物医药、半导体等核心技术行业的外资投资审查，同时该法案还规定美国商务部部长每两年向国会提交有关"中国企业实体对美直接投资"以及"国企对美交通行业投资"的报告。

2018年11月20日，美国商务部工业安全署公布拟制定的针对关键技术和相关产品的出口管制体系并对公众征询意见，拟对生物技术、人工智能（AI）和机器学习等14类核心前沿技术实施出口管制。

2018年12月1日，二十国集团领导人峰会——布宜诺斯艾利斯峰会上，中美两国元首达成暂时休战的框架性协议并开启90天的结构性谈判。

2019年1月30—31日，中美经贸磋商取得阶段性进展，双方同意采取有效措施推动中美贸易平衡化发展，中方将有力度地扩大自美农产品、能源、工业制成品和服务产品进口，但双方在协议执行、知识产权保护和技术转让等结构性问题方面仍未达成一致。

与此同时，美方持续采用特殊歧视手段打击华为。2019 年 1 月 29 日，美国司法部宣布对华为提出 23 项刑事诉讼，并将向加拿大提出引渡华为副董事长、首席财务官的请求，在全球范围内打压华为的行动持续升级。

2019 年 2 月 5 日，特朗普在国会发表年度国情咨文演讲，以"选择伟大"为主题，重申公平贸易原则、捍卫美国就业机会、奉行以美国利益为重的外交政策，以中国为经济和价值观的对手。"如果另一个国家对美国产品征收不公平的关税，我们可以对他们销售给我们的同一产品征收完全相同的关税。"同日，USTR 发布 2018 年度《中国履行加入世贸组织承诺情况报告》，提出中国依然存在强制技术转让、产业政策、非法出口限制、电子支付市场未对外资开放等问题，认为"中国对世界贸易组织成员方和多边贸易体系发起了独特而严峻的挑战，主要是因为未能接受开放的、以市场为导向的政策"。中国商务部随即表示反对。

2019 年 2 月 7 日，美国白宫发布未来工业发展计划，提出将专注于人工智能、先进制造、量子信息和 5G 技术四项关键技术来推动美国经济繁荣和保护国家安全。

2019 年 2 月 14—15 日，第六轮中美经贸高级别磋商结束，双方讨论了技术转让、知识产权保护、非关税壁垒、服务业、农业、贸易平衡、实施机制等议题，达成原则共识。

2019 年 2 月 21—24 日，第七轮中美经贸高级别磋商达成重要共识，双方围绕协议文本开展谈判，增加了汇率和金融服务谈判的内容，取得实质性进展。

2019 年 3 月 1 日，USTR 宣布对 2018 年 9 月起加征关税的自华进口商品，不提高加征关税税率，继续保持在 10%。中方表示欢迎。

2019 年 3 月 28—29 日、4 月 3—5 日和 4 月 30 日—5 月 1 日，第八、第九和第十轮中美经贸高级别磋商继续讨论协议有关文本，持续取得进展。

2019 年 5 月 6 日，特朗普突然表示，将从 5 月 10 日起对中国原征收 10%关税的 2000 亿美元的进口商品加征关税至 25%，且短期内将对另外 3250 亿美元商品征收 25%的关税。5 月 13 日，中国宣布 6 月 1 日起对美原加征 5%和 10%关税的 600 亿美元商品提高税率至 10%、20%和 25%。

2019 年 5 月 15 日，美国总统特朗普签署行政命令，宣布美国进入"国家紧急状态"，美国企业不得使用对国家安全构成风险的企业所生产的电信设备。美国商务部工业和安全局把华为公司列入出口管制"实体名单"。

2019 年 6 月 29 日，在二十国集团领导人峰会——大阪峰会上，中美两国元首同意推进以协调、合作、稳定为基调的中美关系，在平等和相互尊重的基础上重启经贸磋商。美方表示谈判期间不再对中国产品加征新的关税。两国经贸团队将就具体问题进行讨论。特朗普宣布美国公司可继续向华为公司供应不涉及国家安全的零部件。

（二）除针对中国外，美国发动了以自我利益为中心的全球性贸易摩擦，四面开战、合纵连横，遭遇了广泛的反弹

2018 年 3 月，美国宣布将对进口钢铁和铝产品分别征收 25%和 10%的关税，涉及欧盟、加拿大、墨西哥、日本等多个国家和地区。作为反击，欧盟宣布将对价值约 35 亿美元的美国商品加征 25%的进口关税。特朗普威胁称将对进口自欧盟的汽车及零部件征收 20%的关税。

2018 年 7 月，欧盟委员会主席容克访美，美国和欧盟发表联合声明，宣布同意通过谈判降低贸易壁垒、缓解贸易摩擦，并同意暂停加征新关税，美欧贸易摩擦缓和。但 2019 年 4 月，特朗普指责欧盟非法补贴空客公司，因此要对价值 110 亿美元的进口欧洲产品加征关税。2019 年 7 月 1 日，USTR 发布了价值 40 亿美元的拟征收关税的欧盟商品清单，美欧贸易摩擦再起。

特朗普多次指责美日贸易不公平，并对日本农业和汽车行业"开炮"。2018 年 7 月，美国贸易代表莱特希泽称必须同日本协商贸易协定。9 月，美日两国启动货物贸易协定谈判，美国农业部部长要求日本开放农业市场。10 月，特朗普称如果日本不开放市场，将对日本汽车征收 20% 的关税。美国政府甚至以美国对日本的安全保护为施压筹码，抨击《美日安保条约》不公平。

美国试图建立一个绕过 WTO 的新的世界贸易体系。除美欧、美日谈判外，2018 年 7 月 17 日，欧盟和日本在东京签署《经济伙伴关系协定》(EPA)，如果美日欧结盟，WTO 将名存实亡，世界将形成两大平行市场，国际经贸秩序面临重建。但是，美欧、美日联盟的建立并非一蹴而就，仍存在很多问题，如欧洲和日本的农业、汽车短期内难以实现与美零关税（尤其法国农业将受到较大冲击），随后美欧联合声明遭到了法国等国家的强烈反对。

美国对其贸易逆差第二大来源国墨西哥发起贸易摩擦。特朗普上任伊始就提出要重新谈判美加墨自由贸易协定。2019 年 5 月 31 日，特朗普将外交问题经济化、将关税武器化，为限制非法移民，称从 6 月 10 日起对进口自墨西哥的所有商品加征 5% 的关税；如果危机未能解决，美国将不晚于 10 月 1 日继续上调关税税率至 25%，墨西哥不得不部署国民警卫队加强边境执法并接收非法移民遣返至墨西哥境内。

美国还发起了对印度的贸易摩擦。2019 年 6 月 5 日，美国终止了印度的普惠制贸易地位，取消对印度的关税减免优惠，印度随即对苹果、杏仁等 28 种美国产品加征报复性关税。

（三）中方以打促和，扩大改革开放

中国一方面对美加征关税予以回击，促使美国回到谈判桌上；另一方面就降低关税、促进投资便利化、扩大开放、推动供给侧结构性改革，积极推动改革开放事业。

2018 年 4 月，习近平在博鳌亚洲论坛年会讲话中提出，降低汽车进口关税和外资股权比例限制，加大金融服务业开放等。

2018 年 6 月 26 日，中国下调亚太进口协定税率，实行大豆进口零关税。

2018 年 6 月 29 日，中国发布了《外商投资准入负面清单（2018 年版）》，共在 22 个领域推出开放措施，基本完全放开制造业的投资限制，并提出 2021 年将取消金融领域所有外资股比限制。2019 年 7 月 2 日，李克强在第十三届夏季达沃斯论坛上表示该领域开放将提前至 2020 年。

2018 年 7 月 16 日，第二十次中国欧盟领导人会晤，双方表示致力于在双边贸易和投资领域确保公平互利合作，加快《中欧投资协定》谈判。

2018 年 11 月 5 日，习近平在第一届中国国际进口博览会上宣布五大主动新开放举措：激发进口潜力、持续放宽市场准入、营造国际一流营商环境、打造对外开放新高地、推动多边和双边合作深入发展（中日韩自贸区）。

2018 年 12 月 19—21 日，中央经济工作会议强调"要推动全方位对外开放。推动由商品和要素流动型开放向规则等制度型开放转变。要放宽市场准入，全面实施准入前国民待遇加负面清单管理制度，保护外商在华合法权益特别是知识产权，允许更多领域实行独资经营。要扩大

进出口贸易，推动出口市场多元化，削减进口环节制度性成本等"。

2019 年 3 月 15 日，全国人大通过《外商投资法》，对外商投资的准入、促进、保护、管理等做出了统一规定。3 月 28 日，李克强在博鳌亚洲论坛 2019 年年会开幕式上宣布加快制定《外商投资法》的配套法规，扩大增值电信、医疗机构、教育服务、交通运输、基础设施、能源资源等领域对外开放。

2019 年 4 月 26 日，习近平在第二届"一带一路"国际合作高峰论坛上宣布中国将采取一系列重大改革开放举措，加强制度性、结构性安排，促进更高水平对外开放，包括更广领域扩大外资市场准入、更大力度加强知识产权保护国际合作、更大规模增加商品和服务进口、更加有效实施国际宏观经济政策协调、更加重视对外开放政策贯彻落实。中国将继续大幅缩减负面清单，推动现代服务业、制造业、农业全方位对外开放。这与特朗普的"美国优先"形成鲜明对比。

2019 年 5 月 31 日，商务部称中国将建立"不可靠实体清单"制度，不遵守市场规则、背离契约精神、出于非商业目的对中国企业实施封锁或断供，严重损害中国企业正当权益的外国企业、组织或个人，将被列入"不可靠实体清单"。

2019 年 6 月 30 日，国家发展和改革委员会、商务部公布了《外商投资准入特别管理措施（负面清单）（2019 年版）》，与 2018 年版相比，2019 年版的负面清单进一步放宽了采矿业、交通运输、基础设施、文化等领域的投资限制，负面清单条目由 48 条减至 40 条。

二、近年来美国政界对中国看法发生了重大转变，美国两党对华政策形成共识，政府内阁成员已基本换成对华鹰派

1.特朗普政府内阁成员已基本换成对华鹰派。自 2017 年 1 月就任总统至 2019 年 1 月，特朗普频繁更换内阁、白宫高层人员已达 42 人，就任第一年白宫官员变动率达 34%，远高于奥巴马、小布什、克林顿同期的 9%、6% 和 11%。当前，与外贸及经济直接相关的主要高层已基本转为鹰派，与其他内政、外交相关的副总统彭斯、国务卿蓬佩奥等则多次指责中国的南海、"一带一路"倡议等问题，对华批评从贸易上升到意识形态层面，是极端鹰派。贸易代表莱特希泽主张在贸易上保持对中国的强硬姿态，认为中国是对全球贸易体系最大的破坏者。贸易和制造业办公室主任纳瓦罗认为中国利用贸易补贴和汇率操纵，将产品倾销到美国。白宫首席经济顾问库德洛对华态度由鸽转鹰，认为"301 调查"的核心是科技问题，不能让中国扼杀美国的未来。商务部部长罗斯认为美国首要任务是缩减贸易逆差，对实行不公平贸易政策的国家予以反击。

2. 1979 年中美建交至今，中美关系可划分为三个阶段：合作共赢（1979—2000 年）、竞争合作（2001—2008 年）、战略遏制（2008 年至今），两党对华态度同时经历了三个阶段：从对华友好的共识到分歧，再到形成遏制中国的共识。共和党更为务实，重实际利益轻意识形态，民主党重意识形态，强调中国的人权问题，共和党对华负面评价占比高于民主党。

3. 2018 年 9 月 16 日，美国前副国务卿、世界银行前行长佐利克在中国发展高层论坛专题研讨会上的演讲较具代表性。

"美国对中国的担忧不只局限于特朗普政府。假设中美关系在中期选举，或者是 2020 年总统大选之后回到过去是不太现实的。我主要有四个方面的担忧：

"第一，国企的作用。在外界看来，中国好像转向了国家资本主义的模式，我们担心中国私营企业没办法公平竞争。

"第二，我在过去 10 年观察到的美国和其他国家以前非常支持和中国的友好关系，现在变得越来越沮丧。因为他们面临强制的技术转让，可能会有监管方面对竞争的限制，以及对知识产权的窃取等。以前的商界是非常支持发展友好中美关系的，现在他们已经不再扮演这个角色了。

"第三，'中国制造2025'。对某些人来说，这看起来好像是要在未来统治科技行业。和外国人沟通的时候，有的时候他们会觉得这是非常可怕的，因为这是基于保护主义、补贴以及对海外科技企业的收购。

"第四，中国的外交政策，从以前邓小平时代的自我克制转向现在这种非常自信的大国外交。中国加入WTO时的那些衣服现在已经不太合身了。中国在市场准入方面做出了很多承诺，可能比其他发展中国家做出了更多的承诺。但是，现在中国的平均关税还是9%左右，是其他国家的3倍。像我这样的人就很难向特朗普总统去解释为什么中国对美国的汽车进口关税是25%，而美国对中国汽车的进口关税是2.5%。

"我们看整体的投资和贸易情况，双方的条件确实不是对等的。所以，在美国造成了一种不公平的看法。特朗普政府认为美国在过去70年对中国和其他国家让步太多了。我想对于这种不公平待遇的认识会增加对中美关系的压力。"

4. 2018年11月7日，美国前财政部部长保尔森在新加坡举办的彭博创新经济论坛发言中指出："美国两党虽然在其他所有问题上看法都不一致，但对中国的负面看法高度一致。对华贸易损害了部分美国工人的利益，他们已经通过选票表达了不满。一个正在形成的共识是，中国不但对美国是个战略挑战，同时中国的崛起已经损害美国利益。美国人越来越相信中国是一个同一级别的竞争者，在推行有敌意的政策，并对美国构成战略挑战。""越来越多的人转向怀疑甚至反对过去的美国对华政策。美国企业不希望发生贸易摩擦，但它们确实希望政府采取更积极的态度。窒息竞争的政策，以及近二十年来缓慢的市场开放步伐使美国商界感到沮丧。它让我们的政治人士和专家的态度加速转向负面。"

5. 美国前国务卿基辛格表示，"中美关系再也回不到过去了，需要重新定义"。

6. 中国美国商会主席威廉·蔡瑞德认为美国商界对中美经贸关系已经由支持态度转向怀疑态度，由于中国加入 WTO 后开放持续放缓，导致了大量不公平贸易的存在。

三、特朗普竞选总统逆袭、美国贸易保护主义以及民粹主义盛行，并非偶然现象，而是具有深层次的经济社会背景

1. 2008 年次贷危机以来，量化宽松（QE）和零利率导致资产价格大涨，美国收入分配差距空前拉大，制造业大幅衰落，底层沉默的大多数被剥夺感加深。国际贸易的基本理论指出，各国劳动生产率、要素禀赋和比较优势差异决定了国际分工，分工提升了专业化生产、规模经济效应和生产率。因此，国家作为一个整体可以从国际贸易中受益。但是，国际贸易具有极强的收入分配效应，贸易所得对出口部门有利，但将使得进口部门受损。美国在国际贸易中整体受益，支撑了高消费模式，美国的科技和金融具有比较优势并因此受益，但不具备比较优势的制造业（中低端）受损。

我们认为，一定要把美国政客和企业家分开，政客欺骗的是部分在全球化进程中受损的底层民众，大部分知识精英、企业家和民众是清醒、友好和理性的。在美国存在一大批支持全球化和改善中美关系的建设性重要力量。受益于全球化的美国金融和科技企业反对特朗普的贸易保护主义，同时希望中国在知识产权保护、市场准入等方面改进。美国

铁锈州的传统失业工人是支持特朗普对华强硬的主要政治基础，部分政客的贸易保护主义和民粹主义主要迎合了这部分选民。

2.美国货物贸易逆差创历史新高，促使美国政府、企业和民众全面反思过去长期支持并主导的全球化对美国的负面影响以及美国受到的"不公平"待遇问题。在美国的巨额贸易逆差中，对中国的货物贸易逆差占比48%，与20世纪60年代西欧、80年代日本类似，当前的中国成为美国转移国内矛盾的重要对象。美方认为，中美贸易失衡和美国制造业衰落的主要责任在于中方的重商主义，希望系统解决造成贸易逆差的深层次体制机制和结构性问题。2018年6月2—3日备受市场期待的中美经贸谈判无果而终，美国商务部部长罗斯在北京谈判时不仅提出削减贸易赤字，还聚焦于促使中国改变有争议的贸易和产业政策，"这不仅关乎（中国）购买更多（美国）商品，还关乎结构性变化"。

3.一方面，改革开放40年的成就、党的十九大报告展示了中国经济的勃勃生机和宏伟蓝图，2012—2018年中国占全球经济规模比重从11%上升到16%，中国超越日本成为世界第二大经济体。另一方面，2008年以来，美国受金融危机重创、贫富差距拉大，反全球化抬头，当前中美贸易摩擦加剧实质是新冷战思维引发在位霸权国家遏制新兴大国崛起。在奥巴马政府时期，美国就大力推行一体两翼、两翼张开（TPP、TTIP）的经济战略以及"战略东移"的军事战略，试图重返亚太，实施"亚太再平衡"。2008年美国《国防战略报告》将中国定位为"潜在竞争者"，随后爆发次贷危机，美国忙于应对国内经济；随着美国经济复苏以及中国日益崛起，2018年《国防战略报告》将中国首次定位为"战略性竞争对手"。此次中美贸易摩擦不过是过去十多年美方遏制中国发展战略的延续和升级而已。

4.当前的中美贸易摩擦形势不同于过去40年，从根本性质、深层次原因上更类似美日贸易战。美日贸易战从 20 世纪 50 年代中后期一直打到 20 世纪 80 年代末 90 年代初，历时 30 余年，先后涉及了纺织品行业（1957—1974 年）、钢铁行业（1968—1992 年）、彩电行业（1968—1980 年）、汽车行业（1981—1995 年）、通信行业（1981—1995 年）和半导体行业（1978—1996 年）。日本从早期的"自愿限制出口"（如纺织、钢铁、家电）到不得不接受自愿扩大进口、取消国内关税（如汽车行业）、开放国内市场(如电信行业)、对出口美国的产品进行价格管制(如半导体产品）等条件，日本汽车厂家甚至选择直接赴美投资，以不断满足美国花样百出的诉求。但是美日贸易战并未解决双方贸易失衡的根本性问题。

除了贸易战之外，美国还对日本挑起了汇率金融战和经济战等。1985 年，在美国的主导和强制下，美、日、德、法、英等签署了《广场协议》，日元兑美元在短时间内大幅度升值；1990 年，美国与日本签订了《美日结构性障碍问题协议》，要求日本开放部分国内市场，并直接强制日本修改国内经济政策和方针，之后日本政府通过举债的方式进行了大量的公共投资。

《广场协议》后，日元升值导致日本贸易顺差减少，经济增速和通胀水平双双下行，为应对"日元升值萧条"，日本银行开始不断放松银根。宽松的货币政策使得国内过剩资金剧增，为股票市场和房地产市场提供大量的流动性资金，进而推动了投机热潮的高涨，最终导致平成泡沫的破裂。

在长期的美日贸易战中，美国步步紧逼，日本节节退让甚至无原则顺从，直到应对失当、国内资产价格泡沫崩盘，日本从此陷入了"失去的二十年"，再也没有能力和资格挑战美国经济霸权，美日贸易战才以日本金融战败宣告结束。

四、特朗普政府在中美贸易摩擦中的诉求和底牌

1. 史蒂夫·班农作为特朗普竞选班子的宣传总长和核心智囊，其2017 年 12 月在日本东京的演讲《中国摘走了自由市场的花朵，却让美国走向了衰败》，已经清晰地传递了特朗普政府的理念以及对中国的态度：

"这次民粹主义的大规模兴起发生在一个独特的全球阶段，就是中国的崛起。美国的精英们长期错误地期望中国会实行自由市场经济。而今我们看到的却是儒家重商主义模式。

"因为中国出口过剩使得英国中部和美国中西部的工业地区被掏空。美国的劳动阶层和底层人民的生活水平在过去几十年出现了倒退。

"特朗普将如何做呢？第一，他将阻止大量的非法移民进入美国。第二，他将把产业工作重新带回美国。第三，他将要重新审视美国已经陷入十六七年的国外战场，如果我们把 5.6 万亿美元军事费用花在发展我们的城镇和基础设施上，我们与中国国际经济的竞争应该已经远远领先。

"特朗普总统的中心目标是重振美国，其中的重要策略是对中国的货币操纵、不公平贸易加以反制。中国摘走了自由市场的花朵，那就是我们的创新。"

2. 现任贸易代表莱特希泽的《对美中贸易问题的证词》《中国贸易壁垒清单》，展示了美方鹰派对中国贸易问题的认识、反思和诉求。

罗伯特·莱特希泽，曾在里根政府时期担任美国副贸易代表，20世纪 80 年代的美日贸易战就是他的杰作。他对自由贸易持怀疑态度，主张对违反贸易规则的国家征收高额关税。2018 年 5 月 4 日美方提出的"要价清单"，大部分反映了莱特希泽的建议。

莱特希泽在 2010 年《美中经济安全审查委员会证词：对过去十年中国在 WTO 中作用的评估》中指出：十年来，中国加入 WTO 的承诺大部分没有兑现，美国批准给中国永久性正常贸易地位（PNTR）是错误的：(1) 美国的政策制定者没有意识到，中国的经济政治体制与我们的 WTO 理念之间多么格格不入；(2) 美国的政策制定者严重误判了西方企业将其业务转向中国并以此服务美国市场的动机；(3) 美国政府对中国重商主义的反应十分消极。

莱特希泽还认为，中国没有履行加入 WTO 的承诺：(1) PNTR 支持者承诺的经济利益未能实现。从 2000 年到 2009 年，美国对华贸易赤字增长了两倍，美国制造业也失去了几百万就业岗位。(2) 中国的法制承诺很值得怀疑，美国政府仍在就中国不尊重美国的知识产权表达重大关切。(3) 中国重商主义对美国经济产生了致命影响。

3. 特朗普在竞选期间的政策主张和班农传递的民粹主义理念基本一致。大选期间特朗普的政策主张是贸易保护主义、民粹主义和自由主义的混合体。胜选后特朗普开始明确其政策框架核心细节并着手实施，比如签署税改法案、收紧移民政策、对中日欧全面发起贸易摩擦、推动基建落地等。

4.《301 报告》和 2018 年 5 月美方的《平衡美利坚合众国与中华人民共和国之间的贸易关系》（美方"要价清单"）清晰地反映了美方意图。

《301 报告》对中国提出五项指控，包括不公平的技术转让制度、歧视性许可限制、政府指使企业境外投资以获取美国知识产权和先进技术、未经授权侵入美国商业计算机网络及其他可能与技术转让和知识产权领域相关的内容。但是，《301 报告》存在大量的数据误导性引用、片面陈述、双重标准和混淆概念等问题。美方没有看到中国自加入 WTO 以来在降低关税和非关税壁垒、扩大对外开放领域、放松股权限制、保护知识产权等方面做出的努力和进步。

美方"要价清单"包括：中方削减 2000 亿美元对美贸易顺差；停止对"中国制造 2025"的补贴和支持；保护知识产权；降低关税；扩大农产品进口；改进美方在中国的投资限制。其中，"中国制造 2025"被三次提及。

当前中国对美贸易顺差较大的领域主要是机电、音像制品、劳动密集型的纺织品等中低端制造，但是美方开出的要价清单及对中国加征关税的领域并不是上述中低端制造，而是未来要大力发展的高科技产业。这是打着贸易保护主义旗号的赤裸裸的遏制，展现了特朗普政府的单边主义、霸权主义和美国利益优先思维。总之，上述两份文件清晰地反映了美方意图，即害怕中国取得先进技术赶上并威胁美国的竞争优势和"国家安全"，担忧中国政府大范围、深度介入高科技创新的制度和行为，因此要打压并遏制中国高科技。

5. 特朗普政府四面开战，在外部提高关税，在内部大幅减税，这两大措施既提高了全球出口到美国的成本，也降低了在美国生产的成本，其目的在于吸引资本回流和"再制造化"，进而实现"让美国再强大"。

五、未来沙盘推演

1. 短期看，中美贸易摩擦打打停停，只会缓和不会结束。

中美贸易摩擦将继续以"升级—接触试探—再升级—再接触试探"的逻辑演化，边打边谈，打是为了在谈判桌上要个好价钱，斗而不破，甚至可能达成关于结构性改革和削减贸易逆差的协议。但是涉及中方核心利益的发展高科技和产业升级将难以满足美方要求，贸易摩擦只会缓和不会结束。即使达成协议，也并不意味着一劳永逸，特朗普仍有可能撕毁协议。

2. 未来半年到 1 年，决定中美经贸关系走向有 4 个重要变量和关键节点。

（1）2020 年总统大选，将在 2019 年下半年启动，对华强硬的贸易政策可能再度成为候选人赢取选票的策略，对华强硬的贸易政策大概率延续，"中国威胁论"等论调可能再次甚嚣尘上。

（2）美国经济见顶回落和美股回调的速度，若中美贸易摩擦再度加剧，美国经济和股市将面临下行，将制约特朗普的强硬态度。

（3）中国改革开放的力度，中方持续改革开放，放宽市场准入、强化知识产权保护、改革国企等，既符合自身需要，也释放谈判诚意。

（4）美国引发其他国际争端牵制中国，美方可能借助朝鲜、伊朗、南海、中国台湾等问题牵制中国。

3. 长期看，中美贸易摩擦具有长期性和日益严峻性。

美国已积累起贸易战（对华摩擦的五大方面）、汇率金融战（对日本）、资源战（对欧洲）的多维打击经验。展现在我们面前的不仅是中美贸易摩擦，还是经济、政治、文化、科技、网络、意识形态等领域的全方位综合实力较量。

（1）《广场协议》签订前，日美 GDP 之比接近 40%；2018 年中国 GDP 相当于美国的 66%。按照 6% 左右的 GDP 增速，预计在 2027 年前后，中国有望取代美国、成为世界第一大经济体。一个有近 14 亿人口的超大型经济体从起飞、转型到跨越，这将是人类经济增长史上的奇迹。第二次世界大战结束以来美国从来没有遇到过这样的竞争对手；与 20 世纪 80 年代的日本不同，中国不会拿核心利益做交换。

（2）从全球新经济的独角兽企业来看，美国和中国企业占比超七成，展现了中国新经济的勃勃生机。据 CB Insight 数据，截至 2018 年年底，全球共有 311 家独角兽，其中来自美国的共 151 家，占 48.6%；

中国紧随其后，共 88 家，占 28.3%；英国和印度分别位于第三和第四位，分别有 15 家和 14 家，占 4.8% 和 4.5%。

（3）中国研发支出占 GDP 比重与美国的差距在缩小。中国工程师人数逐步上升，理工科毕业生逐年增加，中国从人口数量红利转向工程师红利。

（4）中国制造业快速崛起，增加值占全球制造业增加值总额比重持续上升，并进军高科技，中美产业互补性逐步削弱、竞争性逐步增强。

（5）从世界大国兴衰的世纪性规律和领导权更迭来看，贸易摩擦是中国发展到现阶段必然出现的现象和必将面临的挑战。要深刻认识到此次中美贸易摩擦是由于发展模式、意识形态、文化文明、价值观等差异所引发的世界领导权更迭之争。其未来演化的参考模式不是过去四十年中美贸易摩擦的模式，而应参考英美世界领导权更迭、美日贸易战等的历史演化模式。

六、应对中美贸易摩擦最好的方式是更大决心和更大力度地推动改革开放

1. 当前市场上流行三类观点：投降论、强硬论和开放论。

面对中美贸易摩擦持续升级，有一种悲观的"投降论"观点开始流行起来，认为只要中国服软，中美贸易摩擦即宣告结束。

第二种流行观点是"强硬论"。在此次中美贸易摩擦之前，国内存在一些过度膨胀和过度自信的思潮。随着中美贸易摩擦升级，有种思潮是引向狭隘的民族主义、爱国主义甚至民粹主义，认为中国已经强大起来，有实力在经济、金融、资源、舆论、地缘政治等领域对美方全面开战。

中美贸易摩擦折射出中国在改革开放领域仍有很多功课要做，从这个意义上，此次中美贸易摩擦未必是坏事，中国可以转危为机，化压力为动力。坦率讲，在降低关税、放开投资限制、打破国企垄断、更大力度地推动改革开放、建立更高水平的市场经济和开放体制等方面我们有很多的功课要去做，这是我们客观要承认的。

我们认为，无论是"投降论"还是"强硬论"，都是被美方牵着走，中国应保持历史的大局观和清醒的战略定力，把主要精力放在做好自己的事情上，加大改革开放力度，建设高水平市场经济和开放体制，建设自由平等、以人为本的和谐社会，我们的世界观和意识形态自然会得到世界的认同，历史和人民最终会给出最公平的答案。

2. 我们建议中方摆脱被动接招应对，主动提出与美方积极推动建立基于"零关税、零壁垒、零补贴"的中美自贸区。

自由贸易有利于促进国际分工、发挥中美两国各自的要素禀赋优势、实现双赢，而且自由贸易天然有利于制造业大国，这在欧元区、各自贸区以及全球化进程中均表现明显，中国是过去40年全球化最大的受益者，德国是欧盟的最大受益者。从理论上也成立，中国劳动要素成本整体低于美国而且制造业产业链更完整，中美自贸区能够实现双赢，同时也是中国自身发展及进一步对外开放的需要。因此，建立中美自贸区将有助于化解中美贸易摩擦，化干戈为玉帛。继中国20世纪80年代设立特区、2001年加入WTO之后，建立中美自贸区将开启中国新一轮改革开放高潮，助力中国从制造业大国走向制造业强国。同时，中方应该高调宣传与美方共建自贸区的意愿，让美方回到谈判轨道上，美方也应该受规则制约。此外，中国还应积极联合东盟、拉丁美洲、非洲与"一带一路"沿线国家和地区，与欧盟、日韩积极开展双边合作和自贸区谈判，寻求WTO等国际协调机制，避免贸易摩擦升级扩大。

3. 贸易战的本质是改革战，最好的应对是顺势以更大决心更大勇气推动新一轮改革开放。

前期金融去杠杆和中美贸易摩擦引发货币再度放水刺激的呼声和讨论，这是非常短视和误国的，如果面对中美贸易摩擦的外部冲击而重回货币刺激的老路，将重演美日贸易战的失败教训。中美贸易摩擦应往改革开放的共识引导，类似 1960—1990 年德国产业升级的应对模式。信心比黄金更重要，未来应以六大改革为突破口，提振企业和居民信心，开启高质量发展新时代。

第一，建立高质量发展的考核体系，鼓励地方试点，调动地方在新一轮改革开放中的积极性。

第二，坚定国企改革，避免陷入意识形态争论，要以黑猫白猫的实用主义标准衡量。

第三，大力度、大规模地放活服务业，调动民营企业家积极性。中国已经进入到以服务业为主导产业的时代，制造业升级需要生产性服务业大发展，满足美好生活需要消费性服务业大发展。党的十九大报告提出，中国社会主要矛盾已经转化为人民日益增长的美好生活需要和不平衡不充分的发展之间的矛盾。中国制造业除了汽车等少数领域，大部分已经对民企外企开放，但是服务业领域仍存在严重的国企垄断和开放不足，导致效率低下，基础性成本高昂。未来应通过体制机制的完善，放开国内行业管制和要素市场化、降低部分服务业非关税壁垒，更大程度地放活服务业。

第四，大规模地降低微观主体的成本。推动减税、简政，降低物流、土地、能源等基础性成本。

第五，防范化解重大风险，促进金融回归本源，更好地服务实体经济。

第六，按照"房子是用来住的，不是用来炒的"定位，建立居住导向的新住房制度和长效机制，关键是货币金融稳健和人地挂钩。未来应推行新增常住人口与土地供应挂钩；保持房地产金融政策长期稳定；从开发商为主转变为政府、开发商、租赁中介公司、长租公司等多方供给；推进房地产税改革，抑制投机型需求。

第一章
全球贸易战和美国大萧条*

    1929 年大萧条初期,美国股市泡沫破裂,银行业危机爆发,经济陷入萧条。为保护本国经济和就业,美国全面提高关税,随后引发各国竞相采取报复性措施,包括提高关税、施加进口配额限制、投资限制以及汇率贬值,导致国际贸易状况严重恶化,国际协调机制崩溃,各国经济雪上加霜。最终金融危机全面失控,不断升级至经济危机、社会危机、政治危机乃至军事危机,第二次世界大战爆发,人类进入自我毁灭模式。教训惨痛,殷鉴不远。

    第二次世界大战后,国际社会吸取教训,逐步建立布雷顿森林体系、关税与贸易总协定(GATT,WTO 前身)、世界银行等国际协调机制和组织,世界经济进入较为繁荣稳定的发展时期。2018 年美国再度引发全球贸易摩擦,特朗普政府应吸取历史教训,勿重蹈大萧条覆辙。

---

* 本章作者:任泽平、罗志恒、贺晨。

第一节　大萧条时期贸易战的时代背景和起因

一、第一次世界大战后霸权势力更迭，欧洲经济逐步下滑

美国经济实力大增。自 1918 年第一次世界大战结束后，美国进一步确立世界第一经济强国地位。出于巩固霸权地位以及保护国内产业的考虑，美国实行贸易保护政策，关税水平明显提高。1914—1922 年美国平均关税税率达 28.3%，1920 年的短暂经济危机促使美国国会于 1922 年通过《福特尼–迈坎伯关税法》（*Fordney–McCumber Tariff Act*），1922—1929 年美国平均关税税率进一步上升至 38.2%，如图 1-1 所示。关税水平的不断提高一方面保护了国内农业、工业等相关产业，另一方面使欧洲各国通过出口提振经济以及清偿战争债务的可能变成泡影。1920—1929 年，美国经济迅速发展，国家主权财富成倍增长，大量资

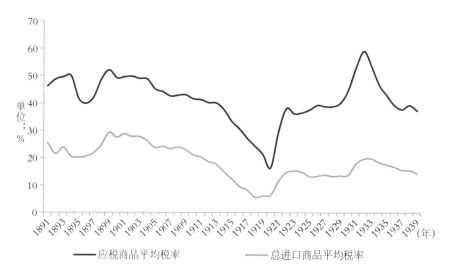

图 1-1　1891—1939 年大萧条时期美国平均关税税率

资料来源：美国国际贸易委员会："U.S. Imports for Consumption, Duties Collected, and Ratio of Duties to Value, 1891–2016"，2017 年 3 月，见 https://www.usitc.gov/documents/ dataweb/ave_table_1891_2016.pdf，访问时间：2019 年 4 月 23 日；恒大研究院。

本迅速涌入美国金融市场。

欧洲各国经济实力下滑。英国由于第一次世界大战期间的人员伤亡与物资损失，经济严重衰退；德国作为战败国在修复国内经济的同时背负巨额战争赔款，此外，1928 年美国撤回在德投资使德国经济状况雪上加霜；欧洲其他各国经济在战后经历短暂繁荣后，同样下滑，出口增速大幅放缓叠加德国无力偿付战争赔款，欧洲经济整体陷入下滑状态。

重建金本位制度。第一次世界大战期间，各国终止了金本位制度，战争结束后，各国开始重建该制度。1925 年英国宣布恢复金本位制，1928 年法国恢复。截至 1929 年，除西班牙以及少数亚洲、拉丁美洲国家以外，以金汇兑制形式存在的金本位制已在各国重建，战后混乱的货币金融体系逐渐恢复相对平稳。但在大萧条之前，由于各国缺乏协调的平价关系、各自为政，金本位制下的国际收支调节机制无法正常运行。在金汇兑制下，纸币不能直接与黄金兑换，只能与黄金存放国兑换，然后再根据这些国家的相关规定来兑换黄金。然而实际黄金存放国对黄金的兑换存在着诸多限制，这造成了币值不稳定、货币供应和国际收支自动调节机制受到限制等诸多问题。

二、美联储加息，美国股市泡沫破裂

第一次世界大战后，各参战国经济逐步恢复、生产修复，对美国产品的需求快速下滑，作为战时美国主要出口商品的农产品价格大幅度下跌。联邦政府采用各种方法试图提高农产品价格，包括向国外发放贷款、提高欧洲国家购买农产品的支付能力等。美国政府还鼓励银行发放低利率的贷款进一步刺激经济。同时大量国际资本和黄金流入美国，投机活跃，美国证券市场价格高位运行。此外，美国工人实际工资增速不及社会生产率，消费信贷迅速扩张。1929 年农业部门因干旱和粮食价格下跌受损，失业率上升，银行不良贷款率提高，美国经济结构恶化，股市泡沫风险进一步提高。为应对日益失控的股市投机，1928—1929年美联储8次提升再贴现率，由3.5%提升至6%[①]。骤然紧缩的货币政策和疲软的经济导致市场恐慌情绪蔓延。

1929年10月29日，所有股票被"不计代价地抛售"，美国股市泡沫破裂。早在1929年10月12日，美国股市已开始下跌，大量仓位被强行平仓。自10月24日开始，美国股市连续5日下跌；直至10月29日，股市泡沫正式破裂，当日被抛售股票达1641.3万股，道琼斯指数从最高386点下跌40%至230点，下跌趋势持续至1932年，彼时股市市值较1929年已蒸发89%，如图1-2所示。1929年美国股市崩溃被视为大萧条的起点，此后美国乃至世界经济陷入长期衰退，经济乃至政治局势动荡不安。

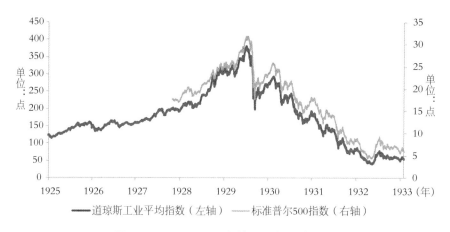

图1-2　1925—1933年美国股市指数走势

资料来源：Wind、恒大研究院。

---

① 美联储："Discount Rates, Federal Reserve Bank of New York for United States"，见 https://fred.stlouisfed.org/series/M13009USM156NNBR，访问时间：2019年4月23日。

三、美国施加贸易关税

1929 年，美国国会通过《斯姆特–霍利关税法》(*Smoot–Hawley Tariff Act*)，该关税法施加自 1830 年以来 100 年内美国最高关税，将关税水平由 40% 提高至 47%，美国应税品占总进口比重也快速上升，1936 年该比重达 42.9%，较 1930 年上升 12.4 个百分点，如表 1–1 所示。该法案通过后，美国 1028 名经济学家联名签署请愿书抵制该法案，英国、加拿大等 23 个贸易伙伴国表示强烈抗议，[①] 然而该法案最终经美国总统胡佛签字并于 1930 年 6 月 17 日正式实施。

美国实施《斯姆特–霍利关税法》主要出于以下三方面原因：

1. 保护美国部分产业。受 1922—1929 年连年低利率、信贷扩张以及显著提高的生产效率影响，连续大规模生产导致美国农产品和部分工业产品市场供大于求，价格大幅下跌，施加关税有助于保护这部分产业的利益并巩固执政党传统选区选票。

2. 缓和 1929 年美国股市崩盘带来的经济冲击。1929 年 10 月股灾彻底打击了投资者的信心，居民财富大幅缩水，消费能力大减，商品积压严重，实体企业大量倒闭，银行不良资产暴露，信用骤然紧缩，银行危机爆发。股市危机和银行危机给经济带来巨大冲击，美国政府企图通过增加关税保护国内产业，促进经济恢复。

3. 金本位制制约货币政策工具使用。第一次世界大战后，西方各国为稳定货币供给和金融体系，努力重建金本位制。到 1929 年，金本位制已经基本在各市场经济国家得到普及。然而金本位制下的"三元悖论"困境制约了货币政策独立性，美联储为维持金本位制于 1931 年 10

---

① "1028 Economists Ask Hoover to Veto Pending Tariff Bill: Professors in 179 Colleges and Other Leaders Assail Rise in Rates as Harmful to Country and Sure to Bring Reprisals", *The New York Times*, May 1930.

月再度提高再贴现率，这进一步促使美国采用提高关税、减少配额等贸易保护性政策刺激经济以及保护国内生产和就业。

表1-1　1930—1936年美国应税品占总进口比重

年份	1930	1931	1932	1933	1934	1935	1936
比重（%）	30.5	33.4	33.2	36.9	39.4	40.9	42.9

资料来源：美国国际贸易委员会："U.S. Imports for Consumption, Duties Collected, and Ratio of Duties to Value, 1891–2016"，2017年3月，见 https://www.usitc.gov/documents/dataweb/ave_table_1891_2016.pdf，访问时间：2019年4月23日；恒大研究院。

第二节　演变：美国挑起关税战，各国施加报复性关税

美国无视经济发展规律，强硬实施《斯姆特－霍利关税法》，进一步提高关税，严重破坏了正常的国际贸易关系，引发各国强烈不满。加拿大、意大利、西班牙、瑞士等国纷纷出台报复性贸易政策，如表1-2所示，国际经贸关系进一步恶化。

表1-2　加、意、西、瑞四国报复性贸易政策

时间	国家	贸易政策
1930年6月17日	美国	实施《斯姆特－霍利关税法》，关税水平由40%提高至47%
1930年6月22日	西班牙	实施报复性关税（wais tariff），几乎提升全部美国商品关税，其中汽车关税提高至100%—150%
1930年6月30日	意大利	宣布将全面对美国出口至意大利的汽车、农业生产器械和无线电设备进行征税，其中对汽车征税超150%
1930年9月17日	加拿大	通过《加拿大紧急关税法案》（Canadian Emergency Tariff），对几乎所有从美国进口的重要产业商品关税增加近50%
1930年6月	瑞士	全面抵制美国商品，1930年对美进口额下跌达29.6%

资料来源：Mark Milder, "Parade of Protection: A Survey of the European Reaction to the Passage of the Smoot-Hawley Tariff Act of 1930", Major Themes in Economics, Vol.1, No.1 (1999), pp.3–26.

一、加、意、西、瑞四国率先反击

（一）加拿大提高对美报复性关税至 50%

加拿大作为美国第一大贸易伙伴国，向美英两国出口各类原材料是其主要经济活动以及国家经济增长点，其中，小麦、土豆、奶制品和肉类制品等重点加收关税的农产品更是加拿大的主要出口商品。截至 1929 年，加拿大出口贸易占其国民收入的三分之一。早在美国新关税法案暂未实施之前，加拿大已采取相关措施试图阻止事态升级。1930年 5 月，加拿大小幅提高了美国出口至加拿大的 16 类商品关税，以此制约美国新关税法的实施。《斯姆特 – 霍利关税法》6 月生效后，加拿大进一步提高对美关税水平，并于 1930 年 9 月 17 日通过了《加拿大紧急关税法案》，对几乎所有从美国进口的重要产业商品增加关税近 50%。[①]

（二）意大利和西班牙对美汽车关税提高至 100%—150%[②]

在 20 世纪 20 年代末，美国汽车迅速抢占意大利及欧洲其他市场，汽车成为美国对其最主要的出口产品之一。对意大利而言，由于其农产品在美国新关税壁垒中受到重创，1930 年 6 月 30 日，意大利宣布将对美国出口至意大利的汽车、农业生产器械和无线电设备全面征税，其中对汽车征税超 150%，福特汽车在意大利售价由 300 美元上翻至 815美元。此外，意大利进一步宣布将只从购买意大利农产品的国家进口商品。对西班牙而言，美国关税政策打击到其主要出口商品——红酒。1930 年 6 月 22 日，西班牙提高几乎所有从美国进口商品的关税，并对美、

[①] Mark Milder, "Parade of Protection: A Survey of the European Reaction to the Passage of the Smoot-Hawley Tariff Act of 1930", *Major Themes in Economics*, Vol.1, No.1（1999）, pp.3–26.

[②] Mark Milder, "Parade of Protection: A Survey of the European Reaction to the Passage of the Smoot-Hawley Tariff Act of 1930", *Major Themes in Economics*, Vol.1, No.1（1999）, pp.3–26.

法、意出口至西班牙的汽车征收 100%—150% 的关税。法国、意大利在随后与西班牙的贸易谈判中表示将补偿西班牙，关税压力下降，汽车出口小幅回升，而美国出口至西班牙的汽车数量在三年内持续下滑 94%，如图 1–3 所示。

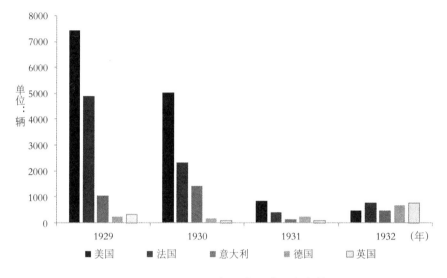

图 1–3　1929—1932 年西班牙进口汽车数量

资料来源：Mark Milder, "Parade of Protection: A Survey of the European Reaction to the Passage of the Smoot-Hawley Tariff Act of 1930", *Major Themes in Economics*, Vol.1, No.1 (1999), pp.3–26, 转引自西班牙统计局。

（三）瑞士全面抵制美国产品

瑞士作为传统贸易出口国，钟表制品占其出口总额的 90%—95%，其中约有六分之一的手表出口至美国。美国新关税法案将钟表关税从 194% 提升到 266%，激怒瑞士全面抵制美国产品，1930 年瑞士进口额下跌 5.4%，而对美进口额下跌达 29.6%。[1]

---

① Joseph M. Jones Jr, *Tariff Retaliation: Repercussions of the Smoot-Hawley Bill*, Philadelphia: University of Pennsylvania Press, 1934.

二、英、法、德参加贸易战，国际贸易体系全面崩溃

（一）英国对特定商品征收歧视性关税

面对日益严峻的国际贸易形势，自由贸易的捍卫者——英国经常账户大幅恶化，最终决定提高关税保护国内产业，并实施帝国内部特惠关税制度，国际贸易体系分裂。在 1930 年美国颁布《斯姆特－霍利关税法》之初，作为自由贸易主义的坚定拥护者，英国并未采取措施提高关税，选择继续开放市场。然而随着加意西瑞四国实行贸易保护政策，国际贸易状况日益严峻，各国商品大量出口至英国部分免税区，致使英国经常账户持续恶化。最终，英国于 1931 年 11 月 20 日颁布《非常进口税法》（*Abnormal Imports Act*），对于特定商品征收最高达 100％ 的歧视性高关税。[①] 1932 年 2 月，英国议会通过了一个新的进口关税法案，规定将对一般进口商品征收 10％的从价税，对大多数工业品征税 20％ [②]，而对钢铁、奢侈品等征税更高。同时，英国组织召开渥太华会议，与其领地、自治殖民地间实行互惠关税，即帝国内部特惠关税制度，从而构成对其他国家货物的歧视。

（二）法国实施进口配额制度

受 20 世纪 20 年代早期签订的贸易协定约束，法国 70％的进口商品关税固定无法调整。[③] 在此情况下，法国政府宣布实施进口配额制度，该制度针对美国对法出口的电子设备及肉制品进行严厉的配额限制。此外，这些配额需按照合同进行谈判制定，保证了法国部分市场向欧洲

---

① Clinton L. Rossiter, *Constitutional Dictatorship-Crisis in Government in Modern Democracies*, Harcourt, Brace & World, 1963, pp.179–180.

② Joseph M. Jones Jr, *Tariff Retaliation: Repercussions of the Smoot-Hawley Bill*, Philadelphia: University of Pennsylvania Press, 1934.

③ Mark Milder, "Parade of Protection: A Survey of the European Reaction to the Passage of the Smoot-Hawley Tariff Act of 1930", *Major Themes in Economics*, Vol.1, No.1（1999）, pp.3–26.

国家开放，在一定意义上促进了欧洲联合抵制美国。截至 1932 年年末，共 10 个国家紧随法国实行贸易完全配额制或进口许可证制度。

（三）德国提高关税并施加进口配额，开发准殖民地贸易市场

作为战败国，德国在第一次世界大战之后背负巨额战争赔款，国内恶性通货膨胀，失业率飙升，与其他战胜国签订的不平等贸易协议使德国在与西方各国的国际贸易中收益甚少。在国际贸易市场全面恶化后，1932 年 1 月德国提高关税并施加进口配额限制，同时积极与欧洲东南部、南美洲等偏远地区准殖民地开展双边贸易，以期发展国内经济。

（四）国际贸易体系全面崩溃

美国于 1930 年正式实施的《斯姆特 – 霍利关税法》与最初加拿大、意大利、西班牙和瑞士四国的报复性关税反击极大恶化了国际贸易局势，而随后英法德相继实行的贸易保护政策则加速了国际贸易体系的全面崩溃。美国、加拿大等国在 1928—1932 年关税上升幅度超过 15%，而英法德意等国关税提高幅度超过 50%。国际贸易关系的崩溃肇始于美国《斯姆特 – 霍利关税法》的实施，美国漠视国际贸易多边关系，单方面提高关税以期保护国内经济，反而进一步使美国及全球经济恶化。

第三节　升温和结局：从经济危机到第二次世界大战

大萧条作为真正意义上的第一次全球性经济危机，其带来的后果不仅仅是贸易的急剧萎缩、全球经济的衰退，同时也对日后国际货币体系、宏观经济理论、国家宏观政策和国际协调机制的一系列发展变化有着深远的影响。

一、恶性的贸易战导致全球贸易下降，全球经济状况进一步恶化

总体而言，大萧条期间各国贸易明显下滑，全球出口贸易在
1929—1934 年间大约减少 66%，如图 1–4 所示。从进出口数据看，
1929—1933 年美国进口金额从 44.6 亿美元下滑 66% 至 15.2 亿美元，出
口金额自 52 亿美元下滑至 16.7 亿美元。其中进口自欧洲的商品从 1928
年的 6.3 亿美元下降到 1935 年的 3.1 亿美元，而出口到欧洲的商品从
12.4 亿美元下降到 6.4 亿美元。① 欧洲各国进出口同样大幅下滑，其
中，英、德、法、意合计进口、出口在 1930—1931 年间分别平均下降
26.3%、24.6%。从 GDP 数据看，各国经济增速均出现下滑，其中美

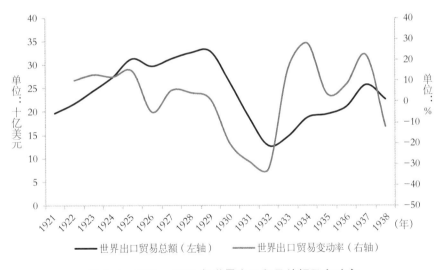

图 1–4　1921—1938 年世界出口贸易总额及变动率

资料来源：联合国："Historical Data 1900–1960 on International Merchandise Trade Statistics"，见
　　　　　https://unstats.un.org/unsd/tradekb/Knowledgebase/50015/Historical-data-19001960-
　　　　　on-international-merchandise-trade-statistics，访问时间：2019 年 4 月 23 日。

① 美国商务部："Historical Statistics of the United States-Colonial Times to 1957"，见
https://www.census.gov/library/publications/1960/compendia/hist_stats_colonial-1957.html，访问时间：
2019 年 4 月 23 日。

国 GDP 增速在 1930—1932 年分别下滑 8.5%、6.4% 和 12.9%；英、德、法三国在此期间 GDP 下降 5.4%、16.5% 和 15.3%，如图 1-5 所示。从失业率看，各国失业率在 1929—1933 年间迅速攀升，美、英、德、加在 1932 年失业率均超过 20%，分别为 23.6%、22.1%、43.8% 和 26%。

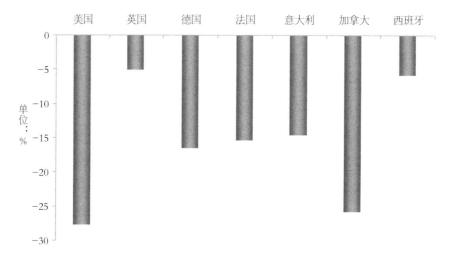

图 1-5   1932 年相较 1930 年各国 GDP 下降幅度

资料来源：美国数据来源：BEA，"National Income and Product Accounts"，见 https://apps.bea.gov/iTable/iTable.cfm?reqid=19&step=2，访问时间：2019 年 4 月 23 日；英国数据来源：英格兰银行："A Millennium of Macroeconomic Data"，见 https://www.bankofengland.co.uk/statistics/research-datasets，访问时间：2019 年 4 月 23 日；德国、法国数据来源："Madison Project Database 2018"，见 https://www.rug.nl/ggdc/historicaldevelopment/maddison/releases/maddison-project-database-2018，访问时间：2019 年 4 月 23 日。

二、全球经济持续萧条，凯恩斯主义兴起

基于市场"无形的手"能够自动实现经济复苏的信念，以美国为首的不少西方国家在大萧条之初仍坚持财政预算平衡，并没有持续运用扩张性的财政政策，但是各国乃至全球经济状况持续恶化，使得人们开始质疑古典经济学的合理性，凯恩斯主义兴起，并逐渐成为各国治理宏观经济、制定经济政策的主流理论。

凯恩斯主义认为市场经济未必能实现自我调整并达到充分就业的均衡状态。因此，需要依靠政府"有形的手"在市场失灵时干预经济，政府的扩张性财政政策有必要性和有效性。基于此，西方各国逐渐扩大政府支出，由平衡财政转向功能财政，采用扩张性财政政策走出危机。自 1931 年起美国财政预算持续转为赤字，如图 1–6 所示。

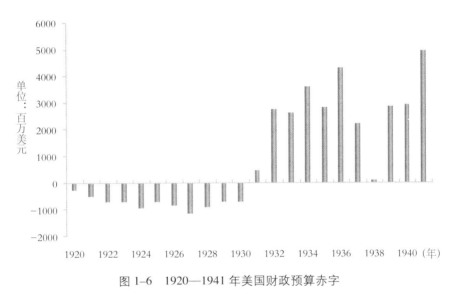

图 1–6　1920—1941 年美国财政预算赤字

资料来源：美国国会预算办公室："Table 1.1–Summary of Receipts, Outlays, and Surpluses or Deficits (–): 1789–2024"，见 https://www.whitehouse.gov/omb/historical-tables/、访问时间：2019 年 4 月 23 日。

三、金本位制崩溃，国际金融系统基本陷入瘫痪，国际收支调节机制转变

（一）金本位制下自动调节的国际收支平衡机制

金本位制是以黄金为本位币的货币制度，包括金币本位制、金块本位制和金汇兑本位制。在大萧条之前，世界货币体系已重回金汇兑本位制，保留着金本位制时期货币价值的决定基础，货币仍然规定含金量，然而金币被禁止自由铸造，也不允许在国内流通，取而代之的流通

货币是各国中央银行发行的银行券，各国需要将黄金存放在各自锚定的中心国（英国、法国、美国等），本国货币与之实行固定比率兑换，只有当本国货币兑换成黄金存放国的货币时，才能再兑换成黄金。

在金本位制下，国际收支平衡有自行调节的特征，如图 1–7 所示。在金本位制下，当一国国际贸易出现逆差时，将导致外汇供不应求，若外汇汇率超过黄金输送点，将导致黄金流出，国内货币供应量下降，总需求收缩，物价下跌，进口减少，出口竞争优势增加，贸易逆差减少，国际收支状况改善。反之亦然。

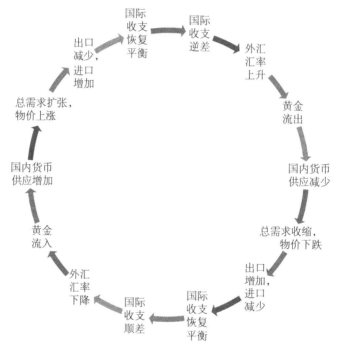

图 1–7　金本位制下的国际收支调节机制

资料来源：恒大研究院。

（二）英美集团退出金本位制，国际货币金融系统基本陷入瘫痪

1929 年，美国证券市场崩溃引发美国银行业危机，随即金融危机

扩散至欧洲。1931 年 5 月，奥地利信贷银行宣布破产，对银行稳健性的担忧与对汇率贬值的预期相互助长，触发大范围银行挤兑及资本外逃，恐慌随即波及德国、英国、波兰等国。其中，持续的挤兑风潮导致英国在两个月内流失 2 亿英镑以上的黄金，英国政府被迫于 9 月 21 日宣布脱离金本位制，此举引发国际间的外汇管制和竞争性贬值。与英镑保持固定汇率的瑞典、挪威、丹麦、葡萄牙、埃及、伊拉克、阿根廷、巴西等国家相继放弃金本位制，形成英镑集团。国际金融恐慌传回美国，到1931 年 10 月，美国流失黄金达 7.6 亿美元，1933 年美国宣布退出金本位制，第一次世界大战后重建的国际货币金融体系基本陷入瘫痪。

（三）国际协调失败，金本位制彻底崩溃

在意识到各自为政的政策对改善国内经济局势收效甚微后，西方各国开始谋求国际合作并于 1933 年在伦敦召开世界经济会议，其宗旨一是稳定货币，消除对汇兑的控制和运转障碍；二是消除国际贸易障碍，促进国际贸易的重新活跃。然而会议中提出的目标很快因各国间的种种分歧而宣告失败。1936 年，法国宣布法郎贬值，同年与英、美签订三方货币协议（Tripartite Agreement），金本位制彻底崩溃，实施金本位制的国家数量自 1932 年起快速下滑，如图 1-8 所示。货币体系逐步分裂成以英镑、法郎、美元为核心的三大集团。

由于大萧条前完整的国际协调机制体系尚未建立，各国之间的协调主要集中于经济层面，具有临时性和特定性。在大萧条贸易竞争期间，国际协调机制的缺失导致没有权威的国际组织能进行反贸易保护的裁决或提出补救机制，更没有能令各国普遍接受的应对金融危机的经济政策。各国各自为政、以邻为壑的局势难以得到改善，陷入"囚徒困境"。

第二次世界大战后，国际社会吸取经验教训，逐步建立布雷顿森林体系、世界银行、关税与贸易总协定等国际协调机制和组织，促进国

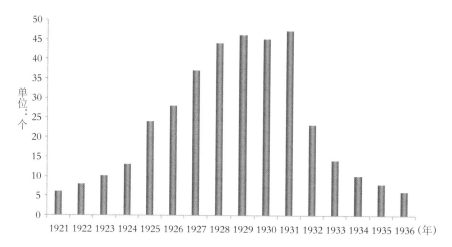

图1-8　1921—1936年实施金本位制国家数量

资料来源：Barry Eichengreen, *Globalizing Capital: A History of the International Monetary System*, Princeton: Princeton University Press,1998; Barry Eichengreen, *Golden Fetters: The Gold Standard and the Great Depression, 1919–1939*, New York, Oxford: Oxford University Press, 1992.

际经济的健康发展，世界经济进入较为稳定的发展时期。

（四）各国汇率竞相贬值，国际收支调节机制发生转变

在金本位制崩溃、各国汇率竞相贬值的大环境下，国际收支调节机制发生改变，先贬值的国家占据优势。退出金本位制后，各国不再受货币锚定黄金的限制，通过扩大货币供应量，调控汇率贬值，促进出口，达到改善国际收支的目的，如图1-9所示。此外，早期摆脱金本位制的英镑集团较其他国家更早解除了对货币再通胀（reflation）的外在约束（货币锚定黄金），采用积极的货币政策促使经济更快、更强劲地复苏，如图1-10所示。因此，世界货币供应指数自1933年起快速提高，如图1-11所示。而以法国为首的部分国家因其黄金储备充足而坚持金本位制，使得币值高估、贸易进一步受损，经济恢复速度明显比较早放弃金本位制的国家偏慢。

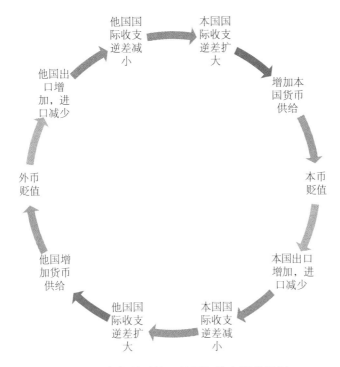

图 1-9　竞争性贬值下的国际收支调节机制

资料来源：恒大研究院。

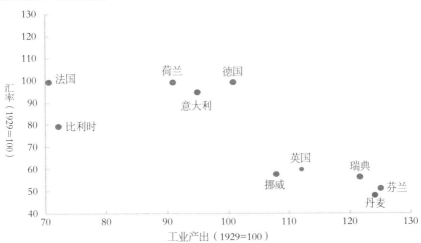

图 1-10　1935 年各国工业产出及汇率的变化

资料来源：Barry Eichengreen, Jeffrey Sachs, "Exchange Rates and Economic Recovery in the 1930s", *The Journal of Economic History*, Vol. 45, No.4（December 1985）, pp.925-946.

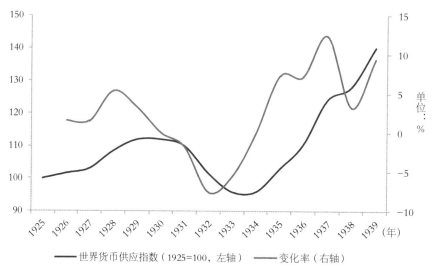

图 1-11　1925—1939 年世界货币供应指数及变化率

资料来源：联合国："Historical Data 1900–1960 on International Merchandise Trade Statistics"，
见 https://unstats.un.org/unsd/tradekb/Knowledgebase/50015/Historical-data-19
001960-on-international-merchandise-trade-statistics，访问时间：2019 年 4 月 23 日。

四、独裁主义、军国主义崛起

持续的经济萧条刺激独裁主义、军国主义崛起，间接造成第二次世界大战爆发。德国方面，美国股市暴跌促使美国银行中断对德国的援助贷款，金融危机扩散，德国银行破产，实体经济迅速萎缩，失业率飙升至 43.8%。持续的经济衰退促使民众转向支持纳粹党。1933 年 1 月，纳粹党上台执政，并建立了独裁政府。日本方面，1929—1931 年，其 GDP 下滑 8%。[1]1931 年日本退出金本位制，通过日元贬值和财政政策刺激经济，大量赤字开支用于购买武器军备，军国主义实力日益膨胀。持续的经济萧条刺激独裁主义、军国主义崛起，为第二次世界

---

[1]　"Madison Project Database 2018"，见 https://www.rug.nl/ggdc/historicaldevelopment/maddison/releases/maddison-project-database-2018，访问时间：2019 年 4 月 23 日。

大战爆发埋下隐患。

第四节　启示：贸易保护主义导致"囚徒困境"，
产生经济、社会和军事危机

一、贸易竞争一旦开始，会引发他国报复性提高关税，陷入"囚徒困境"，甚至升级至投资限制、汇率战，加剧国际贸易状况恶化

英国在 1930 年美国颁布《斯姆特－霍利关税法》时并未提高关税，然而在加拿大、意大利等国施加报复性贸易关税后，国际贸易状况恶化以及金融危机扩散使英国宣布放弃金本位制，提高关税壁垒，这加剧恶化了国际贸易状况，引发更多国家加入贸易摩擦。

二、越早退出金本位制、实施扩大内需政策的国家越早实现经济复苏，所以汇率贬值、减税、积极的财政政策是应对贸易摩擦外部冲击的有效手段

退出金本位制后，各国便可通过扩大货币供应量，调控汇率贬值，促进出口，达到改善国际收支的目的。此外，经济萧条时期财政政策宜从平衡财政转向功能财政，加强逆周期调节改善经济状况。

三、贸易保护主义难以拯救陷入困境的经济，重回多边自由贸易体系才是出路

加征关税和非关税壁垒等贸易保护手段的目的是保护本国产业，但其结果是招致他国报复，全球分工被破坏，贸易萎缩。因此，贸易保护主义绝不是解决经济金融危机的出路，相反，它只会加剧各国经济困境，进而延缓世界经济复苏的步伐。在各国经济愈加紧密联系的今天，单边主义、贸易保护主义不可取，各国需要加强协商合作，充分发挥国际协调机制的优势，在开放互助中共谋发展，重回多边自由贸易框架体系。

四、选择自由贸易还是贸易保护主义取决于国家利益，自由贸易和贸易保护主义的激烈冲突多发生于世界霸权交替之时

英国在工业革命后以贸易立国，奉行自由贸易政策抢占全球市场，甚至不惜以武力推进国际贸易（如鸦片战争等），但在 20 世纪 30 年代，为应对国内农业危机以及保护国内市场，英国最终放弃了长达百余年的自由贸易。在黄金兑付危机、英镑贬值等事件发生后，英国再也无力与美国抗衡。与此对应的却是美国已实施了上百年的贸易保护主义。但是，1930 年美国的关税法案不仅未能解决本国经济复苏问题，反而严重地打击了全球贸易，促使美国反思并调整贸易政策。1933 年罗斯福上台后推行"复兴、救济和改革"的新政，1934 年《互惠贸易法案》通过，国会授权总统在三年之内负责对外谈判并且就调整关税税率签订贸易协议，可以自行决定将关税最大程度降低 50% 而无须国会批准。经过谈判，美国与许多国家签订互惠贸易协定，对美国恢复国际关系和贸易起到了较大作用，促进美国经济率先走出危机，从此美国接替英国高举自由贸易大旗。

历史经验表明，当国家实力弱小时需要由国家保护经济，经济强大后需要自由贸易来获得市场。当他国崛起、自身衰落时，又会诉诸贸易保护主义，这就是自由贸易与贸易保护主义交替的轨迹，背后则是新一轮国际政治经济格局变迁和霸权交替，未来亦不例外。

第二章
美日贸易战：日本为什么金融战败？ *

　　本章旨在还原20世纪50年代中后期至80年代末90年代初美日贸易战、金融战、经济战和科技战的风起云涌，总结美国的惯用手段以及日本在经济争霸中战败的原因，以看清本质。美日贸易战本质是大国经济争霸，霸权国家遏制新兴大国崛起，贸易战只是幌子。日本通过货币放水应对外部冲击导致资产价格泡沫，最终金融战败，陷入"失去的二十年"。只要我们坚定不移地推动改革开放，就没有什么能够阻止中国经济稳步向前发展。

---

　　* 本章作者：任泽平、罗志恒、华炎雪、赵宁。

第一节　美日贸易战发生的政治经济环境

美日贸易战发生于 20 世纪 50 年代中后期至 90 年代初期，随着美日经济政治实力及国际局势变化而发生相应变化，总体上伴随日本崛起而愈演愈烈。第二次世界大战后，日本经济可大致划分为以下五个阶段：

1. 战后复苏期：1945—1955 年，GDP 年均增速 9.3%。

2. 高速发展期：1956—1973 年，GDP 年均增速 9.2%，如图 2-1 所示。实现从轻工业到重化学工业的升级，日本的成本优势及其产业升级带来的市场竞争力，冲击到美国相关行业，纺织品、钢铁、彩电贸易战爆发。

3. 稳定增长期：1974—1985 年，GDP 年均增速 4%，刘易斯拐点出现，经济增速换挡；1980 年确立技术立国方针，[①] 实现从重化学工业到技术密集型产业（汽车、通信、半导体）的升级。越南战争及两次石油危机对美国冲击较大，美国经济陷入"滞胀"，日本相对较快地走向复苏；里根上台以来美国经济在积极财政和放松管制下发展较好，但整体上日本经济增速快于美国。美日贸易逆差开始急剧扩大，贸易战进入白热化阶段。

4. 泡沫经济形成期：1986—1991 年，日元持续升值，过度宽松的货币金融政策和扩大内需的财政政策推升股价、地价泡沫。20 世纪 80 年代末追赶期结束，追赶期的经济体制和企业经营方式不适应新的环境。

5. 泡沫破裂后的萧条期：1992 年至今，泡沫破裂，日本陷入"失

---

① 陈建：《日本基本国策及经济发展的几个历史阶段》，《中国人民大学学报》1989 年第 4 期。

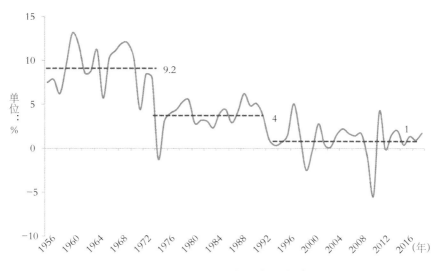

图 2-1　1956—2016 年日本经济增速

资料来源：Wind、日本统计局、恒大研究院。

去的二十年"，21 世纪初小泉内阁改革虽有起色，但仍未能摆脱整体的低迷。

一、战后复苏期（1945—1955 年）：冷战爆发，美国对日本的态度由削弱转向扶持

第二次世界大战结束后，美国发表《美国战后初期对日政策》，单独占领日本，保留了日本政府和天皇，间接统治日本。美国对日本实施以非军事化、民主化以及解散财阀为核心的改革，旨在通过严厉的制裁政策，削弱日本的威胁。随着冷战爆发、美苏对立，美国希望通过复兴日本以提高抵抗共产主义威胁的能力，同时配合实施美国的亚洲战略。

1948 年 10 月美国正式开始扶植日本，派专员对日本进行全方位规划。1950 年朝鲜战争爆发，美国与日本签署了《特需订货协议》，同时向日本开放国内市场，日本凭借管制低利率和倾斜生产方式，重建基础

产业，迎来战后的第一次繁荣。日本为进一步促进国家经济发展，制定了外向型发展战略、调整产业结构、保护大企业并发展小企业等策略，"重经济，轻军备"，仅用了 10 年时间便恢复到战前水平，如图 2-2 所示。1951 年 9 月，美国和日本签订了《美日安全保障条约》，规定日本从属于美国。1956 年日本《经济白皮书》宣称"已经不再是战后"，意味着复兴阶段结束。①

图 2-2　1925—1960 年日本 GDP 规模

资料来源："Social Democracy for the 21st Century: a Realist Alternative to the Modern Left"，见 https://socialdemocracy21stcentury.blogspot.com/2013/01/japanese-real-gdp-growth-19252001.html，访问时间：2019 年 6 月 3 日；恒大研究院。

二、高速发展期（1956—1973 年）：以重化学工业为主导，纺织品、钢铁、彩电贸易战爆发

1956 年日本政府提出"当务之急是要乘着世界技术革新的东风，

---

① ［日］浜野洁等：《日本经济史：1600—2000》，彭曦等译，南京大学出版社 2010 年版，第 243 页。

让日本走向新的建国之路"。池田内阁于 1960 年 12 月提出"国民收入倍增计划"，计划从 1961 年开始在 10 年内使国民收入翻一番，[①] 形成了相应的产业、财政、金融政策及监管模式。该阶段，日本的劳动力总体充足（人口红利期），人才培养和教育力度加大，城市化进程加快，融资利率低，内需强劲，政策引导产业升级，外部环境相对友好，一系列因素刺激日本经济高速发展。1967 年，日本提前完成国民收入翻一番的目标。1968 年，日本成为仅次于美国的第二大经济强国。1973 年，日本国民收入甚至比 1960 年增加了两倍，形成了强大和稳定的中产阶层，基础设施建设飞速发展。

1. 形成由下游向上游传导的投资带动型经济。20 世纪 50 年代中期，日本借由朝鲜战争扩大特需的契机，经济增长方式开始向设备投资主导型转变，带动以化学、金属、机械产业为中心的重化学工业的发展，形成了从下游到上游的"以投资带动投资"的经济增长模式。

2. 消费革命开启扩大内需的良性循环。随着东京圈、大阪圈、名古屋圈工业的发展，日本人口开始向三大都市圈流动，1973 年三大都市圈人口占全国比重为 47.3%，如图 2-3 所示。1955—1975 年城市化进程快速发展，日本城市化率上升近 20 个百分点至 75.9%，如图 2-4 所示。城市家庭数量上升使得耐用品需求量上升，工业生产能力上升以及量产体制带动了商品价格的下降。20 世纪 50 年代后半期，以冰箱、洗衣机、黑白电视机为代表的家电产品价格下降到一般家庭可承受的水平，[②] 消费革命带动内需急剧扩大。1954—1958 年，洗衣机的销量从 27 万台增至 100 万台，黑白电视机从 3000 台增至 100 万台。此外，家

---

① ［日］浜野洁等：《日本经济史：1600—2000》，彭曦等译，南京大学出版社 2010 年版，第 244 页。

② ［日］浜野洁等：《日本经济史：1600—2000》，彭曦等译，南京大学出版社 2010 年版，第 250 页。

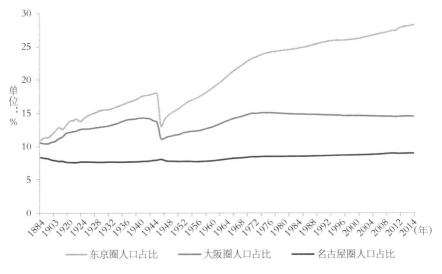

图 2–3　1884—2014 年日本三大都市圈人口占比

资料来源：日本统计局："Population Census"，见 https://www.e-stat.go.jp/en/stat-search/files?page=1&query=tokyo % 20population&layout=dataset&toukei=00200521 ；恒大研究院。

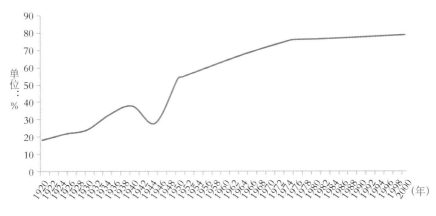

图 2–4　1920—2000 年日本城市化率

资料来源：Wind、恒大研究院。

庭储蓄率的上升又通过金融机构为企业投资提供了资金，并启支撑经济增长的良性循环。

　　3. 注重人才和技术培养，学习和引进海外先进管理方式。1956 年日

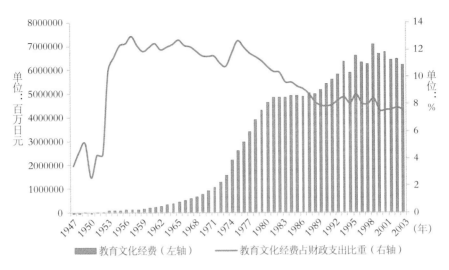

图 2–5　1947—2003 年日本教育文化经费投入及占财政支出比重

资料来源：日 本 统 计 局："Public Finance"，见 http://www.stat.go.jp/english/data/chouki/05.
html；恒大研究院。

本教育文化经费占财政支出比重达到 12.4%，如图 2–5 所示。1974 年大学、
短期大学、高中入学率明显高于 1954 年，如图 2–6 所示。1955 年日本设
立"生产性本部"，其核心工作是向欧美国家派出由日本企业家和工会人
员组成的海外视察团，进行实地考察与技术学习。1955—1975 年，日本
共派出视察团 1000 次以上，人数达到 1 万人次以上，将所学成果改良并
应用到本国企业管理中。[①] 此外，军需生产培育起来的技术被转用到了民
间部门，使日本工业部门生产效率和产品质量提高，生产成本降低。

　　4. 财政支持、引导产业升级，以减少对夕阳产业造成的冲击。1960
年日本完成了由劳动密集型的纺织轻工业向资本密集型的重化学工业的
升级，产业政策重心转移到了保护和培育新兴产业，如图 2–7 所示。日
本政府出台了外币配额政策优先权、为促进设备投资的低息融资和出

――――――――――

　　① ［日］浜野洁等：《日本经济史：1600—2000》，彭曦等译，南京大学出版社 2010 年
版，第 249 页。

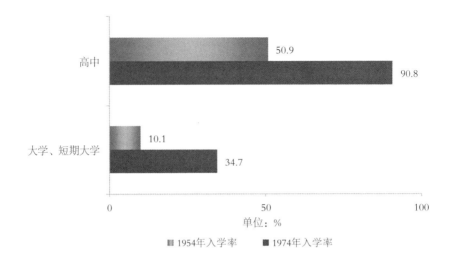

图 2-6 20 世纪 50、70 年代日本入学率比较

资料来源：[日] 浜野洁等：《日本经济史：1600—2000》，彭曦等译，南京大学出版社 2010 年版，第 256 页；恒大研究院。

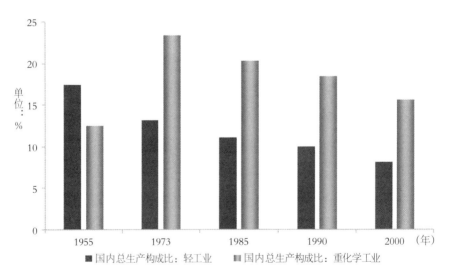

图 2-7 1955—2000 年日本轻工业、重化学工业占比

资料来源：[日] 浜野洁等：《日本经济史：1600—2000》，彭曦等译，南京大学出版社 2010 年版，第 242 页；恒大研究院。

口税制等优惠政策。对于以煤炭为代表的夕阳产业，政府支付补助金，以减轻因急剧衰退带来的失业以及对地方经济的重创；对产能过剩的行业，政府实施调整设备投资、促进企业合并重组等政策。

三、稳定增长期（1974—1985 年）：增速换挡，产业升级，汽车、通信和半导体贸易战爆发

1974 年前后，支撑日本经济高速增长的基本条件发生了变化，产业结构亟待调整。1974 年出现"滞胀"，且 GDP 负增长。

1. 刘易斯拐点来临，人口红利逐步消失，老龄化加速。日本粗出生率与总和生育率在 20 世纪 60 年代末 70 年代初达到顶点，如图 2-8 所示。从年龄结构看，0—14 岁人口占比持续下滑；15—64 岁人口占比在 1969 年、1992 年形成两个高峰，分别是 68.89% 和 68.92%；65 岁及以上人口占比持续上行，如图 2-9 所示。从农村到城市的劳动力转移在 70 年代初已急剧减少，城市化率在 1975 年达到较高水平 75.9%，其后

图 2-8　1960—2016 年日本生育率

资料来源：Wind、恒大研究院。

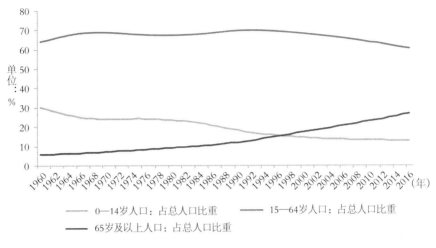

图 2-9　1960—2016 年日本人口结构

资料来源：Wind、恒大研究院。

10 年仅增加 0.8 个百分点。

2. 以冰箱、洗衣机、电视机为代表的家电在 1975 年前后普及率相对较高，国内需求达到相对饱和的状态。其中，每百户家庭拥有彩电 90 台，洗衣机 98 台，冰箱 97 台，汽车仍有市场潜力，以耐用消费品为中心的内需增长机制到 20 世纪 70 年代中期已动力不足，如表 2-1 所示。

表 2-1　1957—1990 年日本每百户家庭耐用消费品拥有量

每百户家庭耐用消费品拥有量	1957 年	1960 年	1965 年	1970 年	1975 年	1980 年	1990 年
汽车（辆）	—	1	—	22	41	57	77
洗衣机（台）	20	45	69	88	98	99	108
冰箱（台）	3	16	51	85	97	99	116
黑白电视机（台）	8	55	90	90	—	—	—
彩电（台）	—	—	—	26	90	98	197
录像机（台）							82
微波炉（台）							71

资料来源：Richard Katz，"*Japan, the System that Soured*"（Table 8.1），Routledge, June 2, 1998（1 edition）；恒大研究院。

3. 石油危机提高重化学工业生产成本，导致原本推动经济高速增长的企业设备投资积极性下降。钢铁、造船、石油化工等曾经的领头羊产业最终失去竞争力，引领 20 世纪 70 年代后半期到 80 年代经济增长的产业是汽车、电子等技术密集型产业。

4. 环境污染问题越来越严重。重化学工业排放的废气废水和大量使用的农业化肥导致环境对经济的约束越来越大。

5. 布雷顿森林体系解体，日元升值。布雷顿森林体系解体前，1 美元固定兑换 360 日元；布雷顿森林体系解体后，1971 年 12 月，《史密森协定》尝试通过多国之间调整维持固定汇率制度，日元被迫升值到 308 日元 / 美元。1973 年 2 月，日本采用了浮动汇率制，《史密森协定》失效，日元升值到 220—250 日元 / 美元，如图 2-10 所示。但日本凭借产品竞争优势对美出口持续扩大，美日贸易逆差不断攀升，如图 2-11 所示。

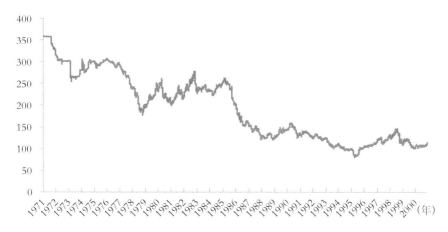

图 2-10　1971—2000 年美元兑日元汇率变化

资料来源：Wind、恒大研究院。

针对以上问题，日本政府综合运用法律、财政、税收和金融等政策措施，侧重从供给侧实施改革，经济增速换挡成功，日本产业结构升级为技术密集型。反观此时的美国，两次石油危机导致其经济"滞胀"，

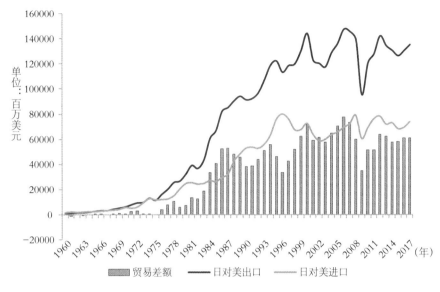

图 2-11　1960—2017 年日、美贸易差额

资料来源：IMF，见 http://data.imf.org/regular.aspx?key=61013712；恒大研究院。

里根政府以"供给学派"理论指导经济建设，财政与贸易出现双赤字。该阶段日本平均增速高于美国，美日贸易逆差持续扩大，贸易战范围扩大。

日本主要改革措施如下：

（1）"减量经营"，节约能源消耗，降低利息负担和劳动力成本。

第一次石油危机引发了日本国内经济危机，一些企业自发开展经营调整，被称为"减量经营"，其核心主要有三条：节约能源消耗、降低利息负担和降低劳动力成本。日本政府因势利导，积极推动和引导"减量经营"在全国范围内实施，制造业从战后传统的粗放型经济转向高附加值型经济增长方式。

节约能源消耗。石油危机导致的能源价格上涨对日本传统的粗放式增长模式造成了沉重打击，以石油化工、钢铁等为代表的高能耗行业的竞争力大大降低。日本政府通过行政指导及各种限制措施，引导经营效益差的企业关停并转，显著削减了产能。同时，鼓励企业进行内部技术改造和生产设备更新，有效节约能源。许多高能耗行业积极采取节能技术，如钢铁业大量采用高炉炉压发电设备，石油化工业采用加热炉的废气、余热回收技术，水泥业引进悬浮预热器技术等。

降低利息负担。第一次石油危机爆发后，日本著名的《日经商务周刊》杂志指出，在石油危机后的恶劣环境下，日本企业必须努力压低原材料费用、财务费用等各项成本才能生存下去。当时日本企业自有资本比率不高，利息负担较重是比较突出的问题。通过实施"减量经营"，日本企业的自有资本比率大幅提高，从企业借款占营业额的比率看，1978 年比 1965—1973 年平均减少 6.6 个百分点；从制造业自有资本比率看，1985 年比 1975 年提高 7.7 个百分点。再加上同期日本利率水平不断下降，企业利息负担有效减轻。

降低劳动力成本。刘易斯拐点到来后的劳动力成本大幅上升，成为石油危机冲击下日本企业不能承受之重。企业通过解雇临时工、控制正式员工的录用、女性员工离职后不再补充新人等多种方式调整雇佣人数，降低人工成本。据日本产业劳动调查所统计，1975 年以后的四年间，包括松下电器、三菱重工、东芝等在内的多家企业减员达 21 万人。此外，由于发展中国家劳动力成本较低，日本政府还积极鼓励劳动密集型产业，尤其是一些高耗能、高污染的劳动密集型产业向海外转移。

（2）政府引导产业结构升级，大力疏解产能过剩和扶持新兴产业发展。

大力疏解产能过剩。经过两次石油危机打击，日本衰退产业和过剩产能增加。1978 年，日本政府制定了《特定萧条产业安定临时措施法》（以下简称《特安法》）和《特定萧条产业离职者临时措施法》等四部法律，主动对衰退产业和过剩产能进行调整和疏解。《特安法》认定平电炉、炼铝、合成纤维、造船、化肥等 14 种产业为结构萧条产业，当时这些产业的企业开工率只有 60%—70%。针对上述结构萧条产业的调整和疏解方法包括：①采取政府收购来报废设备的方式，即由政府与产业界合作预测未来供求，对"过剩部分"由政府出资收购报废；②设立特定萧条产业信用基金，为那些按计划淘汰落后设备的企业提供优惠利率贷款，帮助萧条产业安置工人和转产；③允许因供求明显失调、价格降到平均生产费用的特定商品的生产者缔结有关限制产量、维持合理价格的垄断组织。《特安法》的实施取得明显成效，1978 年和 1979 年日本工业连续两年高涨。

扶持新兴产业发展。在对衰退产业和过剩产能进行调整和疏解的同时，日本政府有效利用产业政策，鼓励和培育新兴知识和技术密集型产业发展。1978 年，日本政府制定了《特定机械信息产业振兴临时措施法》，提出要发展电子计算机、高精度装备和知识产业，投入了大笔政府专项资金补贴尖端技术开发，并对以上产业实施税收和金融方面的优惠政策。人们已将这个项目视为日本 20 世纪 70 年代后期推出的产业技术政策的成功典范，它奠定了日本电子产业的基础，为日本扩展国际电子市场份额做出了很大的贡献。20 世纪 70 年代，日本产业结构变化的另一个重要特点是服务业的重要性增强，1973—1985 年服务业年均增速高于同期制造业增速 0.2 个百分点，从 1970 年至 1980 年，服务业就业人数比重提高了 8.9 个百分点。

第二节　演变：六大行业贸易战伴随
日本产业升级依次展开

战后日本经济摩擦在经济全球化和日本产业结构转换的背景下发生，涉及的产业从 20 世纪 50 年代中后期的轻工业，到 60—70 年代的重化学工业，再到 80 年代的高技术行业。美日贸易战集中在六大行业：

以《美日纺织品贸易协定》告终的纺织品贸易战（1957—1974 年）、以日本自愿限制钢铁出口和美国建立钢铁"自动启动反倾销诉讼"制度告终的钢铁贸易战（1968—1992 年）、以日本主动限制对美彩电出口并增加海外投资告终的彩电贸易战（1968—1980 年）、以日本自愿限制汽车出口和增加对美投资告终的汽车贸易战（1981—1995 年）、以开放日本通信市场告终的通信贸易战（1981—1995 年）、以设定日本产品销售价格和美国在日本市场占有率为贸易数值管理告终的半导体贸易战（1978—1996 年）。

美日贸易战的特点有：（1）从货物到服务（20 世纪 90 年代的金融服务业）。（2）从进出口调整到经济制度协调。（3）以双边谈判为主，规避 GATT 多边机制，美国经常动用国内贸易法 301 条款、201 条款等威胁日本，甚至为此修改《1974 年贸易法》，通过《1988 年综合贸易与竞争法》制裁日本，强迫日本签订协议，如表 2–2 所示。由于美日是典型的单方面、非对称的依存关系，且出于维护美国市场、依赖安保的需要，面对美国的咄咄逼人，日本几乎是节节让步，缺乏必要的有力的反制。（4）贸易战演变的基本路径是：美国行业协会（企业）对日谴责或要求议会对日采取保护主义→日方反驳→美方动用 301 条款等威胁→经济问题政治化→谈判→日方让步→签署协议。（5）贸易措施层层递进：从要求日本自主限制出口到要求其扩大进口、开放市场、取消关税、对出口美国的产品进行价格管制、设定美国的产品在日本的市场占有率指标等条件。

表 2–2　1976—1989 年美国对日本展开的"301 调查"事件

年份	行业／产品	"301 调查"事件	解决方式	法律依据
1976	钢铁	EC OMA 向美国转移钢铁	无	无
1977	丝绸	放弃丝绸进口禁令	终止配额	GATT 第六条
1977	皮革	皮革类进口配额	终止配额	GATT 第六条

续表

年份	行业/产品	"301调查"事件	解决方式	法律依据
1979	通信	NTT通信采购	开放招标	GATT东京回合
1980	棒球棒	棒球规定	改变规定	GATT第三条
1982	鞋	鞋类进口配额	终止配额	GATT第六条
1985	木材	木材产品标准	改变标准	无
1985	通信	通信标准	透明化	无
1985	医药	医药标准	接受外国测试	无
1985	电子	电子知识产权	加强专利法	无
1985	半导体	半导体进口	市场目标20%	无
1989	人造卫星	卫星采购	透明化	GATT东京回合
1989	巨型计算机	巨型计算机采购	出低价标	无
1989	木材	木材产品标准	改变标准	无

资料来源：陈昌盛、杨光普：《应对美国贸易大棒：日本的经验与教训》，《中国经济时报》2018年7月4日；恒大研究院。

一、纺织品贸易战（1957—1974年）

第二次世界大战后，美国把扶植日本棉纺织业作为对日提供经济援助的内容之一，美国借款给日本企业购买棉花和机器设备，日本向美国出口棉纺织品获得外汇以偿还借款。20世纪50年代之前日本向英国大量出口，50年代后美国开放其国内市场，日本转向美国大量出口，如图2-12所示。1949年日本商工省制定了《关于迅速发展合成纤维工业的方针》，东洋人制造公司等国内企业积极引进和开发合成纤维技术，依靠朝鲜战争特需，推动日本纺织业产量增加。日本纺织业主要为中小企业，处于过度竞争状态，价格低于国际市场，没有建立完善的出口管理制度。1955年日本加入GATT，美国给予30种棉制品的关税优惠，廉价的日本棉纺织品进入美国，出现了"1美元衬衫"事件。1955—1956年，"1美元衬衫"在美国的市场占有率从3%增长到28%。1957年日本超越英国，成为世界上纺织品出口额最大的国家。从出口

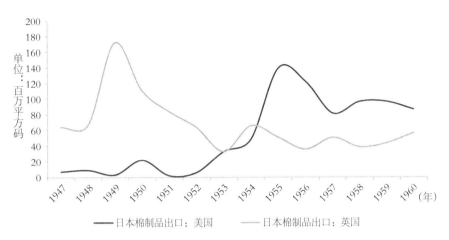

图 2-12　1947—1960 年日本对美、英的棉制品出口

资料来源:Wind、恒大研究院。

地区看,对美国出口最大,日本棉制品在美国的市场占有率从 1951 年的 17.7% 上升到 1955 年的 60% 以上。到 20 世纪 60 年代末,日本出口的毛制品占美国市场比重高达 30%,合成纤维制品占比高达 25%,损害美国纺织品行业利益,美国轻工业向议会提出立法限制进口。为维护美国市场,日本于 1956 年提出自主出口限制(棉制品 1.25 亿平方米,女衬衫 25 万打),1957 年美日签订五年有效期的《美日纺织品协定(1957—1961)》。1957 年,日本针对美国强化限制的要求,与美国政府签署了《美日棉纺品协定》,以政府间协议的方式自愿限制出口。1960 年,肯尼迪在竞选时因对纺织业做出保护承诺而赢得南方各州选票,在其就任总统后,迅速成立了纺织业部长委员会并研究扶持纺织业的政策。1961 年 8 月,美日签订了《美日棉纺织品短期协定》,内容包括设定总出口限额和三类商品限额。1963 年美日签署了《美日棉纺织品长期协定》,规定 1964 年和 1965 年日本对美纺织品出口增速分别为 3% 和 5%。1971 年 10 月,美日签订了《美日纺织品协定(1972—1974)》,规定此后三年内日本合成纤维和毛纺织品的平均出口增长率分别限制在

5.2%和1%之内，并将商品划分为七类，具体规定了出口限制的目标，美日纺织品贸易战自此得以缓解。

小结：纺织贸易战加速日本产业结构升级。20世纪70年代初，日本基本完成重化学工业化，作为轻纺工业的代表产业之一的纺织业在日本实际上已经成为衰退产业，日本政府花2000亿日元收购过剩纺织品，限制出口的同时缩减了纺织品过剩产能，促进了产业结构调整。

二、钢铁贸易战（1968—1992年）

自1951年起，日本制定了两个"钢铁合理化计划"，对钢铁业进行大规模技术改造，积极建设大型联合钢铁企业，同时积极引进国外先进技术并进行创新，极大地促进了日本钢铁产业经营效率的提高。1960—1978年，日本钢铁产业生产总值年均增长率9.7%，在发达国家中拔得头筹。在满足内需的同时，日本钢铁出口大规模增加，20世纪60—80年代的出口率达到30%以上，自1963年起日本成为世界上钢铁产品出口量最大的国家。[①] 日本钢铁在美国钢铁进口中的比重由1950年的5%上升到1968年的50%以上。美国钢铁产业受石油危机和国内工人罢工的影响，国际竞争力下降，掀起保护主义浪潮。

1.《美日钢铁产品协定》（1968—1974年），日本自主限制出口。

美国钢铁生产厂商早在1963年就指责日本对美国进行钢铁倾销，为防止美国的进口限制和贸易报复，日本自愿减少对美出口，维持对美出口秩序。1968年，美国钢铁生产厂商再次指责日本钢铁厂商的倾销行为。美国政府官员所罗门以贸易限制和贸易报复威胁，向日本

---

① 胡方：《日美经济摩擦的理论与实态——我国对日美贸易的对策与建议》，武汉大学出版社2001年版，第123页。

钢铁出口联盟要求日本自主限制钢铁产品对美国的出口。日本被迫让步，于 1968 年 7 月实行钢铁产品对美出口限制，限制时间为 1969—1971 年，要求 1969 年钢铁产品出口同比减少 20%，1970 年和 1971 年允许保持同比 5% 以内的增长率，1972 年美日商定将此协议延长至 1974 年。

2. 设定最低价格（1978—1982 年），发起"201 调查"。

1976 年以后，日本的钢铁产品又大规模进入美国市场，占美国钢铁进口额比重 55.9%。1977 年 12 月，美国政府制定了外国对美国钢铁产品出口的最低限价制度，外国厂商钢铁产品在美国市场售价一旦低于最低限价，美国国际贸易委员会将有权不经产业界诉讼而直接调查倾销行为是否对美国产业构成侵害，即《1974 年贸易法》的 201 条款（紧急进口限制条款）。

3.《美日特殊钢贸易协定》（1983—1987 年），日本自愿限制出口。

1983 年 7 月，美国对薄钢板、带形钢等特殊钢提高关税并进行进口数量限制。在此背景下，日本主动谋求与美国签订自主出口限制协议。1983 年 10 月，通过《美日特殊钢贸易协定》，日本在此后五年时间内对特殊钢实行自愿出口限制。

4. 限制外国钢铁产品在美市场占有率上限（1984—1992 年）。

1984 年美国钢铁企业以及全美钢铁联盟根据 201 条款申请实施救济措施。里根决定实施钢铁业救济措施，要求钢铁出口国自主限制出口。1984 年 10 月美国通过了《钢铁进口综合稳定法》，规定无论美国国内钢铁产业是否被侵害，外国（含日本）钢铁产品在美国市场上的占有率只能在 17%—20.2%。1984 年 12 月美国与日本等国达成自主出口限制协议，约定市场占有率：日本在美国钢铁市场上的占有率限制在 5.8% 以内，韩国在 1.9%，巴西在 0.8%，西班牙在 0.67%，南非在 0.42%，墨西哥在 0.3%，澳大利亚在 0.18% 以内。布什上台后，将救济措施延长两年半，在 1992 年终止。美日钢铁贸易基本成为受国家管理的贸易。

小结：相较于纺织品贸易战，在钢铁贸易战中，美国使用的贸易手段更加丰富，而且对各国都展开了攻击。首先要求日本实行自主出口限制，但随着贸易摩擦的扩大和深化，美国进一步实施保护国内市场的最低限价制度和有关钢铁市场占有率的法案。

三、彩电贸易战（1968—1980 年）

1969 年日本成立第一家将全部电视机产品半导体化的公司，1970 年几乎所有日本电视生产企业实现半导体化，20 世纪 70 年代初期日本电视机技术全面赶超美国。日本彩电生产商经营策略灵活，以盈利不大的小型电视机进入美国市场，并逐渐转向大型电视机，以低价优势与美国电视生产企业展开正面竞争。

1. 维持出口市场秩序的《美日彩电协定》（1968—1980 年）。

1968 年 3 月，美国电子工业协会起诉日本 11 家电视生产企业，要求对日本生产的黑白电视和彩电征收反倾销税，经裁定于 1971 年 3 月征收反倾销税。由于日本政府的反对，两国于 1980 年 4 月达成和解，以美国放弃征收反倾销税，日本支付和解金的方式解决。

2.《美日彩电协定》，自主限制出口数量（1977—1980 年）。

在 1976 年美国建国 200 周年和总统选举之际，为更好观看相关节目，美国居民对彩电的需求旺盛，日本对美国的彩电出口急剧增加，当年增速高达 150%。日本彩电对美出口的金额和市场份额在 1976 年达到顶峰，在美国彩电进口中所占比重达 90% 以上，在美国市场上占有率接近 20%，如图 2–13 所示。美国彩电产业保护委员会根据 201 条款，向美国国际贸易委员会提出申请调查。美国国际贸易委员会经调查后向总统提出提高关税和进口管制措施，同时还就日本家电厂家在对美贸易

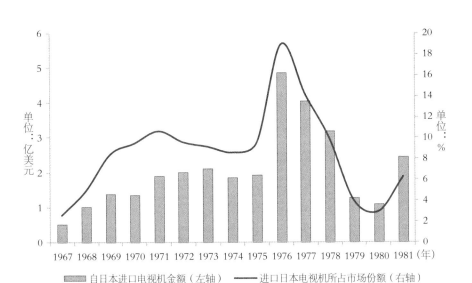

图 2-13　1967—1981 年美国自日本进口电视机金额及其市场份额

资料来源：Wind、恒大研究院。

中的价格倾销行动和接受政府补贴等"不公平贸易习惯"问题进行调查。
日本担心美国实施对其不利的政策和法案，便主动让步。1977 年 5 月，
美日签订维持出口市场秩序的《美日彩电协定》，有效期为三年，内容
包括：日本对美国彩电出口每年控制在 175 万台以内，其中制成品控制
在 156 万台以内，半成品控制在 19 万台以内。在日本对美国彩电出口
实施自主限制后，1979 年日本对美彩电出口下降到 69 万台，1980 年进
一步下降到 57 万台。

　　早在 20 世纪 70 年代初，日本彩电生产商便开始在美国建厂，其后
为规避美国关税壁垒和反倾销，延续了其在美建厂的趋势。到 1978 年，
日本厂家在美国生产的彩电超过了日本对美国出口的彩电，美日彩电贸
易战在 80 年代初结束。

　　小结：美日彩电贸易战并未解决美国彩电产业自身问题。1968 年，
美国国内有 28 家电视机生产厂家，到 1976 年仅剩 6 家，80 年代末仅

剩下齐尼思一家，90 年代该公司把生产工厂转移到墨西哥，如今支撑美国电视机行业的近 20 家外国公司中，日本公司实力最为强大。

四、汽车贸易战（1981—1995 年）

石油危机后，日本汽车以其小巧美观、价格低廉、低耗油的优势迅速占领美国市场。1978 年日本对美国的汽车出口数量为 152 万辆，1979 年达到 164 万辆，1980 年进一步上升到 192 万辆，如图 2–14 所示。日系汽车在美国进口汽车中的比重达到 80%，美系汽车在美国市场份额不断萎缩，汽车贸易战随即打响，如图 2–15 所示。

1.《美日汽车贸易协定》（1981—1992 年），设定日本出口限额。

以 1978 年美国克莱斯勒陷入财务赤字为开端，1980 年美国三大汽车公司在全美汽车工会要求美国政府对日本汽车实施进口限制，并在国会开展游说活动，国会相继提出许多保护主义的法案。美国国际贸易委员会提出紧急进口限制措施，1981 年 5 月美日签订了《美日汽车贸易

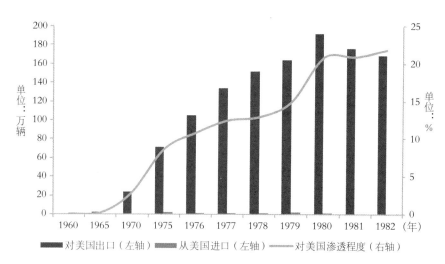

图 2–14　1960—1982 年日本汽车进出口情况及对美国市场渗透程度

资料来源：Wind、恒大研究院。

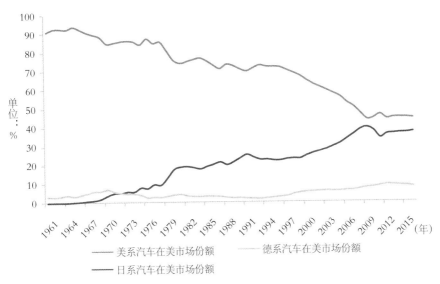

图 2–15　1961—2015 年美、日、德系汽车在美市场份额

资料来源：Wind、恒大研究院。

协定》，规定日本从 1981 年 4 月开始的一年内，将对美国汽车出口限制在 168 万辆以内。同年 5 月，日本通商产业大臣发表《对美国出口轿车的措施》，日本汽车制造商在出口受限后赴美投资建厂，丰田与通用、马自达与福特、三菱与克莱斯勒相继在美国联合建立装配厂。1983 年协议延期，限额上调到 185 万辆，并规定以后每年可在实际出口值上增加 16.5%。但日本并未完全达到美方要求，经常超出上限。

2.《美日汽车、汽车零部件协定》（1992—1995 年），增加对美汽车和零部件进口，开放市场。

日本汽车生产商在美投资后，购置的零部件和半成品主要来自日本而非美国，因此汽车贸易摩擦转向零部件贸易摩擦。1981 年美日达成一项有关汽车零部件问题的协议，规定日本在 1981 年内购买价值 3 亿美元的美国汽车零部件，但是日本汽车生产商认为美国汽车零部件质量较差，只购买了 2 亿美元。

美国对日本两次未能履行协议非常不满，于 1984 年和 1987 年两次提出日本汽车零部件市场开放的要求，但都未能达成一致意见。1992 年布什访问日本，双方达成关于汽车零部件问题的协议，规定到 1994 年，日本购买 190 亿美元的美国国内制造的汽车零部件。

美国要求日本开放汽车市场的谈判始于 1993 年，历经 20 个月无果。1995 年 5 月，美国向 WTO 提出申诉并以启动 301 条款、对进口的日本汽车征收 100％关税作为威胁；在零部件方面，美国提出延长美日 1992 年达成的《汽车零部件协定》，进一步要求日本每年以 10％—20％的增长率进口美国生产的汽车零部件。日本向 WTO 申诉并预计 6 月末对美国采取报复性反击措施，未能成功。1995 年 6 月双方达成《美日汽车、汽车零部件协定》，日本基本满足了美国所有要求，美国对日本的汽车及零部件出口开始增加。

小结：与纺织、钢铁等产业不同，汽车属于美国和日本的支柱产业，美国在汽车贸易战中的诉求既包括保护本国市场又包括打开国外市场。在保护本国市场方面，美国采用 201 条款、多边谈判等方式，要求日本进行自主限制出口，设定出口增速；日本的应对策略为主动限制出口、在美国建厂，以减少对美出口。在打开国外汽车市场方面，美国以 301 条款、增加进口关税威胁日本，迫使日本同意进口美国汽车及零部件要求，并规定进口增速数字指标；日本试图通过政府补贴、WTO 框架方式解决，但未能成功，最终满足了美国的大部分要求。

五、通信贸易战（1981—1995 年）

美日通信贸易战的起因是美日在通信行业变革的过程中产生了分歧。通信行业在各国基本处于自然垄断地位，但第三次科技革命带来的微电子、电子信息技术蓬勃发展，冲击到传统通信产业，美国意识到竞争的市场必然是一个开放的市场。1984 年美国电话电报公司（AT&T）

被拆分，美国致力于在全球"消除通信产业垄断，确立竞争的经济秩序"。日本通信产业是由日本电报电话公司（NTT，简称"电电公司"）垄断，当美国要求日本开放市场时，遭到了电电公司的强烈反对，通信贸易战由此爆发。

1.《政府采购器材协定》（1981—1983 年），采购美国通信器材。

美国拥有质量高、价格低廉的通信器材，但日本电电公司却并未从美国进口，而是从电电家族的企业群采购。美国认为是日本电电公司的垄断和政府的政策导致市场封闭。1978 年美国政府要求日本电电公司对器材采购商实行门户开放政策，并于 1979 年、1980 年两次发布对日报告书《琼斯报告》，列举美日通信器材领域的不平等问题，要求日本调整美国器材购买政策。1980 年年底，美日达成有关政府采购器材的协定，有效期为三年，从 1981 年开始实施。随后日本海外器材采购额大幅上升，由 1981 年 44 亿日元上升到 1983 年 340 亿日元，1982 年日本从美国采购器材占海外器材采购的 83%。

2. 新《政府采购器材协定》（1984—1987 年），定期检查协定实施。

日本从美国采购有所增加，但这与美国的预期仍有较大差距。在共同开发方面，日本仅有 1 件器材是与海外厂商共同开发的，美国认为日本市场仍然是封闭的。1984 年 1 月，美日达成新的《政府采购器材协定》，有效期为三年，规定定期检查协定实施状态。

3.《美日移动电话协定》（1989—1995 年），开放日本市场。

1985 年通过的分类市场谈判（MOSS）规定让美国"摩托罗拉方式"和摩托罗拉移动电话进入日本，但此项要求在日本并未得到实施，于是从 1989 年开始，美日进行了长达五年的移动电话谈判。1994 年年初首脑会谈破裂，美国以恢复 301 条款威胁日本，1994 年 3 月达成《美日移动电话协定》，开放日本国内市场，规定从 1994 年 4 月起的 18 个月内，日本在东京和名古屋地区建立 159 个移动电话中心、增设 9900 个通话频道以销售并普及摩托罗拉移动电话，打破了日本通信市场的垄断。

小结：通信贸易战中，美国对日本实施的手段以开放市场为主线，在日本未能达到美国预定的要求时，美国展开对日本通信产品的进口限制。日本在对策上采取缓慢移除贸易壁垒的做法，在未达到美国预期时采取与美国厂家建立合资子公司的方式缓和美日通信贸易战。

六、半导体贸易战（1978—1996年）

1948年开始，美国相继发明了半导体晶体管、硅晶体管、集成电路等，美国的半导体产业快速发展。到20世纪70年代，美国致力于废除各国间贸易壁垒，日本对此十分担忧，于是由通产省牵头组成"超大规模集成电路技术研究组织"，投入760亿日元，在1979年优先于美国掌握了集成电路记忆芯片技术，随后日本在64k、1M、4M、16M、64M集成电路生产中相继获得成功，在国际市场占领先机。20世纪80年代中期，日本半导体的全球市场占有率由1977年的4.2%上升到34.8%，而美国半导体市场占有率从1977年的66.5%下降到38.4%，如图2-16所示。1980年，日本在对美半导体贸易上首次产生28亿日元顺差，多数美国人认为日本技术升级使得日本对美国的威胁远超苏联，美日半导体贸易战由此展开。

1.《关税削减协定》（1978—1981年）：削减直至取消半导体关税。

1977年，美国电子机器制造厂商组成了半导体工业协会（SIA），目的之一是废除各国之间半导体的贸易壁垒。当时，日本的半导体关税税率为12%，美国为6%。1978年6月，在东京举行的关税与贸易总协定的多边谈判上，美日双方通过《关税削减协定》，规定从1980年开始两国用11年时间将税率均降至4.2%。

由于1980年日本对美半导体贸易首次出现顺差，1981年美日首脑举行会谈，约定于1982年将美日双方的税率（5.6%和10.1%）下调至

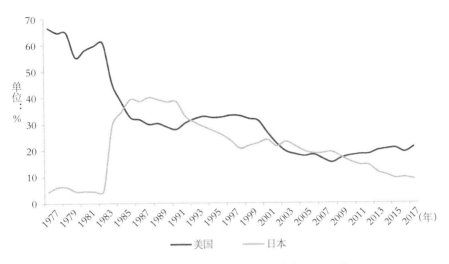

图 2-16　1977—2017 年美日半导体市场占有率

资料来源："Worldwide Market Billings"，见 http://www.semiconductors.org/wp-content/
uploads/2019/05/GSR1976-March-2019.xls；恒大研究院。

4.2%。1982 年 7 月，在华盛顿举行美日贸易会谈，商定于 1984 年 4 月
起相互取消有关集成电路的关税。

2.《美日半导体贸易协定》（1986—1991 年）：发起"301 调查"，征
收反倾销税，设定美半导体在日市场占有率指标。

20 世纪 70—80 年代，美日在半导体市场占有率发生了巨大变化，
日本大幅上升而美国大幅下降，而且日本半导体追赶势头更加猛烈。
1985 年 6 月，美国启动"301 调查"；9 月，美国半导体厂商以日本半
导体出口倾销问题向美国国际贸易委员会提出诉讼。1986 年美国国
际贸易委员会做出裁决：提高从日本进口的半导体关税并征收反倾销
税。1986 年 7 月达成了《美日半导体贸易协定》。协定的主要内容包
括：①日本半导体厂商应按美国商务部确定的价格销售；②日本应增
加对美国半导体进口，使美国和其他国家半导体产品在日本市场上的
占有率从 8.5% 提高到 20% 以上；③美国停止对日本半导体厂商的倾
销调查。

但是，日本在履行《美日半导体贸易协定》过程中，采取向第三国增加销售的策略，以倾销价抢走美国的国际份额。1987 年 4 月，里根政府对日本 3 亿美元的半导体及相关产品征收 100％惩罚性关税。同年，发生了日本东芝公司向苏联出售违禁机床产品事件，美国禁止日本东芝公司的产品对美出口长达三年。

3. 新《美日半导体贸易协定》（1991—1996 年）：规定外国公司半导体在日市场占有率，1993 年美国半导体全球市场占有率重回第一。

1991 年 6 月，《美日半导体贸易协定》五年期满，但外国公司在日本半导体市场上占有率仅 14.3％，未达到协议要求。8 月，美日又缔结了新的协定，五年有效期，规定到 1992 年年底，外国公司在日本半导体市场上占有率达到 20％（1993 年达到 20.2％）。1996 年，协定到期，此时美国半导体产业重登世界第一宝座，新的半导体协定，不再设定市场占有率，而是要求每隔三个月两国就半导体市场销售、市场占有率和增长情况进行统计，以便两国进行监督控制。

小结：美国对日本的半导体政策是以"减少贸易顺差"的名义进行的经济压制，不同于纺织品、钢铁贸易战，更多的是担心自身竞争力的下降。美国采取的手段更加多样，首次提出外国半导体占日本市场比重的具体指标，标志着美国对日贸易政策和手段出现重大变化，从对日进口产品限制、日本的自愿限制出口，发展到日本自愿扩大进口及数值指标的管理贸易方式。日本有反对，通过加大对美投资、加大对第三国出口来缓和贸易摩擦，但更多的仍是屈从于美国。

第三节　升温：20 世纪 80 年代中后期
升级到金融战、经济战

六大产业的贸易战未能削弱日本的竞争力，日本逐步实现产业升级，美日贸易逆差反而持续扩大。美国认为美日间的贸易失衡在于利率、汇率管制和金融抑制导致日元被低估，日本产品在全球范围内倾销。《广场协议》后，日元大幅升值，日本出口增速大幅下滑，但进口下滑幅度更大，1986 年日本整体顺差扩大，其中对美顺差在 1986 年和 1987 年持续扩大，加剧了美国的不满。同时，美国认为日本金融市场封闭，美国金融机构无法进入日本，竞争不对等。美国逼迫日本开放金融市场，过急的金融自由化为投机和泡沫提供宏观环境。日元升值并未改变美日贸易失衡，美国认识到根源在于日本的经济体制，即交易习惯、土地制度、储蓄投资模式、《大店法》等方面的结构性障碍，因此美国强行干涉日本的经济政策，从宏观和制度层面改变贸易失衡，日本出于对美经济、军事和政治的依赖，步步退让，失去宏观政策独立性，应对失当，陷入"失去的二十年"。

一、汇率金融战：逼迫日元升值，金融自由化

金融自由化一般包括三个方面：利率自由化、金融业务自由化和国际资本流动自由化。20 世纪 80 年代日本金融自由化的特点是：利率自由化和国际资本流动自由化同时起步且急速展开。日本的金融自由化是在美国的压力下展开的，美国主要出于两个目的：第一，美国认为日本在利率、金融业务开展及资本流动方面有诸多限制，导致日元无法实现其在国际市场的真正价值。因此，美国认为要扭转美日贸易失衡，不是要改变美国的经济政策，而是要改变日本的金融、结构性经济制度。第二，80 年代初，欧美的金融机构进入日本受到严格的金融管制，难以进入世界第二大经济体开展业务，但美国市场却对日本开放，形成不对等的竞争。1983 年欧美银行东京分行的贷款总额占日本贷款总额的3.5%，存款总额不到日本存款总额的 1%；欧美投行均未取得东京证券交易所的会员资格，只能通过中国香港与日本展开交易。美方当时负责

施压与谈判的是财政部部长里甘（1981—1985 年任财政部长，1985—1987 担任白宫幕僚长），里甘任职财政部长前担任美林银行的董事长兼首席执行官。日本金融自由化后，"管制"的闸门打开，大量资本疯狂涌入并于泡沫前抛售日本资产，助推泡沫形成与破裂。

（一）"美元日元委员会"：推动金融资本市场自由化，但未能实现日元升值目标

随着贸易战的推进及日本产业竞争力的提高，美国国会中的贸易保护主义势力壮大。里根在第一任期强调"强国家，强货币"，实行高利率政策，美元不断走强。美国产业界认为被扭曲的汇率降低了美国的竞争力，施压政府纠正美元升值的倾向。1983 年 9 月，李·摩根发布了题为《美元与日元的不匹配：问题的所在与解决方案》的报告，成为日后美国施压日本的谈判蓝本，其提出了 11 项具体策略，核心是"金融自由化，日元国际化"，彻底"排除抑制日元需求的人为措施"。美国认为，日本开放金融与资本市场后，市场对日元资产的兴趣增加，日元将随之升值。

1983 年 11 月，美国总统里根访日，与日本首相中曾根康弘探讨日元和美元汇率问题，这是"美元日元委员会"的开端。同月，日本大藏大臣竹下登与美国财政部部长里甘宣布成立美日间"美元日元委员会"，以汇率、金融和资本市场问题为框架，就欧洲日元债券、增加东京证券交易所会员权限、美国某些州限制外国银行进入等问题进行探讨。

1984 年 5 月，美日发表《美元日元委员会最终报告书》，美国主要实现四个方面的利益诉求：（1）日本金融资本市场自由化，包括利率自由化和日元借款自由化；（2）确保外国金融机构自由进入日本金融资本市场。外国证券公司可以申请成为东京证券交易所会员，向外国银行开放日本信托业；（3）创设自由的海外日元交易市场，扩大欧洲日元市场——离岸市场；（4）实现日本金融与资本市场自由化，消除外资对日投资障碍。日本承诺自主、渐进地推进金融资本市场自由化，消除日元国际化障碍。但是日元并未如美国预计升值，美元继续坚挺，日本对美顺差继续扩大，美国从而寻求其他手段。金融自由化加速推进，具体如下：

（1）利率自由化方面，新的金融衍生产品大量出现。1985 年，利率联动型可转让存款证书（CD）、市场利率联动型存款（MMC）和自由利率的大宗定期存款陆续出现。

（2）金融业务管制方面，放松市场准入与货币自由兑换。1984 年日本允许海外存款证和商业支票在国内销售，撤销外汇期货交易的"实际需要原则"，提供投机的自由，自由发放以日元计价的对外贷款。1986 年开始实施短期国债的招投标发行，外国投行开始取得东京证券交易所的会员资格，撤销人寿保险、年金信托等对外证券投资管制，促进以赚取利率差为目的的个人对外投资。1987 年日本创设国内商业票据市场。

（3）资本流动方面，撤销日元兑换管制。1986 年日本创设东京离岸市场，允许 181 家外国外汇专业银行参与，日本企业可以在英国伦敦市场发行以美元为单位的信用债和可转债。

（二）《广场协议》：五大国联手抛售美元，日元迅速大幅升值，但未减少美日贸易逆差，直到 1988 年逆差才缩窄

1985 年 7 月，美日两国财政部在巴黎开始就《广场协议》进行磋商，会谈目的是建立美日磋商机制，关注两国经济问题。9 月，美、日、英、法、德五国财政部部长、央行行长在纽约举行 G5 会议，签订《广场协议》，宣布联合干预外汇市场，结束美元汇率偏高情况。五国达成以下共识：（1）20 世纪 80 年代前期持续的美元坚挺，没有反映各国经济的基本面；（2）各国协调阻止美元继续升值，调整世界外贸和投资不平衡；（3）平息美国因贸易逆差重新兴起的贸易保护主义思潮；（4）主要国家间开始进行紧密而具体的政策协调，在外汇市场表明美元贬值意图。

其后，日元快速升值。协议签订前，美元对日元汇率是 1 美元兑换 239 日元，至 1986 年年底，已贬值为 1 美元兑换 159 日元，1 年内美元贬值超过 30%。日元的急剧升值引起日本各界的强烈不满，部分出口企业利润受到影响，以日元计价的出口增速下降。自 1986 年 3 月开始，日本银行多次卖出日元买入美元以防止日元升值打击日本经济，但此举并未遏制住日元持续升值的态势。由于日本产品的竞争力依然较强，日元升值并没有立即减少美日贸易逆差，直到 1988 年美日贸易逆差才下降，而 1991 年后继续上升。

（三）《卢浮宫协议》：稳定汇率，阻止美元进一步贬值，日本承诺降低利率扩大内需

《广场协议》后，日元、马克等持续升值，影响日、德国际竞争力，日本陷入"升值恐惧"。1986 年 9 月，日本希望美国稳定美元汇率，美国的条件是日本必须下调利率刺激内需。10 月 31 日，美日发表声明："双方取得谅解，认为日元美元汇率的调整已经与现在基本面大致符合"。日本计划实施：（1）下调个税和法人税，实施税制改革；（2）向国会提出追加预算，提出 3.6 万亿日元综合经济对策；（3）扩大内需，日本银行下调法定利率。

1987 年年初日元继续升值，2 月 2 日在巴黎举行的 G7 财长会议达成《卢浮宫协议》，决定稳定汇率：（1）《广场协议》后，各国协调一致干预外汇市场，当前汇率基本反映各国经济基本面；（2）汇率比价剧烈波动损害各国经济增长；（3）各国货币之间汇率如果超出目标行情，有损各国经济增长，各国财政部部长及央行行长一致同意促进汇率稳定在目前水准附近。

但 1987 年 3 月日元升值到 145，12 月升值到 120，1988 年一度突破 100。日元升值势头未能停止，大幅度的刺激政策却已实施，泡沫愈演愈烈。

（四）1995 年《美日金融服务协定》：金融服务领域进一步放松市场准入

1995 年 1 月，美日签署《美日金融服务协定》，日本主要在四个方面做出让步：（1）年金资产的运用，允许投资顾问公司进入厚生年金基金；（2）投资信托，从根本上放宽运用原则；（3）重新制定与公司债相关的各项规定及惯例等；（4）废除对非居民的民间欧洲日元债务的回流限制，投资者购买外国债券时，对证券公司与投资者之间的货币互换解禁等。此外，日本在金融服务领域进一步放松外资市场准入限制，在年金、信托、证券市场等领域进一步推动金融自由化。

二、经济战：强行改变日本经济结构，日本宏观政策独立性丧失

在贸易战和汇率金融战后，美国认为美日贸易失衡的根源是日本国内存在一系列结构性障碍，这些障碍导致美国产品难以进入日本，美日冲突转向制度冲突和宏观调整。为消除结构性障碍，美日双方达成三大协议：1990 年的《美日结构性障碍问题协议》、1993 年的《美日新经济伙伴关系框架》和 1997 年的《美日规制缓和协定》。

1989 年 9 月，美日正式召开美日经济结构问题会谈。1990 年，双方达成《美日结构性障碍问题协议》，包括美日双方对对方的要求。其中，美国要求纠正日本经济结构中存在的六个方面的问题：储蓄投资模式、土地利用、流通问题、价格机制、排他性交易习惯、企业系列制问题。日本提出美国应在七个方面采取措施：储蓄投资模式、企业的投资活动与生产力、企业行为、政府规制、研究开发、振兴出口、劳动力教育培训。

具体而言，第一，美国要求日本改变储蓄大于投资的现状，在 10 年内增加 430 万亿日元的公共事业投资；建立灵活的消费信用制度，扩大民间消费。第二，要求日本有效利用土地，美国认为日本投资过少很重要的原因是土地价格过高，要扩大土地供应和提高土地利用效率，通过进口美国农产品以在农田建立住宅和工厂。第三，要求日本改变流通领域的问题，修建机场、港湾实现进口流程的快速化，简化通关手续，进口手续需在 24 小时之内完成，修改《大店法》，缩短创办大型商场的手续时间为 1 年半，增加进口商品的卖场面积。第四，改变国内商品定价高于对美出口的价格的现状。第五，改变排他性交易习惯，严格执行《禁止垄断法》。第六，改变企业系列制问题，日本国内企业间相互持股，形成上下分层、相互协作的几百个公司的商业体系，基本排斥了对外采购，美方要求对此改变，具体如表 2–3 所示。

美日双方均提出改变储蓄投资不平衡的问题，但美方的要求明显高于日本，试图改变日本的既有经济结构；日本对美方的要求更多是侧重于提高美国产品竞争力进而扩大美国对外出口，如研发、劳动力培训和生产力提高等。

表 2–3 《美日结构性障碍问题协议》的主要内容

美国对日本提出的要求	
储蓄投资模式	·改变储蓄和投资不均衡问题，增加国内公共资本的投资
	·修改社会资本建设计划，扩大现有投资规模
	·建立灵活的消费信用制度，扩大民间消费
土地利用问题	·土地价格过高，增加大城市住宅供给，改善土地利用效率
	·综合改革土地税制
流通问题	·修改《大店法》中的不公平措施
	·整顿流通环境，解决流通中手续繁多、渠道过多的问题
价格机制	·调整内外价差
	·政府规制缓和

续表

美国对日本提出的要求	
排他性交易习惯	·严格执行《禁止垄断法》
	·确保政府行政指导的透明度和公正性
	·对民间企业实行透明的内外无差别的采购活动
	·缩短专利审查时间
企业系列制问题	·确定在企业间内部交易习惯的持续性，在排他性方面运用《禁止垄断法》
	·发表推进开放的对日直接投资政策的声明
日本对美国提出的要求	
储蓄投资问题	·削减巨额财政赤字
	·修正国内储蓄和投资不均衡以修正经常收支不均衡
企业的投资活动与生产力	·尽快立法以缓和《反托拉斯法》
	·改善产品制造责任制
企业行为	·企业制定长期战略
	·实行技术开发
政府规制	·撤销出口限制，促进进口自由化
研究开发	·通过税制措施提高产业界研究开发能力
振兴出口	·支持民间出口
劳动力教育培训	·加强学校教育和职业训练

资料来源：日本通商省 1991 年版《通商白皮书》、恒大研究院。

1993 年美日通过《美日新经济伙伴关系框架》，主要从全球经济、宏观经济和个别领域三个层面进行政策协调，从改革日本市场准入、内需型经济体制和提高美国竞争力的角度调整双方关系。（1）全球经济方面，加强美日在全球范围的经济技术合作；（2）宏观经济方面，要求日本缩小经常收支顺差，发展可持续的内需型经济，放开外国产品和服务的市场准入，扩大从美国进口；（3）个别领域方面，优先进行政府采购、保险、汽车零部件的谈判，实行金融、保险、《反垄断法》、流通制度方面的规制改革，提高美国产业竞争力并扩大出口。

1997 年美日通过《美日规制缓和协定》，内容包括两部分，确定了

货物贸易战	纺织品贸易战 （1957—1974年）	• 签订《美日纺织品协定》《美日棉纺织品短期协定》《美日棉纺织品长期协定》《美日纺织品贸易协定》 • 日本自愿限制出口
	钢铁贸易战 （1968—1992年）	• 签订《美日钢铁产品协定》《美日特殊钢贸易协定》 • 日本自愿出口限制
	彩电贸易战 （1968—1980年）	• 签订《美日彩电协定》 • 美国采用反倾销反补贴调查等方式迫使日本自愿出口限制
	汽车贸易战 （1981—1995年）	• 签订《美日汽车、汽车零部件协定》 • 日本自主出口限制
	通信贸易战 （1981—1995年）	• 签订《政府采购器材协定》《美日移动电话协定》 • 日本自愿出口限制
	半导体贸易战 （1978—1996年）	• 签订《关税削减协定》《美日半导体贸易协定》 • 日本自愿出口限制、自愿扩大进口、数值指标管理的贸易方式

汇率金融战	美元日元委员会 （1983—1984年）	• 推动金融资本市场自由化：利率自由化方面，新的金融衍生产品大量出现；金融业务管制方面，放松市场准入与货币自由兑换；资本流动方面，撤销日元兑换管制，创ද东京离岸市场
	《广场协议》 （1985年）	• 五大国联手抛售美元，日元迅速大幅升值，但未改变美日贸易逆差
	《卢浮宫协议》 （1987年）	• 以扩张性金融政策为主的扩大内需政策 • 日本下调短期利率、公共事业集中到上半年、5万亿日元财政刺激
	《美日金融服务协定》 （1995年）	• 进一步放松外资市场准入限制 • 年金、信托、证券等领域进一步推动金融自由化

经济战	《美日结构性障碍问题协议》 （1990年）	• 要求日本改善：储蓄投资模式、土地利用问题、流通问题、价格机制、排他性交易习惯、企业系列制问题 • 要求美国改善：储蓄投资问题、企业的投资活动与生产力、企业行为、政府规制、研究开发、振兴出口、劳动力教育培训
	《美日新经济伙伴关系框架》 （1993年）	• 加强全球经济技术合作、日本减小经常收支顺差、创造良好的自由贸易环境（金融、保险、《反垄断法》、流通制度改革）
	《美日规制缓和协定》 （1997年）	• 要求日本改善：住宅、通信、医疗、金融服务、商品流通、竞争政策、法律服务、建立放松管制组织 • 要求美国改善：经济结构、透明度和政府惯例、住宅、通信、医疗器械及医药、金融服务

图 2–17　美日贸易战过程

资料来源：恒大研究院。

日本放松管制与竞争政策的基本框架。第一部分是日本应采取的措施，涉及住宅、通信、医疗、金融服务、商品流通、竞争政策、法律服务和建立放松管制组织等方面。第二部分是日本政府希望美国改善的问题，涉及经济结构、透明度和政府惯例、住宅、通信、医疗器械及医药、金融服务等方面。

从上述三个协议的内容看，20 世纪 90 年代后期，随着全球化和信息化的发展和美日两国经济联系的加强，两国贸易摩擦从个别产品转向金融投资领域进而转向制度协调，解决方式由《美日结构性障碍问题协议》中的投资储蓄问题，转向《美日新经济伙伴关系框架》中的宏观经济政策协调及市场准入问题，进而转向《美日规制缓和协定》中的服务贸易领域制度协调问题，即由一般意义上的扩大进出口的贸易方式转向以放松管制和规制为代表的制度协调，如图 2-17 所示。

第四节　结局：日本货币放水，金融战败，
陷入"失去的二十年"

在美国步步紧逼及日本国内实行过度宽松的财政与金融政策后，日本股价、地价不断上涨，在紧急加息和抑制地价后，泡沫迅速破裂。从 20 世纪 90 年代起，日本经济长期低迷，产业竞争力下降，追赶阶段结束后，曾经推动日本高速发展的宏观调控与"日本式经营"的微观管理成为日本发展的阻碍。日本与美国 GDP 之比从 1985 年的 32%（1978 年和 1986 年突破过 40%）降低至 2017 年的 25%，日本人均 GDP 自 1987 年超过美国，但到 2017 年降至美国人均 GDP 的 64.6%，美国成功压制日本崛起，如图 2-18 所示。

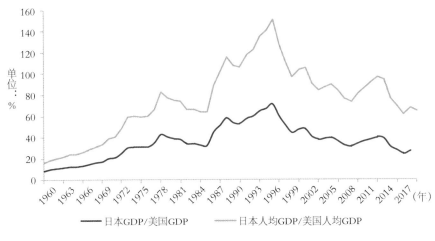

图 2-18　1960—2017 年美日经济规模比较

资料来源：Wind、恒大研究院。

一、贸易战对美国贸易逆差有阶段性的改善，但长期美国贸易逆差扩大趋势更为严重

贸易逆差的规模根本上是由国内外产业优势与结构决定的。贸易战期间，美国贸易差额与 GDP 之比曾有三次明显改善，"钢铁贸易战""彩电贸易战"带来了 1972—1975 年美日贸易逆差及美国贸易逆差总额的改善，"汽车贸易战"带来了 1978—1980 年美日贸易逆差及美国贸易逆差总额的改善，但是"汇率金融战"却并未在 1986—1987 年缩小美日间及美国贸易逆差总额，直到 1988—1990 年才起作用，如图 2-19 所示。

因此，贸易战可以在短期内改善美国贸易逆差，每次改善持续约 3—4 年。但由于未解决国际分工、产业优势、美国自身储蓄投资结构、美元国际储备货币地位等根本性问题，贸易逆差扩大的趋势并未改变，20 世纪 60—90 年代，美国的贸易逆差整体仍在扩大。

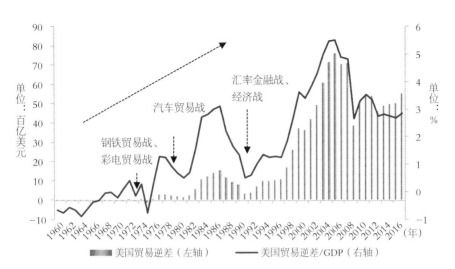

图 2-19　1960—2016 年美日贸易战对美国整体贸易逆差的影响

资料来源：Wind、恒大研究院。

二、日元大幅升值，房市、股市泡沫破裂，经济增速大幅下滑，日本陷入"失去的二十年"

1985 年《广场协议》后，美元对日元汇率由 1985 年的 238.47 降到 1988 年的 128.17，日元升值近一倍之多。日元升值过快过多导致出口增速大幅下滑至负增长，1986—1988 年出口增速分别为 –15.9%、–5.6% 和 1.9%，导致 GDP 增速从 1985 年的 6.3% 下降至 1986 年的 2.8%；但 1987—1988 年伴随消费和设备投资大幅上升，GDP 在 1987—1990 年回升到较高增速，产生了经济繁荣的景象。

20 世纪 80 年代日本货币政策过度宽松。1980 年 3 月以来央行持续下调利率，其中 1986 年 1 月至 1987 年 2 月，短期内连续五次下调利率至 2.5%。货币供应量 M2 平均余额在 1987—1989 年高达 10% 以上，直到 1992 年 9 月转为负增长，如图 2-20 所示。宽松的货币政策释放大量流动性，加之日元升值吸引大批热钱流入日本，导致股价、房价上涨，

图 2-20　1980—2000 年日本广义货币供应增速与 GDP 增速

资料来源：Wind、恒大研究院。

资产价格出现泡沫，投机盛行，制造业企业低成本融资后投资股市和房地产。日本制造业的大企业对股市的投资由 1985 年前的年平均 0.9 兆日元上升到 1989 年的年平均 2.7 兆日元。

　　美国施压日本扩大内需以削减贸易逆差，日本扩张性财政政策的实施为泡沫奠定基础。美国督促日本减少贸易顺差，中曾根政府委派日本中央银行前总裁前川春雄起草《前川报告》（1986 年 4 月发布），提出扩大内需、转换产业结构、扩大进口市场、改善市场准入环境、加快金融自由化和加快日元国际化。日本开始实施扩张性的财政政策，出现了"日元升值、高投资率、低利率"并存的局面。

　　日本央行担心加息可能导致美元贬值，且当时"日本第一"的外界认知和日本国民信心膨胀的氛围让人难以相信泡沫已经产生。日本当局对经济形势的判断较为乐观，认为日本并未出现泡沫，价格上涨是对经济向好的反映，货币紧缩不断推迟。直到 1989 年 6 月至 1990 年 8 月，日本央行紧急上调利率，连续 5 次加息，击溃股市，东京日经 225 指数

直线下跌，由 1989 年年底的 34068 点下降到 2003 年 9311 点，如图 2–21
所示。同时日本政府采取抑制地价的措施，土地、房地产价格泡沫在
1991 年下半年急速破裂。2017 年的全国平均地价仅相当于 1973 年的水
平，相当于 1991 年最高点的 1/3，如图 2–22 所示。抑制地价的措施主

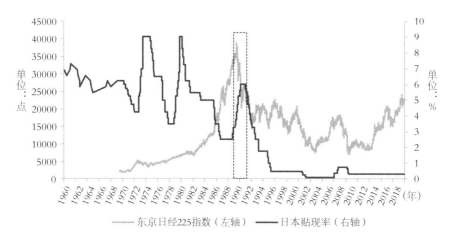

图 2–21　1960—2018 年东京日经 225 指数与日本贴现率

资料来源：Wind、恒大研究院。

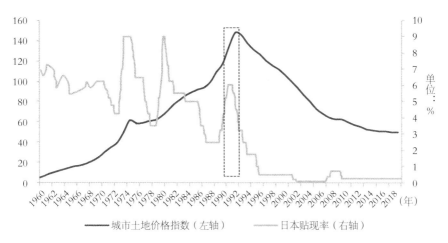

图 2–22　1960—2018 年日本城市土地价格指数与日本贴现率

资料来源：Wind、恒大研究院。

要有：（1）直接管制土地交易，买卖土地必须向当地政府主管机构提出报告，防止不正当高价买卖土地；（2）管制金融机构贷款，大藏省要求全国银行、信用金库、生命保险公司和损害保险公司实施"管制向不动产融资的总量"措施，向不动产贷款增长率不得高于贷款总量增长率；（3）完善土地税制，强化土地保有课税、土地转让利益课税和土地取得课税，实施《土地基本法》，强化对土地交易、金融机构和不动产商的监管；（4）强化城市土地用地的管制。

股市、房地产泡沫破裂后，出现大量过剩产能、不良债权、过剩劳动力，银行等金融机构、企业破产倒闭，失业率上升，动荡的政局及错误的应对导致日本经济步入低迷期。在日本长达 40 年的"追赶阶段"和 20 世纪 80 年代中期的繁荣时期，政府干预的产业政策、微观的日本式企业经营发挥了巨大作用，但信息技术革命、实现追赶目标的新环境却最终成了日本产业和经济进一步转型升级的障碍，昭和时期的繁荣演变为平成时期的危机。具体而言，宏观上长期的低利率和财政扩张助长泡沫，过急、过快的抑制又迅速刺破泡沫。高景气下产能盲目扩张，泡沫破裂后产生大量过剩产能、过高不良债权和过剩劳动力，财政、货币政策失效，必须实施结构性改革。

微观上"日本式企业经营"主要包括：终身雇佣制、年功序列制、企业内工会、主办银行制与企业间互相持股。在追赶阶段内外需旺盛，终身雇佣制、年功序列制和企业内工会使得员工忠诚度高，资方与劳方的分歧较小，有利于减缓生产成本迅速抬升，但在需求下滑、全球化竞争激烈时期不利于劳动力市场出清。日本企业直到 90 年代中后期才大规模解雇职工，如表 2-4 所示。主办银行制（间接融资制下股东权利较小）、企业间相互持股（大中小企业分工协作）、护送舰队式的政企关系（促进企业发展），使得企业经营目标可以更加长远，比如追求规模和市场占有率，而非短期的股价波动和投资收益率，在追赶阶段带动企业迅速壮大、抢占国际市场份额。但这种制度也存在公司治理结构脆弱、政企不分的问题，导致市场对企业经营者的监督弱化；片面追求市场占有率和规模，导致产能过剩和过度负债。当追赶目标实现且劳动力优势不再、人口红利消失时，原有的非市场化经营体制便成了创新的障碍。

表 2-4　泡沫破裂后，日本著名大企业的裁员行动

	实施大裁员的企业	裁员人数（万人）
1	日本电报电话公司（NTT）	11
2	日产汽车	3.5
3	日立	2
4	东芝	1.8
5	富士康	1.6
6	三菱	1.4
7	三菱电机	0.8
8	松下电器	0.5
9	马白达	0.65
10	NEC	0.4
11	丰田	0.2
12	木田汽车	0.1

资料来源：Wind、恒大研究院。

此外，日本政局的动荡、政府对形势的错误判断及应对失策均导致日本经济步入低迷期。

（1）缺乏稳定的政治环境应对危机。20 世纪 90 年代的日本在十年内经历了九届内阁，七任首相。长期执政的自由民主党因党内斗争一度退居在野党，政府部门间争斗使日本在应对贸易战中多次被美国利用，日本在谈判中处于被动地位。不稳定的政局导致日本缺乏整治宏观经济的环境和有效的对策。任职最短的宇野宗佑（1989 年 6 月 3 日至 8 月 10 日任职）和羽田孜（1994 年 4 月 28 日至 6 月 30 日任职）任职都只

有两个月左右，如表 2–5 所示。

表 2–5   1989—2000 年日本首相任职时间

任期	姓名	时间	党派
76 任	海部俊树	1989 年 8 月 10 日—1990 年 2 月 28 日	自由民主党
77 任	海部俊树	1990 年 2 月 28 日—1991 年 11 月 5 日	自由民主党
78 任	宫泽喜一	1991 年 11 月 5 日—1993 年 8 月 9 日	自由民主党
79 任	细川护熙	1993 年 8 月 9 日—1994 年 4 月 28 日	日本新党
80 任	羽田孜	1994 年 4 月 28 日—1994 年 6 月 30 日	自由民主党
81 任	村山富市	1994 年 6 月 30 日—1996 年 1 月 11 日	日本社会党
82 任	桥本龙太郎	1996 年 1 月 11 日—1996 年 11 月 7 日	自由民主党
83 任	桥本龙太郎	1996 年 11 月 7 日—1998 年 7 月 30 日	自由民主党
84 任	小渊惠三	1998 年 7 月 30 日—2000 年 4 月 5 日	自由民主党

资料来源：恒大研究院。

（2）政府对宏观形势的判断错误。甚至到泡沫破裂后的 1991 年，《经济白皮书》依然写道："日本经济仍然在持续 50 个月以上的长期的增长过程。"大藏省官员认为："经济不久便会复苏，我们现在要做的就是忍受，忍受到不良债权的自然消失。石油危机的时候，我们呼吁国民节约和忍受。结果，我们挺过来了。所以，现在大可不必为不良债权的事惊慌失措。"1992 年日本产业界仍在与大藏省、经济企划厅等经济主管部门争论宏观经济形势。

（3）应对失策，以总量政策解决结构性问题必然失败，持续宽松的财政政策导致政府债务激增，真正的不良债权问题迟迟得不到解决。宏观上应该推进结构性改革，解决债务过高问题、处置不良债权债务、发展直接融资资本市场、改革"护送舰队式"的政企关系、建立市场化的人才竞争机制、打破年功序列制。

日本不断推出规模庞大的"综合经济对策"，1992 年增加公共事业投资 8 兆 6000 亿日元，促进民间设备投资约 1 兆日元；1993 年 4 月宫

泽内阁将公共事业投资提高到 13 兆日元；1993 年 9 月细川内阁又提高
9 兆日元，1994 年、1995 年和 1998 年又扩大公共事业投资，国债发行
规模增加。由于公共事业投资可以增加雇佣，解决失业问题，同时，建
筑等公共事业领域聚集了国会议员、政府官员和土木建筑企业家的利
益，尽管部分投资既无效率、公平，又阻碍了产业结构升级和推动信息
技术革命，但公共事业投资仍在大规模地进行。

　　政府推出"股价维持政策"，直接花钱安抚市场以防止股价进一步
下跌。1991 年下半年日本央行开始持续降息至 1995 年的 0.5%，但却
继续扩大了不良债权规模，并未带动经济增长。"泡沫经济"时期，日
本银行业向中小企业和房地产业发放了巨额贷款，"泡沫经济"破裂后，
日本银行业不良债权规模大幅飙升。据日本大藏省 1998 年 1 月 12 日公
布的数字，日本全国 146 家银行自查的不良债权已经达到 76.708 万亿
日元，约占总贷款金额的 12%。但大量的不良债权从发生到开始处置，
至少被延误了 8 年之久，直到长期信用银行、日本债券信用银行和北
海道拓殖银行的先后破产，平成金融危机演变为平成金融恐慌。1991—
2003 年，181 家金融机构纷纷倒闭，日本经济在 1975—1990 年平均增
速 4.5%，而 1990—2010 年平均增速降至 1%。

　　三、21 世纪初的结构性改革取得部分效果，经济增速缓慢
回升，但始终难以回到景气时期

　　2001 年 4 月，小泉纯一郎凭借"无改革、无增长"的竞选主张以
高支持率上台，顶住了"景气优先"路线主张者的压力，大张旗鼓地实
施了"结构改革"。其中供给侧的改革措施主要有：

　　（1）放松规制，实施民营化改革。小泉内阁一直强调要将日本建
设成为一个"小政府、大经济"的国家，对政府下属的各类经营性机构
实施民营化改革。小泉内阁在"结构改革"的纲领性文件《今后的经济

财政运作以及经济社会的结构改革的基本方针》中提出了民营化、规制改革计划，即在"民间能做的事情，由民间去做"的原则下，对经济各个领域尤其是公共干预较多、限制较严的领域放松规制，更大程度上发挥市场机制的资源配置作用。具体改革举措有：特殊法人改革或民营化；削减对特殊法人的补助金；推动邮政业实现民营化；对公共金融功能进行彻底的改革；在医疗、护理、福祉、教育等领域也引入竞争机制。其中邮政业民营化改革在日本具有典型意义，改革前日本邮政业由政府经营，机构臃肿、效率低下，改革的目的在于放宽市场准入，引入新的竞争者，带动邮政业的高效经营。2005 年 10 月，日本参议院表决通过《邮政民营化法案》，小泉内阁的邮政业民营化改革获得成功。

（2）降低税率，激活经济社会活力。自从供给学派经济学提出减税主张后，减税已被认为是供给侧改革的重要内容，小泉内阁的"结构改革"中也包含减税内容。《今后的经济财政运作以及经济社会的结构改革的基本方针》指出，税收政策应该真正成为有利于经济目标实现的手段，今后应向着扩大税基、降低税率的方向努力。2003 年 1 月，小泉内阁通过 2003 年度税制改革大纲，实施减税计划，主要内容包括降低法人税实际税率、对研究开发和 IT 投资实施减税、降低继承税和赠与税税率等方面。

（3）推出"金融再生计划"，促进产业结构调整。"泡沫经济"破灭后，不良债权一直是困扰日本银行业、企业界乃至整个经济发展的关键问题。企业亏损或倒闭的数量增多，银行不良债权增加。针对这一问题，小泉内阁采取了双管齐下的配套改革，即金融改革与产业重组相结合，在解决银行不良债权问题的同时，推动产业结构的调整。2002 年，小泉内阁推出"金融再生计划"，具体改革举措包括：通过设立中小企业贷款机构、建立新的公共资金制度等方式增加中小企业的融资渠道和手段；通过专业机构（如"整理回收机构"，英文简称 RCC）减免中小企业债务，盘活不良债权，促进产业重组和企业复兴；提高银行不良债权拨备，强化资本充足率约束作用，对银行制定明确的不良率削减目标并严格检查，切实降低银行不良债权比率。

（4）推进养老保险改革，增强社会保障制度可持续性。由于日本人口持续老龄化，日本养老保险出现了参保者不断减少、领取者逐渐增加的困境。2003 年度小泉内阁"经济财政咨询会议"制定了《经济财政运营与结构改革基本方针 2003》，提出构筑可持续的社会保障制度，建立年轻人对将来充满信心、老年人安度晚年的社会。2004 年，日本通过《养老金制度改革相关法案》，主要内容是在未来十余年内逐年上调保险费，目的是为了消除年轻人对养老金制度的不信任感，通过更好地平衡养老金给付水平和现职人员负担，建立起可持续性更强的养老金制度。此外，针对人口老龄化的严峻形势，2004 年通过的《老年劳动法修正案》提出未来十年分阶段强制性地提高退休年龄。

在"泡沫经济"破灭开启的长期萧条之后，小泉内阁的"结构改革"获得了日本民众的巨大支持，小泉内阁成为 20 世纪 90 年代以来日本少有的长期政权，小泉本人也成为离任后日本民众最怀念的首相之一。通过改革，日本企业经营状况有所好转，不良债权问题基本得到解决。从 2002 年 2 月至 2008 年 2 月，日本经济实现了长达 73 个月的景气复苏，为第二次世界大战以来持续时间最长的景气时期。这次景气的实际增长率虽然不高，平均增长率只有不足 2%，增速最高的 2004 年也只有 2.4%，但与 20 世纪 90 年代年均 1% 的增长率相比有所改善。由于经济景气有所回升，日本多年来一直疲软的股市也出现了止跌回升的局面。从 2003 年 4 月至 2007 年 6 月，东京日经 225 指数从不足 8000 点涨到 18000 点以上，达到了 2001 年以来的最高水平。

第五节　启示：贸易战背后是经济争霸和改革战

从历史上看，当前的中美关系类似 20 世纪 80 年代美日关系及 19 世纪末 20 世纪初的英美关系，属于守成大国对新兴崛起大国的天然压制。目前的中国与 80 年代的日本相比，面临的环境既有相似，又有不同，只要正确、理性地应对，大可避免重蹈美日贸易战结局的覆辙。

中国与 80 年代的日本相似之处：第一，中国的金融与房地产业占GDP 比重类似 80 年代的日本。2018 年中国金融与房地产业占比之和14.4%略低于日本 80 年代的 16.8%，但我国房价同日本当年一样均处于绝对价格的较高水平。第二，经济的快速发展引发信心膨胀，寻找"中国模式"与当年日本寻找并总结"日本模式"并无二致。2018 年中国与美国 GDP 之比为 66%，超过日本 1985 年《广场协议》前日美GDP 之比。1986 年美国出口占全球比重为 10.6%，仅高于日本 0.8 个百分点；2018 年美国出口占全球比重为 8.5%，低于中国的 12.8%。这种变化导致部分人士未能客观、清醒、冷静地正视中美差距。第三，中国提出"一带一路"倡议与 20 世纪 80 年代日本提出的"雁行发展"模式有相似之处。但是中国的倡议更多地倡导国际合作，而非日本"建立由东京紧密协调的区域分工"和"将亚太地区统一到日本领导之下"。第四，中国当前的高杠杆、违约潮可能引发的不良债权与日本当时存在的高杠杆、大量不良债权有相似之处。第五，冲突原因都是自身的崛起挑战了美国经济霸权以及制度冲突。美日属于资本主义内部不同道路的冲突，中美属于社会主义市场经济与资本主义经济的冲突。

中国与 80 年代的日本的不同之处和优势：第一，中国的市场比日本大，对美国的制约更强。第二，中美经济仍有很强的互补性，而非美日贸易战期间产业间的直接竞争。第三，中国的主权和宏观调控政策独立，中美是两个独立的大国，而非日美间的政治从属依赖关系。第四，当前相较 20 世纪 80 年代存在更加有效的多边协调机制，中国较 20 世纪 80 年代的日本更具国际谈判经验，从加入 WTO 的谈判到近年来的贸易争端，中国的贸易争端解决经验逐步丰富。第五，日本的过剩产能和不良债权迟迟得不到处理，中国已经开展供给侧结构性改革。

对比当前中国与 80 年代日本的异同，美日贸易战的启示有：

一、贸易战本质是大国经济争霸和改革战

当年日本对美国无原则顺从，结果美日贸易战不断升级，直到自己应对失当崩盘，没有实力挑战美国霸权，美日贸易战才结束。

中美贸易摩擦本质是霸权国家对新兴大国的战略遏制。文明的冲突、冷战思维的意识形态对抗都是幌子。中美贸易摩擦只有两种可能结局，中国要么被遏制，要么伟大崛起。

二、放弃幻想，做好中美贸易摩擦具有长期性和日益严峻性的准备

美国对日本发动贸易战，一方面是为了改善美国贸易失衡，另一方面是对日本经济崛起的遏制。随着中美经济实力的相对变化，产业从互补走向竞争，形势将日益严峻。这在历次世界领导权更迭中均有典型案例，如果双方管控失当，从贸易战升级到汇率金融战、经济战、意识形态战、地缘战、军事战，则会落入所谓的"修昔底德陷阱"。美日贸易战历时 30 多年，最终以日本金融战败而宣告结束。

三、做好中美贸易摩擦升级为汇率金融战和经济战的准备

美国对日本贸易战的路径清晰：从有竞争冲突的产业贸易战，逐步

到汇率金融战和经济战，且充分使用其国内 301 条款、201 条款等进行威胁，美国露出了单边主义、霸权主义、美国利益优先的本质。

四、防止采取货币放水、重走货币刺激老路的方式应对，这是日本金融战败的主要教训

贸易摩擦必然打击外需，但是如果为了扩大内需而转向货币放水刺激，则容易酝酿金融泡沫。金融去杠杆和中美贸易摩擦引发货币再度放水刺激的呼声和讨论，这是非常短视和误国的，如果面临中美贸易摩擦的外部冲击重回货币刺激的老路，将重演美日贸易战的失败教训。

五、外部霸权是内部实力的延伸，我方应对中美贸易摩擦的最好方式是以更大决心、更大勇气推动新一轮改革开放

最好的应对是顺势以更大决心更大勇气推动新一轮改革开放（类似 1960—1990 年德国产业升级应对模式，而不是 1985—1989 年日本货币放水刺激应对模式），推动供给侧结构性改革、放开国内行业管制、降低制造业和部分服务业关税壁垒、加强知识产权保护的立法和执行、下决心实施国企改革、改革住房制度、建立房地产长效机制、大规模降低企业和个人税负、改善营商环境、发展基础科技的大国重器等。

美国真正的问题不是中国，而是自己，例如，如何解决民粹主义、过度消费模式、贫富差距太大、特里芬难题等。20 世纪 80 年代美国成功遏制日本崛起，不是因为美日贸易战，而是里根政府供给侧改革的成功。

中国真正的问题也不是美国，而是自己，例如，如何解决进一步扩大开放、国企改革、调动官员积极性、激发企业家信心活力、减税降费等问题。

六、建设更高水平、更高质量的市场经济和开放体制，做好自己的事情，不要被美国贸易保护主义牵制

我们要积极拥抱全球化，中国是全球化的受益者。一方面，我国可以与日韩、欧盟、东南亚建立高水平的自由贸易区，实施"零关税、零壁垒、零补贴"；另一方面，国内继续推进改革开放，做好自己的事情。这样做不仅展现了中国大国开放的姿态，更把中国的改革开放事业往前推进一大步。

七、坚持对外开放，尤其是扩大贸易自由化和投资自由化，但要控制资本项下金融自由化的步伐

日本的资本账户在 20 世纪 80 年代过快开放，导致热钱大进大出，成为资产价格泡沫形成以及破裂的重要推手。在内部转型不到位的情况下，过早的对外开放便利短期资金进出的资本账户，容易引发金融债务风险，20 世纪 80 年代拉美债务危机、90 年代日本金融危机、1998 年亚洲金融风暴等均与此有关。贸易自由化、投资自由化、负面清单管理等总体上有利于中国吸引外资、促进贸易，但推动资本项下的开放要有节奏、渐进地进行，避免短期内迅速地冲击人民币汇率以及资本大规模流入流出对经济金融系统的冲击。

八、更加有效地实施产业政策，避免产业政策扭曲市场

科学的产业政策曾有效促进追赶型产业实现弯道超车，但产业政策不能成为市场竞争的障碍。产业政策的重点在于支持教育、融资、研发等基础领域，而非补贴具体行业，尤其不应该补贴落后产能行业。

九、避免国民心态的过度膨胀，避免民粹主义、民族主义情绪的舆论导向

20 世纪 80 年代中后期，"日本第一"的过度膨胀导致日本对形势认识不清，一再误判并错失机遇。在此次中美贸易摩擦升级之前，国内存在一些过度膨胀的思潮。中美贸易摩擦无异于最好的清醒剂，必须清醒地认识到中国在科技创新、高端制造、金融服务、大学教育、军事实力等领域跟美国的巨大差距，中国新经济繁荣大部分是基于科技应用，但是基础技术研发存在明显短板，我们必须继续保持谦虚学习、改革开放。转危为机，化压力为动力。历史是有规律的，凡是不断吸收外部文明成果、不断学习进步的国家，就会不断强大；凡是故步自封、阻时代潮流的国家，不管其多强大，都必将走向衰败。

十、稳定的政治环境和民众企业政府部门间的同心协力对于应对外部贸易战以及推动内部转型升级极其重要

日本 20 世纪 80 年代政府部门间矛盾及 90 年代政局的动荡导致应对不力。贸易战背后更深层次的是改革战，与其"打嘴仗"、挑动民族主义和民粹主义情绪，不如实事求是地做好改革开放和结构转型，历史和人民最终会给出最公平的答案。

第三章

美日贸易战：美国如何赢得经济争霸？ *

　　20 世纪七八十年代，美国全球霸权面临美苏军事争霸、美日经济争霸、国内经济滞胀、劳动年龄人口增速下降、美元信任危机等重大挑战。美国分别发动了旨在拖垮苏联的"星球大战计划"和旨在打压遏制日本的美日贸易战、金融战、经济战、科技战。但是，美国真正赢得了美日贸易战、美苏全球争霸，主要是靠里根政府供给侧改革和沃尔克控制通胀，重振了美国经济活力，培育了后来大放异彩的互联网信息技术"新经济"，重新夺回世界领导权，继续维持经济军事霸权，美国股市走出超级大牛市。与之相对照的是，苏联穷兵黩武而忽视发展经济基础，日本过度依靠货币放水刺激而不是结构性改革。结果，苏联解体，日本陷入"失去的二十年"，失去了挑战美国的资格。当前中美贸易摩擦不断升级，中国经济内部面临增速换挡和结构升级的重大挑战，中国供给侧结构性改革正处在爬坡过坎的关键期。美、日、苏在 20 世纪 80 年代前后面临的挑战与应对对中国具有重大启示和借鉴意义。

---

　　* 本章作者：任泽平、张庆昌，许诗淇对本章有贡献。

第一节　20世纪七八十年代美国面临的挑战：美苏
争霸、日本崛起、国内经济滞胀

20世纪七八十年代美国面临美苏争霸、日本和西欧崛起、布雷顿森林体系解体、两次石油危机、国内经济滞胀的严峻挑战。

一、美苏争霸，陷入朝鲜和越南战争

第二次世界大战后，苏联的经济和军事实力不断提升，对美国形成重大威胁。苏联与美国的经济总量之比从1945年的20%上升到1960年的41%，苏联的钢、煤、石油等重要工业品产量已超过美国。苏联的军事实力更急剧膨胀，常规武器和核武器已经赶上甚至在某些方面超过了美国。

朝鲜、越南战争导致美国政府支出和赤字上升。1950年和1955年，美国分别经历了朝鲜战争和越南战争，消耗了大量财力和人力，给财政带来了巨大负担，且战争最终失败。1950年6月25日，朝鲜战争爆发，持续三年。战争中，美国动用了1/3陆军、1/2海军和1/5空军兵力，但未能赢得战争。1955年11月，越南战争爆发，持续20年，美国深陷战争泥潭，消耗大量财政支出。

二、日本、西欧国家经济迅速崛起，以美元为中心的布雷顿森林体系解体

第二章已经介绍了日本在第二次世界大战后经济迅速恢复并高速增长，日本经济迅速崛起并强势冲击美国市场，由此引发了贸易战。20世纪70年代以后，日本顺利进行了产业升级，节能汽车、电子、机械产品行销世界，工业竞争力在国际上空前提高，出口大幅增加。

　　西欧[①]在"马歇尔计划"的扶持下重建，经济规模总量逐渐上升到与美国相当。第二次世界大战后，依靠美国的大量援助和适当的经济发展政策，西欧国家经济快速恢复和发展，经济实力追赶上并逐渐超过美国。1970 年，西欧 GDP 占世界比重为 28.1%，同期美国占比为 36.3%。1980 年，西欧 GDP 占比已达 34.7%，超过美国（25.5%），如图 3–1 所示，美国的国际影响力大幅下滑。1950—1980 年，在国际贸易领域，美国出口金额占世界比重从 16.1% 下降到 11.1%；在国际金融领域，美国黄金储备占世界比重从 65.2% 下降到 22.9%，如图 3–2 所示。

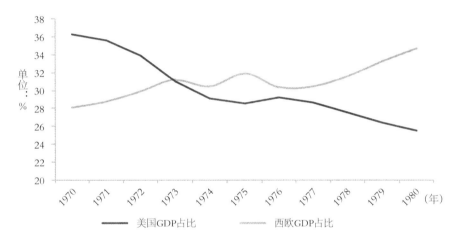

图 3–1　1970—1980 年美国 GDP 和西欧 GDP 世界占比变化

数据来源：Wind、恒大研究院。

　　以美元为中心的国际货币体系——布雷顿森林体系瓦解。1944 年 7 月，西方主要国家的代表在联合国国际货币金融会议上确立了该体系。由于西欧、日本的崛起，美国经常账户出现逆差，且通货膨胀率逐渐上升，美元贬值。1973 年，美元与黄金脱钩，布雷顿森林体系解体。

————————

　　① 本章的西欧国家包括英国、爱尔兰、荷兰、比利时、卢森堡、法国、摩纳哥、德国、奥地利、瑞士、意大利、西班牙、葡萄牙、挪威、瑞典、丹麦、芬兰、冰岛、希腊 19 个国家。

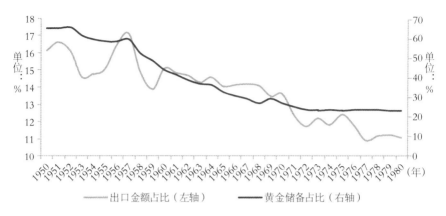

图 3–2　1950—1980 年美国出口和黄金储备世界占比变化

数据来源：Wind、恒大研究院。

三、两次石油危机

　　两次石油危机导致石油价格大涨，冲击了美国经济。第一次石油危机源于 1973 年 10 月爆发的中东战争。为了打击以色列及其同盟国家，阿拉伯石油输出国组织宣布石油禁运，暂停出口，导致原油价格飞涨，原油价格从 1973 年不到 3 美元 / 桶上涨到 1977 年 13 美元 / 桶。1979—1980 年，第二次石油危机爆发。伊朗政局剧烈变动导致石油产量从 580 万桶 / 天骤降至 100 万桶 / 天，原油价格从 1978 年的 14 美元 / 桶迅速

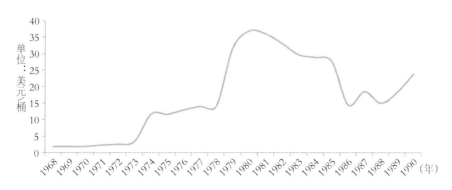

图 3–3　1968—1990 年原油价格

数据来源：Wind、恒大研究院。

升至 1980 年的 37 美元 / 桶，如图 3-3 所示。

四、国内适龄劳动力人口增速下降和产能过剩

20 世纪 70 年代，美国适龄劳动力人口增速下降，拖累经济增长。1971 年，美国 14—64 岁适龄劳动力人口增速为 1.9%，此后一路下滑，到 1980 年下降至 0.7%。同时，面对国际竞争，国内的商品竞争力下降，耐用品制造业产能利用率大幅下滑，出现了产能相对过剩，如图 3-4 所示。其中初级金属、机械、汽车及零部件、航空航天及其他交通行业的产能利用率下降最为严重。

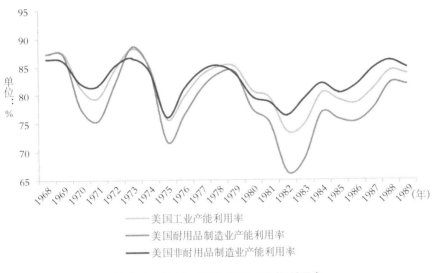

图 3-4　1968—1989 年美国产能利用率

数据来源：Wind、恒大研究院。

五、凯恩斯主义失灵，美国国内经济滞胀，面临双赤字困境

第二次世界大战后，美国政府不断增加社会福利开支，并加强对经济的管制以抑制垄断、负外部性等各种市场失灵。美国政府认为采用凯恩斯主义所倡导的财政货币刺激政策能实现充分就业和经济增长，从

根本上防止 20 世纪 30 年代大萧条悲剧的重演。

在凯恩斯主义的指导下，美国政府过度依赖刺激政策，通货膨胀率从 20 世纪 60 年代中后期开始逐渐上升，70 年代演变成滞胀。1980 年，CPI 同比高达 13.5%，GDP 同比为 −0.3%，如图 3–5 所示。过度扩

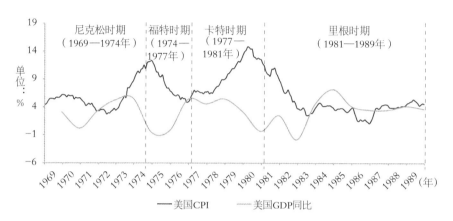

图 3–5 1969—1989 年美国 CPI 和 GDP 同比变化

数据来源：Wind、恒大研究院。

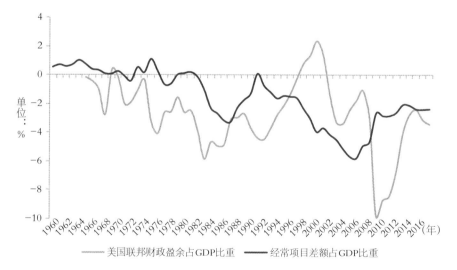

图 3–6 1960—2016 年美国联邦财政盈余、经常项目差额占 GDP 比重

数据来源：Wind、恒大研究院。

张的财政政策使得政府债务规模快速上升，70 年代末联邦政府总支出占 GDP 比重达到约 25%，相对第二次世界大战结束时翻了一倍。同时，制造业竞争力下降使得美国大量依靠进口，贸易赤字规模不断增大，双赤字困境凸显。1983 年，美国财政盈余和经常项目差额占 GDP 比重分别为 –5.9% 和 –1.1%，如图 3–6 所示。

第二节 里根经济学：减税、放松管制、利率市场化改革

一、里根经济学的精髓及理论基础

里根推动的供给侧结构性改革的精髓是减税、放松管制和紧货币。1980 年，共和党候选人里根以绝对的优势当选为美国第 40 任总统。面对棘手的经济形势，里根进行了大刀阔斧的改革，主要内容包括：减税、降低社会福利、放松对部分行业的管制、推进利率市场化改革等。其中，减税、放松管制和紧货币是里根经济学的精髓。

供给侧结构性改革的理论基础是供给经济学，兴起于 20 世纪七八十年代，属于古典主义流派，主要思想是鼓励市场竞争和减少行政干预及垄断。供给学派认为生产的增长取决于劳动力和资本等生产要素的供给和有效利用。个人和企业提供生产要素和从事经营活动是为了谋取报酬，对报酬的刺激能够影响人们的经济行为。自由市场会自动调节生产要素的供给和需求，应当消除阻碍市场调节的因素。

拉弗曲线分析了税率与税收的关系。当税率在临界点以下时，提高税率能增加政府税收收入。但超过临界点时，提高税率反而导致政府税收收入下降，因为较高的税率将抑制经济的增长，使税基减小，税收收入下降。此时减税可以刺激经济增长，扩大税基，增加税收收入。

弗里德曼货币理论表明，名义国民收入变化的主要原因是货币供应量的变化。货币供应量在短期主要影响产量，部分影响物价；但是在

长期货币供应量只影响物价，不影响产出，产出完全是由非货币因素如劳动和资本的数量、资源和技术状况等决定的。因此，经济体系在长期来看是稳定的，只要让市场机制充分发挥其调节作用，经济将能在一个可以接受的失业水平条件下稳定发展。

二、两次修订税收法案，大规模减税

1981年8月里根政府通过《1981年经济复苏税收法案》，主要内容有：第一，个人所得税全面实行分期减税，1981年10月税率降低5%，1982年和1983年7月两次削减10%，并从1985年起实施个人所得税和通货膨胀指数挂钩；第二，下调企业所得税税率，17%档下调至15%，20%档下调至18%；第三，进一步为企业减负，将固定资产分为四类，分别缩短折旧期至3年、5年、10年和15年，并允许以超过原始成本的"重置成本"来计提折旧；第四，资本利得税的最低税率由28%降至20%；第五，提高遗产税与赠与税的免税额。

1986年，里根政府颁布了《1986年税制改革法案》。该法案旨在降低税率、扩大税基、堵塞税收漏洞、实现税收公平。主要内容有：第一，全面降低个人所得税税率。把纳税等级从14级简化为3级，最高税率从50%降至28%，使全部个人所得税税率降低约7%。第二，简化和改革公司所得税。企业所得税税率从46%降低至34%。第三，允许公司支付的一半股息免税，取消对银行坏账的特别税收减免，将资本利得税最低税率从20%减至17%。第四，限制或取消了过去给予部分个人和公司的税收减免优惠政策。涉及60余项特惠待遇，如取消销售税扣除、不动产税扣除、慈善捐助扣除、资本收益免税扣除、中老年特别免税扣除等，如表3-1所示。

表 3–1 里根时期的两次税改

	《1981 年经济复苏税收法案》	《1986 年税制改革法案》
个人所得税	分阶段降低个人所得税税率；最高边际税率由 70％降至 50％，最低边际税率由 14％降至 11％	进一步简化个人所得税，将最高 50％、最低 11％的 14 级累进税率改为最高 28％、最低 15％的 3 级累进税率
	与通货膨胀指数挂钩，对个人所得税进行指数化调整；扩大员工持股计划；增加双职工家庭收入抵扣额	取消家庭第二收入者的税收抵扣；实行更严格的替代性最低税；取消耐用消费品贷款利息扣除等税收优惠，扩大税基
企业所得税	对小型企业降低两档企业所得税税率，17％档下调至 15％，20％档下调至 18％	企业所得税最高边际税率为 46％、最低为 15％的 5 级累进税率改为最高 34％、最低 15％的 4 级累进税率
	固定资产分类别实行加速折旧；增加企业所得税的抵扣；慈善捐赠形式抵扣公司收入的比例由 5％上调至 10％	取消投资税收抵免；延长固定资产折旧期限；降低海外收入免税限额；降低研究和实验开支的抵扣率
资本利得税	资本利得税最高税率由 70％降至 50％，最低税率由 28％降至 20％	资本利得税最低税率由 20％降至 17％；长期资本利得税原适用 28％，改革后取消优惠，按照普通所得纳税

资料来源：*Economic Recovery Tax Act of 1981*，见 https://www.govinfo.gov/content/pkg/STAT-UTE-95/pdf/STATUTE-95-Pg172.pdf，访问时间：2019 年 5 月 26 日；于雯杰：《美国三次减税的比较研究》，《公共财政研究》2016 年第 5 期。

三、放松市场管制，提高经济效率

里根政府放松了对航空、铁路、汽车运输、通信、有线电视、经纪业、天然气等行业的干预和管制。通过引入竞争，产品和服务质量明显提高，价格明显降低，增进了社会福利，有效增强了经济活力。1981 年 3 月，里根批准成立以副总统布什为主任的特别小组，负责指导和监督部分规章条例执行的具体工作，保障市场竞争程度的实质性提高。特别小组仅在 1981 年就审核了 91 项管制条例，其中撤销和放宽了 65 项，包括《清洁空气法》《联邦水污染控制法》《矿工安全法》《汽车交通安全法》《反噪音法》等。

里根政府主要在以下方面放松了市场管制：

第一，减少对大企业的干预，重审并放松反托拉斯法案件的判决和调查，鼓励企业合理地竞争。政府颁布新的公司合并指导文件，旨在促进有利于经济效率的合并，阻止削弱竞争的合并。美国司法部对过去 1200 多宗判例重新审查，其中一些判例被改判或撤销。例如，1982 年，司法部反托拉斯处撤销了对 IBM 的长期诉讼。同年，美国司法部结束了对美国电话电报公司长达 10 年、耗资数亿美元的诉讼，允许该公司跨行业经营，进入计算机制造和信息处理领域。这一做法鼓励了企业以新方式联合，与之前的竞争者建立战略性合作关系。

第二，放松石油价格管制。1981 年，政府颁布行政命令，取消了对石油和汽油价格的管制。取消管制后最初的两个月油价上升了 3.17 美分 / 升，但随后下降，降至低于取消管制前的水平。同年，美国本土新钻油井的数量比 1980 年增加了 33%。

第三，放松对汽车行业的管制。里根政府开始对限制美国汽车工业的规章条例进行全面审查，环境保护署和运输部宣布对 34 项有关规章予以重新考虑。这些改革降低了汽车工业成本，使消费者每年节省约 15 亿美元。

第四，放松劳动力价格管制。1982 年，里根政府修订了《戴维斯-贝肯法》，减少了对劳动力市场价格的干预。变化主要有：重新定义"通行工资"，使之更符合市场价格的实际水准；允许企业雇佣非正式员工，不受最低工资限制。

第五，加大对中小企业支持。政府通过立法为中小企业发展消除制度障碍。例如，1982 年、1983 年分别出台《小企业创新发展法》和《小企业出口扩大法》。同时，为中小企业发展提供税收、资金等支持。

第六，鼓励企业创新，成功促进了产业结构转型。里根政府通过立法鼓励企业创新并保障企业创新成果。《小企业创新发展法》（1982 年）、《国家合作研究法》（1984 年）、《联邦技术转让法》（1986 年）、《综合贸易与竞争法》（1988 年）等一系列法律文件的出台促进了技术转让、推广和应用。其中，1984 年颁布的《国家合作研究法》允许竞争企业合作开展研发，并从法律上明确合作研发豁免于反托拉斯法的三倍惩罚。《半导体芯片保护法》（1984 年）、《计算机安全法》（1987 年）等法律保护了刚出现的信息技术，确保研发者的合法权利。

四、推进利率市场化改革

随着金融市场的发展，以限制存款利率的 Q 条例为代表的一系列金融管制措施引发了金融脱媒、银行业经营困难等问题，由此美国开始了利率市场化的步伐。美国利率市场化进程从 20 世纪 70 年代开始，于1986 年结束，从长期和大额存款推进至短期和小额存款种类。

1970—1980 年，美国开始逐步放开对大额可转让存单和定期存款的利率管制，并开放货币市场基金、设立新型账户。1970 年，国会授权美联储取消 10 万美元以上，期限在 90 天内的可转让存单的利率上限；1978 年 11 月允许商业银行设立自动转账服务账户，同月纽约州开设可转让支付命令账户。此外，美林证券等还开创了货币市场共同基金。

1980—1986 年，通过完善相关法令、创设新型金融产品，进一步加速利率市场化进程。1980 年 3 月，国会通过了《存款机构放松管制和货币控制法》，宣布在六年内逐步取消 Q 条例中对定期存款和储蓄存款的利率限制。为进一步落实金融自由化政策效果，1982 年国会发布

《存款机构法》，明确了具体操作步骤，并继续扩大存款机构的资金来源和使用范围。此后，各类利率限制加速取消，同时新的金融产品不断产生。1982 年准许存款机构设立 2500 美元以上的货币市场存款账户；1983 年引入超级可转让支付命令账户，取消 31 天以上定期存款和最小余额为 2500 美元以上极短期存款的利率上限等，取消可转让支付命令账户的利率上限；1984 年取消储蓄账户和可转让支付命令账户之外的利率上限；1985 年减少超级可转让支付命令账户和货币市场储蓄账户的最小金额；1986 年 1 月取消对所有存款形式最小额度的限制。最后，随着 1986 年 4 月存折储蓄账户的利率上限被取消，利率市场化进程告一段落。

五、减少社会福利

减少社会福利，提高个人工作积极性。1981 年 12 月，美国社会保险改革委员会成立，并于 1983 年提出了改革方案，主要内容包括：提高社会保障税；对领取较高保险年金收入的人征收所得税；延迟退休年龄等。

第三节　沃尔克控制通货膨胀

一、通货膨胀加剧，沃尔克两面承压

里根在就任总统后的电视演说中提到，1960 年的 1 美元只相当于 1981 年的 0.36 美元，这导致个人储蓄率大幅下降。尽管工资随着通货膨胀同步上涨，但是个税是对名义收入而非实际购买力征税，工资上涨使得适用的税率上升到更高级次，通货膨胀和边际税率的提高严重影响居民生活水平。社会分配严重不均，尤其是年轻人和靠固定收入为生的老人陷入困境。这种环境极大影响了市场预期，自我强化的通货膨胀预

期导致货币政策传导扭曲。严重的通货膨胀导致企业投资风险和经营成本增加，宽信贷政策释放的资金多转为保值或投机，私人部门举债扩大生产、投资和研发的动力不足，工人怠工，失业率上升。

持续通货膨胀造成负面影响，但采取紧缩政策会进一步冲击经济，当局面临艰难的决策。沃尔克在自传中谈道："如果 1979 年以前有人告诉我，我会当上美联储主席并且把利率提升至 20%，我肯定会凿个洞钻进去大哭一场。"持续通货膨胀会影响居民生活水平和企业投资，降低社会福利。但采取紧缩的货币政策会冲击房地产市场和加剧债务人的债务负担。沃尔克回忆道："房地产公司的老板们每天都来拜访我，他们不停地询问这一切何时才能结束。""还不起贷款的农民们将卡车开进华盛顿，堵在美联储总部的门口。"

二、推动紧缩货币、预期管理和金融自由化

沃尔克的政策一定程度上采用了理性预期学派的预期管理。第一，固定货币供应量增长，为美联储自身和政府添加了枷锁，让其难以主动放松货币。第二，给投资者稳定预期。通过固定量的货币供应增长，在经济动荡时期，给投资者建立物价锚。在紧缩货币的同时，政府推动金融自由化，提高资金的使用效率。一方面，紧缩货币可以堵住产能过剩行业的无效融资需求，利于产能出清；另一方面，加快金融自由化，有利于新兴行业的融资。

沃尔克顶住各方压力，以牺牲就业和经济增长为代价，坚持提高利率。沃尔克上任时（1979 年 7 月），联邦基金利率为 10.5%，而 1981年 6 月达到 19.1%，如图 3-7 所示。在面临 1982 年的严重衰退和 1986年中期的通货紧缩迹象时，沃尔克也只是微调利率水平，仍将其维持在6% 以上的水平，坚决巩固治理通货膨胀成果。

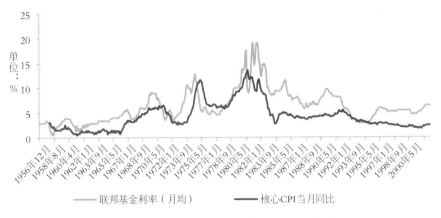

图 3-7　1956—2000 年美国联邦基金利率与核心 CPI

数据来源：Wind、恒大研究院。

三、货币中介目标转为调节货币供应量

货币中介目标由联邦基金利率转为货币总量，有效控制通货膨胀。1970 年至 1979 年 10 月货币政策的中介目标为联邦基金利率，然而政治压力下的货币超发使得货币政策的实际控制效果并不尽如人意。在凯恩斯主义的思维模式下，政府以刺激经济和就业为导向。由于 1968 年放弃了基础货币的黄金准备金要求，基础货币供应的约束大大弱化。财政部和白宫通常会对美联储施压，放松货币政策，将财政赤字货币化，这种现象在美国大选之年尤为明显，如 1972 年、1976 年，美联储主席阿瑟·伯恩斯都受到了白宫的政治压力。

为控制通货膨胀，1979 年 10 月至 1982 年 10 月货币政策转为以非借入准备金数量为主要操作目标，以有效控制货币总量为中间目标，允许联邦基金利率在较大范围内波动。联邦储备委员会 1981 年规定的货币供应量 M1 增长指标为 3%—6%，而实际上只有 2.1%。在这期间，联邦基准利率最高达 22%。

1983 年至 1987 年 10 月，货币政策以借入准备金为美联储判断银行体系资金紧张情况的主要指标及操作目标。随着通货膨胀的逐渐回落，美联储不再强调控制 M1 的重要性，而是力图"熨平"银行体系准备金需求的短期波动，使联邦基金利率更为稳定。当非借入准备金不足时，公开市场交易室则以贴现窗口资金补足，进而实现以贴现窗口利率影响联邦基金利率的目的。

四、美国国内通货膨胀得到有效控制

沃尔克降低货币供应量的增长率，提高贴现率，使得利率保持较高水平从而降低通货膨胀率。从 1980 年开始，美国实际利率基本维持在 6%—8% 的高水平，高利率对通货膨胀率起到了抑制作用，CPI 从 1980 年的 13.5% 降至 1982 年的 6.2%，其后基本维持在 5% 以下，1986 年为 1.9%。PPI 从 1980 年的 14.1% 降至 1982 年的 2%，之后基本维持在 6% 以下。

第四节　美国赢得经济争霸，重新领导世界

美国依靠里根政府的供给侧结构性改革、沃尔克控制通货膨胀，经济复苏，新经济崛起，股市走出长牛行情。与此同时，苏联受制于僵化的体制，过分扩大军费开支，透支了经济发展，最终被拖垮；日元在美国发起金融战后大幅升值，出口下滑，日本过度依靠货币放水刺激而不是结构性改革，股市、房市出现泡沫并相继破裂，陷入"失去的二十年"。

一、重振经济活力，经济复苏

里根政府通过降低税率来增加储蓄、投资和生产，但是较高利率抑制了投资，抵消了减税对投资的刺激作用。因此，实施改革前期，除

了通货膨胀率有所下降以及美元指数上行外，美国仍然处于危机和衰退之中。美国工业生产指数从 1981 年 10 月起持续下跌至 1982 年第四季度，较最高点降低 10%；1982 年年末失业率为 10.8%，较 1981 年年初提高 3.3 个百分点。

从 1982 年年末开始，美国经济开始复苏。1983 年 GDP 增速达到 4.6%，一直到里根任期结束，GDP 增长率始终维持在 3.5% 以上；失业率从 1983 年 7 月开始逐渐降低，至 1989 年年末一直维持在 6% 以下；工业生产指数于 1983 年 2 月开始稳定上升，至 1989 年 12 月达到 61.3，比 1983 年年初增长 28.3%，如图 3-8 所示。

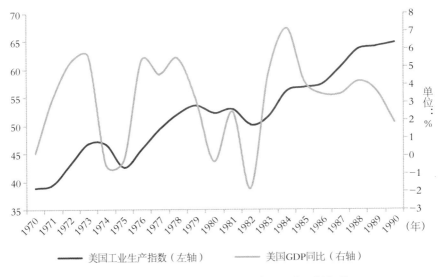

图 3-8　1981 年里根执政后，美国经济逐渐复苏

数据来源：Wind、恒大研究院。

里根政府采取的产业结构调整政策效果逐渐显现，主要体现在制造业内部分工加强，传统产业在改造中焕发生机；新兴服务业发展迅速，高技术服务业成为新的经济增长点；就业人口加速向服务部门转移，反映出美国消费结构的变化和经济重心的转移。1980—1984 年工

业年增长率为 2.9%，而高技术产业年均增长率却高达 14%。高技术行业主要包括电子工业、生物技术工业、"自动化生产体系"工业、航空工业以及核能工业等。

二、催生了 20 世纪 90 年代新经济的崛起

里根时期的经济复苏及金融自由化为军队技术转为民用奠定了基础。一方面，经济复苏为军费开支提供了基础，而军事需求又带动了技术研发。在冷战期间，美国军费开支占 GNP 比重为 7.4%，是第一次世界大战前国家安全开支比例的九倍。对军工产品的需求和军队的加速扩张成为推动经济增长的新力量。美国的金融自由化为技术商业化早期的发展奠定了基础。另一方面，在政府的支持下，美国的风险投资业迅猛发展。1979 年风险投资额仅为 25 亿美元，1997 年已达 6000 亿美元，18 年间增加了 239 倍。它们的资金主要投向信息技术、生命科学等高科技产业，催生出一大批技术新兴企业，如英特尔（Intel）、微软（Micorsoft）、苹果（Apple）、雅虎（Yahoo）等。1993 年 9 月，克林顿上台后迅速拟定了"全国信息基础设施"（即信息高速公路）发展方案。强大的政策支持和资金投入下，美国信息技术产业在之后的几年以超出经济两倍的增长速度迅速崛起，一跃成为美国第一大支柱产业。在 1997 年，美国微软公司的产值就达到了 90 亿美元，超过了美国三大汽车公司产值的总和。到 2000 年，美国信息技术产业已占 GDP 的 10%以上，对经济增长的贡献度远超制造业。

三、里根时期标普 500 指数涨 2.3 倍，经短暂调整后走出 13 年的大牛市

里根时期，标普 500 指数从 105 点涨到 353 点。1987 年 10 月，美国股市调整。随后，美国股市走出 13 年的大牛市，纳斯达克指数从

1987 年 10 月的 291 点涨到 2000 年 3 月的 5048 点。

第五节　启示：供给侧改革是应对
内外部冲击的最重要经验

美、日、苏在 20 世纪 80 年代前后面临的挑战与应对具有重大启示和借鉴意义。美国真正赢得了美日贸易战、美苏全球争霸，主要是靠里根政府供给侧改革和沃尔克控制通货膨胀。

供给侧结构性改革在国际上有很多成功的案例，最典型的是 20 世纪 80 年代美国里根、英国撒切尔和德国科尔时期。面对内忧外患，里根、撒切尔和科尔均通过成功实施供给侧改革，实现了经济转型和再次腾飞，为经济转型创新驱动、激发企业活力、新经济崛起、股票市场繁荣等奠定了坚实基础。总结美国、英国、德国等供给侧改革的成功经验，可以得出的政策建议是：

1. 大规模减税，降低企业成本。

2. 大规模放松行业管制和干预，打破垄断，促进竞争，提升效率。

3. 推动国企产权改革，增强微观主体的市场活力。

4. 严格控制货币供应、通货膨胀和资产价格泡沫，避免寄希望于通过货币刺激解决长期性和结构性问题。

5. 增加劳动力市场工资价格弹性。

6. 加大对中小企业和创新企业的支持力度。

7. 削减社会福利开支和财政赤字，扩大公共产品市场化供给，精减财政负担的冗余人员，财政支出主要用于重大基础创新、军事技术创新。

8. 推动利率市场化、金融自由化和服务实体经济的多层次资本市场发展。

第四章
美苏贸易战：冷战和全球争霸[*]

美苏冷战长达 40 余年，资本主义和社会主义两大阵营激烈对抗，构成了 20 世纪下半叶世界历史的主要脉络。冷战最终以东欧剧变、苏联解体结束。当前，中美关系发生重大变化，从长期看仍存在不确定性，中美是否会陷入修昔底德陷阱，是否会走向"新冷战"？美苏争霸中苏联的失败给中国带来哪些启示？本章回顾美苏冷战历程，分析美苏贸易战，总结教训和启示。

---

* 本章作者：任泽平、罗志恒、马图南、赵宁、刘建涵。

第一节　美苏冷战历程

在冷战背景下，美苏经济关系深受两国政治、军事及意识形态的影响，美苏贸易关系呈现出波动发展的态势。冷战体现为美苏两国政治和军事力量的对抗，但根本上是经济实力和体制的较量，贸易关系是美苏关系的"晴雨表"。美苏争霸的历程可划分为三个阶段：第一阶段是第二次世界大战结束后冷战开始至 1961 年的古巴导弹危机，为遏制与反遏制阶段。其间，苏联试图与美国共同主宰世界，但美国占优，该阶段的美苏贸易较少，美国对苏联采取贸易歧视和禁运政策。第二阶段是 1962 年至 20 世纪 70 年代末，为美苏关系缓和阶段。苏联处于攻势，美国战略收缩，美苏出于各自经济需要，贸易活动增加。该阶段中苏关系恶化，中美关系逐步走向正常化。第三阶段是 20 世纪 80 年代至 1991 年年底，为美苏再度对峙及和平演变阶段。苏联全面收缩，军备竞赛最终拖垮了苏联经济，过快过急的政治改革动摇了苏联政权，美苏争霸以苏联解体告终，世界进入一超多强格局。

一、遏制与反遏制阶段

（一）冷战的起源：铁幕演说、凯南电报、杜鲁门主义与马歇尔计划

第二次世界大战结束前的雅尔塔会议名为美苏合作，实际上是美苏划分势力范围，奠定了战后两国"分手"的基调。1945 年第二次世界大战结束后，美国、苏联实力迅速增强，苏联成为唯一能与美国抗衡的国家，伴随战时同盟关系的结束及两国间利益、意识形态的冲突，美苏政治、经济、军事、文化、外交和意识形态等全方位的对抗逐步形成。美国方面，其在第二次世界大战之后主导建立国际货币基金组织、世界银行及关税与贸易总协定三大国际经济组织，同时通过

布雷顿森林体系确立美元的国际货币地位，以经济自由化为旗帜，建立了有利于美国的国际货币、金融和贸易秩序。苏联方面，其军事实力大增，国民经济恢复，国际威望空前提高。尽管苏联的国民经济在战争中遭到严重破坏，约有 3.2 万个工矿企业被战争摧毁，国民经济损失达 5000 亿美元。但是军事力量的迅速发展，使苏联成为世界超一流的军事大国。第二次世界大战后苏联从德国获取超过上百亿美元的赔款和 200 多万战俘，为苏联经济恢复创造了有利条件。1948 年，苏联全国工业生产能力已恢复至战前水平。第二次世界大战结束后，与苏联建交的国家达到 52 个。[①]

1946 年，美国驻苏联代办乔治·凯南向国务院发回 8000 字长电报，分析苏联对美政策背后的根源，成为美国政府制定对苏遏制政策的重要理论基础。凯南指出，苏联"由来已久的不安全感"和"共产主义意识形态"导致其存在不断扩张的动机。对此，美国应当放弃短期的、急功近利的做法，而应当采取"长期、耐心而又坚定、警惕的政策"[②]。

1946 年 3 月 5 日，丘吉尔在美国富尔顿发表"铁幕演说"，宣称："从波罗的海的斯德丁到亚得里亚海边的里雅斯特，一幅横贯欧洲大陆的铁幕已经降落下来"，苏联对"铁幕"以东的中欧、东欧国家进行日益增强的高压控制。对苏联的扩张，不能采取"绥靖政策"。

1947 年 3 月 12 日，美国"杜鲁门主义"出台，标志着冷战开始。杜鲁门在国会发表国情咨文，强调美国必须对陷入危机的国家予以支援，帮助各国人民摆脱极权体制的控制，保障他们的自由制度和国家完整。不论什么地方，不论直接侵略还是间接侵略威胁了和平，都与美国的安全有关，这便是著名的"杜鲁门主义"。"杜鲁门主义"进一步推动

---

① 牛军：《冷战时期的美国遏制战略》，2009 年 6 月 28 日，见：http://news.163.com/09/0628/23/5CUAJ Q6Q00013FLV.html。

② 沈志华主编：《冷战国际史二十四讲》，世界知识出版社 2018 年版，第 9—10 页。

了美苏的对立，是冷战形成的重要原因。

1947 年 6 月，为了进一步巩固美国在欧洲的势力，增强资本主义阵营的向心力，美国国务卿马歇尔提出了大规模援助欧洲经济的计划，即"马歇尔计划"。该计划一是通过经济援助使美元深入欧洲，控制欧洲经济发展；二是扶植西欧经济，在推动西欧各国联合的基础上使之成为遏制苏联集团的力量。经过将近一年的辩论，1948 年 4 月，美国国会通过《1948 年对外援助法》，马歇尔计划正式实施。1948—1952 年，美国向英国、法国、意大利等国家提供援助共计 131.5 亿美元，其中 90% 是赠与，10% 是贷款。[①] 马歇尔计划帮助西欧各国走出了战后经济困难的困境，开启了欧洲发展的"黄金二十年"。苏联的盟国大多担心被苏联误解而并未参加马歇尔计划，因此，马歇尔计划加剧了美苏两大阵营的分裂。至此，美国已经完全抛弃了战时与苏联的结盟政策，对苏的遏制政策基本成型。

为抵制和反击马歇尔计划，苏联在东欧进行整肃运动，增强东欧国家对苏联的向心力，同时迅速与保加利亚、捷克斯洛伐克、匈牙利、波兰等东欧国家签订贸易协定，这一系列协定被称为"莫洛托夫计划"。此计划加强了苏联与东欧国家的经济联系，削弱了东欧国家同西方国家的经济往来。1949 年，苏联联合波兰、匈牙利、罗马尼亚、保加利亚、捷克斯洛伐克成立经济互助委员会，简称"经互会"，强化成员国在生产和交换领域的关系，强调国际分工和生产专业化，协调各国经济，由双边贸易发展为多边贸易。1952 年，斯大林在给《苏联社会主义经济问题》的意见中，提出了"两个平行市场"的理论，着力发展与社会主义国家的经贸关系，加强与社会主义国家合作，共同对抗西方国家。美苏争霸期间，苏联与经互会国家贸易额占苏联外贸总额的比重保持在

---

① 沈志华主编：《冷战国际史二十四讲》，世界知识出版社 2018 年版，第 30 页。

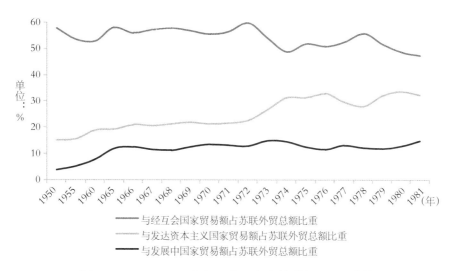

图 4-1 1950—1981 年经互会国家为苏联主要贸易伙伴

资料来源：周荣坤等编：《苏联基本数字手册》，时事出版社 1982 年版，第 323 页；恒大研究院。

50% 左右，如图 4-1 所示。

（二）柏林危机标志着美苏对立加深

1948 年发生的柏林危机是第二次世界大战后美苏两大阵营的第一次正面交锋。虽然危机最终和平解决，但这次交锋使得美苏的对立加深。

第二次世界大战结束后，美、英、法、苏四国联合发布了《关于德国占领区的声明》和《关于德国管制机构的声明》，确定了四国共管德国的制度框架。按照声明约定，美、英、法、苏各自划定了占领区，其中大柏林地区被分为西方国家占领的西柏林和苏联占领的东柏林，但整个大柏林地区位于苏占区的范围内。美、英、法三国将其占领区进行了合并，并打算在占领区内推行马歇尔计划。这一行动招致苏联的强烈不满，认为这样的"单独行动"严重违反了两个声明的精神。但美国继续推动计划，并开始与英国、法国等商议建立联邦德国的相关事宜。1948 年 6 月 30 日，为了抗议并施压美国，苏联以"技术上的困难"为由封闭了柏林与西方占领区之间的一切陆路交通。由于柏林当时面临严重的物资短缺，苏军对柏林的封锁瞬间使柏林陷入危机之中。

面对苏联发起的挑战，美国决定通过空投的方式向柏林地区运送物资。长时间、高强度的运送计划使得苏联的封锁行动不仅没能争得外交上的主动，反而让西柏林的德国人更加意识到美国援助的重要性，并在道义上感谢美国。更重要的是，由于苏联占领的东柏林的经济结构与苏联类似，存在重工业过重、轻工业过轻的问题，封锁柏林的行动加剧了东柏林生活物资匮乏，东柏林人逃往西柏林的现象时有发生。因此，斯大林不得不考虑和平解决柏林问题。1949 年，经过磋商，苏、美、英、法四国联合发布《关于德国及柏林问题的联合公报》，宣布解除柏林地区的交通管制，柏林危机和平解决。

柏林危机虽然以和平方式结束，但美苏之间的深层次问题却并未解决。相反，柏林危机加剧了美苏的分歧和紧张局势，使得双方的遏制政策进一步升级。

（三）两极格局形成，美苏双方总体呈现激烈对立状态，但也有阶段性局部缓和

1949 年，北约组织成立，美国和西欧国家结成北大西洋联盟。1955 年，以苏联为首的华约组织成立，两极格局确立。美苏双方总体呈现激烈对立状态，但也有阶段性局部缓和。

1950 年，朝鲜战争爆发。美国、苏联分别是战争的直接发起方和间接参与方，双方对立加剧，国际形势紧张。1953 年斯大林逝世，赫鲁晓夫上台，苏联对外政策略有缓和。1956 年 2 月赫鲁晓夫在苏共二十大上提出"三和路线"，即"与西方国家和平共处，在和平竞赛中超过美国，发达资本主义国家的工人阶级可以通过议会道路和平取得政权"，强调缓和国际局势的必要性与可能性，主张通过"缓和"来争取与美国平起平坐的地位。1955 年，美、苏、英、法四国在日内瓦举行最高级别会晤，苏联和联邦德国正式建立外交关系，美苏关系阶段性缓和。但由于 1956 年苏联进军匈牙利等一系列冲突，美苏关系重新紧张。1961 年苏联修筑"柏林墙"，封锁了东西柏林边界，使美苏关系进一步恶化。

（四）美苏经济冷战格局的形成

随着美苏两国对抗局势的形成，经济上的对立也逐步加深，美苏经贸关系服从政治斗争的需要。美苏之间最惠国待遇问题及高科技禁运问题，成为美国日后与苏联展开贸易谈判的重要筹码。

（1）贸易歧视。美国从严把控对苏联的进出口货物贸易，取消最惠国待遇。1951 年 6 月，美国通过了《1951 年贸易协议的附加法令》，将 1930 年关税条例第 350 条的适用范围扩大到苏联以及被外国政府或世界共产主义运动组织所统治与控制的国家和地区，取消对这些国家的最惠国待遇；限制从苏联进口，并对自苏联进口商品加征关税；严格限制美国向苏联出口，也不提供向苏联出口的信贷担保。

（2）禁运政策。美国对苏联实行战略物资、高科技严格禁运政策，以遏制其军事力量的迅速发展。1948 年，由美国牵头，英、法、意等 7 个国家联合成立"巴黎统筹委员会"，简称"巴统"，随后扩大到 17 个同盟国。1950 年"巴统"协商团体执行机构正式定名为"对共产党国家出口管制统筹委员会"（CoCom），具体负责对苏联和东欧国家的禁运。"巴统"作为美国推行冷战战略的新工具，旨在遏制与军事战略有关的武器、技术和物资向东方出口，打击东方阵营。美国联合西欧等盟友对苏联及其他社会主义国家形成包围圈。

冷战初期美国将第 703 号公法（规定总统可禁止或削减军事设备、军品、机械等相关材料、技术等商品性出口）稍作修改并把管制对象设为苏联，并出台出口管制清单。清单将管制物资分为两类，第一类全面禁运，称为"1A"物资，包括主要用于制造武器等的原料及设备、技术先进的样机及高技术产品、苏联及东欧国家扩大战争潜力所必需和短缺的原料设备共 167 种；第二类限制出口数量，称为"1B"物资，包括工业原料（铅、铜、锌等）和基础设施（卡车、火车等）共 288 种。1949 年 2 月，美国出台了《出口管制法》，将除加拿大外的国家按出口严格程度分为 7 组，均实行出口许可制度。一系列措施的根本目的是防止有利于苏联军事、经济发展的资源流入苏联、东欧地区。

二、美苏关系缓和阶段

20 世纪六七十年代美苏国内环境均出现明显变化，经济形势恶化，国内领导人更替，同时国际环境上资本主义阵营和社会主义阵营离心倾向增强，使得两国都希望缓和双边关系。从国内看，经济上，美国陷入"滞胀"，苏联受制于畸形的经济结构和僵化的经济体制，日益力不从心；军事上，美苏核均势局面形成，美国战略优势地位难以维系。从国际看，资本主义阵营中日本、西欧国家经济政治独立性增强，对苏贸易往来日益密切；社会主义阵营内中苏关系急剧恶化，边境剑拔弩张。20 世纪 70 年代，中美关系逐步走向正常化。在此背景下，美苏贸易关系逐渐缓和，美国对苏贸易管制放松，通过补偿贸易实现双方利益诉求，科学技术交流与合作加强，粮食和石油贸易日益频繁。

（一）将世界拖入核战争边缘的古巴导弹危机

1959 年，菲德尔·卡斯特罗领导的古巴革命军推翻了独裁政府的统治，建立了革命政权。在得知古巴日益高涨的反美情绪后，赫鲁晓夫认为这是苏联遏制美国的重要机遇。不久，苏联开始向古巴输送部分常规武器。1962 年，赫鲁晓夫提议在古巴建立导弹基地，认为这既能对美国形成重要战略威胁，也是对美国在土耳其建立导弹基地威胁苏联安全的回应。1962 年 9 月初，苏联开始向古巴运送中程导弹、巡航导弹等进攻性武器。肯尼迪发表公开电视讲话称苏联的这一举动是对美国国家安全和美洲和平的极大威胁，美国对此完全不能接受并下令对古巴实行军事封锁，大批美国舰队集结在加勒比海域，美苏走到了核战争的边缘。

基于此时美苏力量对比，美国的强硬态度及对核战争毁灭性后果的预计，苏联提出希望通过谈判方式和平解决危机。苏联提出愿意从古巴撤军，但条件是美国不干涉古巴内政，不侵略古巴，同时拆除美国在土耳其的导弹基地。肯尼迪认为在这一局面下，阻止一场核战争的重要性远高于土耳其的导弹基地，因此很快与苏联达成一致，古巴导弹危机最终和平结束。

古巴导弹危机让美苏都认识到核时代战争的高度危险性和维持双边关系稳定的必要性，为双方在 20 世纪 60—70 年代缓和双边关系提供了基础。1963 年，美、英、苏三国签订了《部分禁止核试验条约》，该条约成为美苏关系阶段缓和的重要象征。

（二）美苏国内问题加重，缓和意愿增强

20 世纪 70 年代苏联国内经济问题加重，70 年代中后期苏联经济增速下行，如图 4-2 所示。苏联的经济结构长期面临重工业过重、轻工业过轻的局面。第二次世界大战结束后，苏联经济有了相当程度的发展，但受制于经济结构和技术水平，仍面临诸多困难。农业方面，苏联"九五"期间，粮食连续四年减产，加上饲料用粮和战略储备需要，苏联缺粮问题严重。技术方面，苏联在军事和空间技术领域领先，应用技术较为落后。苏联经济孤立于全球经济体系的做法越来越难以维持，苏联急需外部资金及技术。据联合国统计司和俄罗斯统计署数据，1978 年苏联经济总量开始落后于日本，仅相当于美国的 35.7%，人均 GDP 更是与美国相差甚远。

美国传统经济增长模式遭受挑战，受越南战争、石油危机的影响，美国财政赤字高企，经济陷入"滞胀"。从外部看，20 世纪 50—70 年代日德快速崛起，抢占美国产品市场，美国贸易顺差逐步下降甚至出现

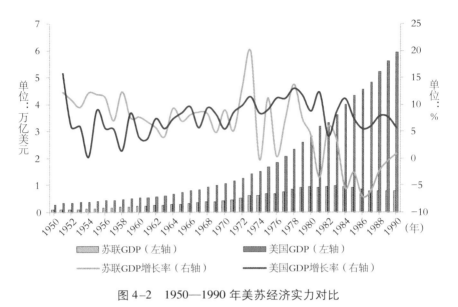

图 4-2　1950—1990 年美苏经济实力对比

资料来源：Wind；俄罗斯统计署；苏联部长会议中央统计局编：《苏联国民经济六十年：纪念统计年鉴》，陆南泉等译，生活·读书·新知三联书店 1979 年版，第 6—10 页；恒大研究院。

逆差。一方面，战后利用海外廉价能源高速发展的模式已接近尾声，钢铁业、汽车业增速放缓，产业经济结构亟待变革；另一方面，新的科技创新推动力短期内无法转换成生产力，微电子技术与生物工程尚在探索阶段，计算机、电视机、民航业主导的新时代还未到来，经济增速逐步放缓。1970 年美国实际 GDP 增速放缓至 0.2%，在传统凯恩斯主义的指导下，尼克松政府采用宽松的货币政策和财政政策，1971 年年初美联储连续五次降息，联邦基金目标利率从 6% 降至 4.75%，实际联邦基金利率降至 3%—4%，如图 4-3 所示。同时，尼克松政府倡导的"新经济政策"，实质为扩大财政赤字、刺激经济。尽管存在工资和价格管制，但物价仍快速上涨。此外，1971 年布雷顿森林体系崩溃，美元贬值叠加 1973 年年末爆发的第一次石油危机，致使能源价格迅速抬升，这进一步刺激物价飙升，经济生产受创，CPI 同比在 1974 年抬升至 12%。1974—

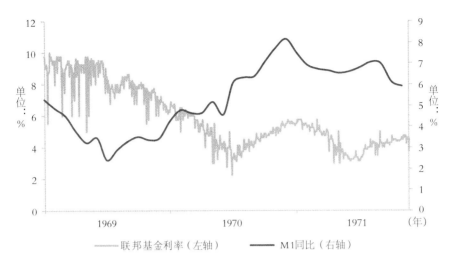

图 4-3　1969—1971 年美国货币宽松

资料来源：Wind、恒大研究院。

1975 年以及 1980—1982 年，美国经济陷入滞胀。在此背景下，发展对苏贸易，可以缓和美国贸易赤字和财政赤字情况，拉动国内就业增长。

　　美苏核均势局面形成，美国战略优势地位难以维系，长期军备竞赛加重两国财政负担。1962 年美苏洲际导弹之比为 294 : 75，古巴导弹危机后，苏联核军备建设力度持续加大，以寻求和美国实现核均势。20 世纪 60 年代末 70 年代初，苏联完成部署了新一代的陆基洲际弹道导弹，并在核武器数量上实现了与美国的均势。核均势改变了美苏军事力量对比，美国优势不再。双方在核军备领域达成一系列重要协议，1968 年《防止核扩散条约》、1972 年《美苏第一阶段限制战略武器条约》，推动了双方关系缓和，但后续核谈判的失败导致了双方在 20 世纪 70 年代末关系的急剧恶化。

　　（三）两大阵营内部分化

　　日本在"经济立国""贸易立国"等战略的指导下，经济迅速发展，至 1968 年成为西方国家中第二大经济体。在马歇尔计划的推动下，西

欧在经济领域获得长足发展，其国内生产总值从 20 世纪 50 年代相当
于美国的 57.2% 上升到 1969 年的 72.5%。政治上，西欧进一步推进联
合，试图摆脱美国影响的倾向上升。在对苏关系上，法德两国积极推
动与苏联的外交关系缓和。

中苏曾一度保持了密切的关系，但在 20 世纪 60 年代因为意识形
态分歧而迅速恶化，从口头论战发展到公开的武装对抗。1969 年 3 月
中苏在珍宝岛爆发武装冲突，互有伤亡，中苏同盟彻底破裂。中苏关
系破裂对社会主义阵营的发展产生了极为消极的影响，而且改变了国际社
会一直盛行的以意识形态划分界限的关系格局。此后，1972 年尼克松
访华，中美关系正常化，1979 年中美建交均和中苏关系恶化具有内在
联系。

（四）美苏贸易有所增长，缓和态势明显

美苏领导人将经济、外交政策由绝对孤立转向缓和，冷战进入相
对缓和期。尼克松时期，美国推行以发展美苏经济关系为主要内容的
缓和方针，并对苏联实施"诱导式经济外交"。1964 年勃列日涅夫上台
后，在处理西方关系时秉持"和平共处"的方针，在其执政后期尤其是
20 世纪 70 年代中后期才转向积极进攻。双方贸易联系增强，主要表现
为贸易管制缓和、补偿贸易增加、科学合作与交流增强、粮食和石油贸
易日益频繁等。1973 年美苏进出口贸易额为 11.6 亿卢布，比 1972 年增
加 116%，20 世纪 60 年代美苏贸易额合计为 9.3 亿卢布，70 年代上升
为 128.2 亿卢布，如图 4-4 所示。

（1）贸易管制缓和。在缓和美苏关系的方针下，1969 年美国出台
的《出口管理法》以高新技术转让限制取代了全面战略物资出口限制，
放松了一般技术和商品的限制，并利用"巴统"的例外条款扩大禁运物
资和限运物资的出口。在此期间，美苏粮食贸易与能源贸易也有所缓
和。苏联希望通过从美国进口大量农产品以增加粮食战略储备，美国则

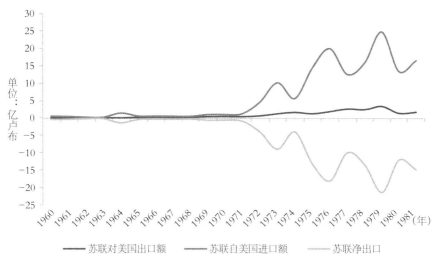

图 4-4　20 世纪 70 年代美苏贸易往来快速增加

资料来源：周荣坤等编：《苏联基本数字手册》，时事出版社 1982 年版，第 329 页；恒大研究院。

希望借由进口苏联石油来拓宽能源进口渠道。

（2）补偿贸易。苏美之间的补偿贸易主要集中在化工、汽车制造等生产领域，主要形式为以产品换设备，苏联利用美国先进的技术设备，美国利用苏联廉价资源进行生产。

（3）科学合作与交流。1972—1974 年，美苏四次首脑会谈期间，达成多项科技合作协定，包括和平利用原子能、宇宙航空、海洋考察、医疗保健等领域。除官方合作外，苏联与美国公司在 1974—1975 年间共签署了约 40 项科技合作协定，涉及航空航天及电子计算机等诸多领域，极大地带动了苏联经济的发展。

三、美苏再度对峙及和平演变阶段

1979 年苏联入侵阿富汗是转折点，伴随中美正式建交，美苏再度对峙。20 世纪 80 年代中后期美国对苏联实行和平演变政策，同时苏联陷入阿富汗战争的泥潭，综合国力大幅削弱，最终解体。

（一）苏联陷入阿富汗战争，美国提出"星球大战计划"

1978 年，阿富汗人民民主党发动政变。由于该党历史上与克格勃存在密切联系，新政府受到苏联的欢迎，但是人民民主党内部很快分裂为两派，各地反政府武装此起彼伏。为稳定阿富汗局势，1979 年苏军出兵阿富汗进行武装干预，阿富汗的国内局势变得更加复杂。从国内看，反政府武装基于民族主义情绪，将苏军的进驻视为入侵，境内武装叛乱更加活跃。从国际看，美国谴责苏军进驻阿富汗是对阿富汗内政的粗暴干预，并出台了一系列措施制裁苏联。同时，美国还大量资助阿富汗的反政府武装。阿富汗战争重新加剧了美苏的对抗，极大地增加了苏联的军费开支，给苏联脆弱的国内经济带来了更大的压力，并最终成为苏联解体的重要原因。

20 世纪 70 年代末，苏联的核武器数量超过美国，如图 4-5 所示。为了继续遏制苏联，美国总统里根提出反弹道导弹防御系统的战略防御计划，即著名的"星球大战计划"。美国计划耗资 8000 亿—10000 亿美元，

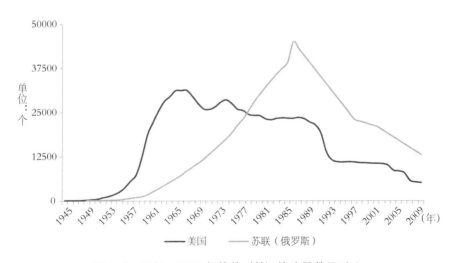

图 4-5　1945—2009 年美苏（俄）核武器数量对比

资料来源：Robert S. Norris, Hans M. Kristensen,"Global Nuclear Weapons Inventories, 1945–2010", *Bulletin of the Atomic Scientists*, Vol.66, No.4（July/August 2010）, pp.77–83.

在太空建立由侦察卫星、反导卫星、定向能武器等组成的导弹武器防御系统，在太空拦截苏联的核导弹和航天器，从而对抗苏联的核优势。如果苏联不加以防范，一旦美国真正完成计划，苏联面临的威胁将是致命的。在冷战思维的驱使下，苏联领导人决定进一步加大军事力量的投入，维护苏联的优势地位。然而军费的进一步上涨，重工业投资持续增加，经济结构持续恶化，加上对外贸易骤减给苏联经济以严重打击，并最终给东欧剧变、苏联解体埋下种子。

（二）美国对苏联实施"和平演变"，苏联迅速解体

20 世纪 80 年代美国经济逐渐摆脱滞胀，但苏联经济持续低迷。里根上台后，采用供给学派观点，采取从紧的货币政策和积极的财政政策，摆脱经济滞胀状态。在经济和军事实力恢复后，美国倾向于与苏联领导人接触以谋求在武器控制上取得突破。而戈尔巴乔夫上台时，苏联经济已经滑入"危机的边缘"，经济增速自 70 年代中期以来持续下滑，进入 80 年代下滑速度进一步加快，劳动生产率下降，财政赤字严峻，恶性通货膨胀发生，卢布急剧贬值。在苏联逐渐失去与美国抗衡的实力的背景下，1985 年里根与戈尔巴乔夫举行会谈，逐步结束双方对抗状态。

在美国舆论的攻势下，苏联上下对自身体制的信心逐渐瓦解。政府错误决策，快速私有化，外资急速涌入。1988 年 5 月《合营法》实施，第一次允许制造业、服务业与外贸部门中私营成分的出现。随后，苏联基本取消了对外国资本的限制。1990 年 8 月，戈尔巴乔夫提出将非国有化视作最重要的任务，意图通过私有化，提高国有企业效率，提升科技水平。为推行非国有化，苏联政府将国企资产折算为有价证券分发给苏联人民，并组建交易市场，使有价证券自由流通，从而使苏联可以一举过渡到市场化阶段。

苏联的私有化改革为美国攫取苏联财产提供契机，美国通过独资

和合资的方式，在苏联成立了大量的"皮包银行"，利用苏联人民对西方体制的盲目崇拜并通过灰色手段提高利息费用，从苏联居民、企业及金融机构大量借贷卢布，用于购买居民的有价证券，从而掌控了苏联大部分的国有资产。

卢布崩盘使美国以较小的成本获取苏联 70 多年的发展成果。美国在获取苏联的资产后，仍面临偿还巨额本息的压力。苏联本可通过严控汇率迫使美国偿还巨额本息予以反制，但是 1989 年苏联国家银行正式宣布，苏联放弃固定汇率制度，转为双重汇率制，基本放弃对外汇市场的监管，导致民众大量挤兑，恐慌情绪迅速蔓延，卢布急剧崩盘，迅速贬值。苏联人民出售有价证券获得的卢布急剧贬值，而有价证券代表的国有资产此时已归美国所有；苏联金融体制完全崩溃，货币主权既失，国力削减，社会动荡；美国的"皮包银行"借贷的巨额债务大幅贬值，仅需少量美元即可兑换。

（三）美苏贸易收缩，美国对苏贸易制裁加剧

美苏贸易关系始终受双方政治军事关系的支配，美苏发展贸易的先决条件便是政治上的合作与军事上的收缩。该阶段苏联在亚非拉地区的扩张对美国的霸权利益和国际战略构成严峻挑战，因而美国开始在贸易领域对苏联实行全方位出口管制，精准打击粮食和石油领域，实行包围式打击。

（1）全方位出口管制。其一，美国对苏联进行粮食及天然气管道设备禁运，并对苏联执行无例外政策，即美国不向苏联出口巴统管制清单物品，该项政策直到 1989 年才被取消。其二，美国利用巴统加强对苏联的战略物资与高新技术管制。1982 年，美国与巴统成员国终止履行与苏联集团的各种贸易协定，并增加 58 个项目列入巴统管制清单，包括宇航船、机器人、浮动船坞、海上油气开采技术等物资和技术。1984 年，巴统进一步强化对通信技术设备的管制，并重点限制与禁运物资相关的开发软件。

（2）精准打击重点领域。粮食作为苏联的稀缺物品和维系社会稳定的重要物资，美苏贸易关系恶化后，粮食领域首当其冲。石油作为苏联出口创汇的重要物品也成为美国的重点打击对象。

（3）包围式制裁。美国联合西欧、日本及其他巴统成员国、类巴统成员国对苏联实行包围式打击，切断苏联同多国的贸易往来。

第二节 美苏贸易战的重点领域

美苏贸易战的主要领域在粮食和能源，主要出于政治目的，服从于美苏全球争霸的需要。

一、粮食贸易

得天独厚的自然环境、较为稳定的政治局势、先进的科技研发以及完善的配套设施和农业设备成就了美国的农业奇迹。而苏联相对恶劣的自然环境导致粮食产量不稳定，农业生产长期服从和服务于重工业发展，农业生产缺乏积极性，发展缓慢滞后。美国粮食产量常年大于苏联，1961 年美国粮食产量是苏联的 1.4 倍，1981 年达到 2.3 倍，如图 4-6 所示。1972 年以后，苏联基本上成为粮食净进口国，如图 4-7 所示。

美苏的经济结构决定了双方具有粮食贸易的需求，同时粮食又在国民经济体系中居于重要地位，因此是两国贸易关系的关键领域，美国凭借粮食的高产量居于较为主动的地位。两国的粮食贸易发展水平不仅受经济实力和外贸政策的影响，还受两国政治形势的制约。遏制时期，美国基本封锁了对苏联的粮食出口；美国在缓和时期，逐渐打开两国的贸易往来。美国希望利用粮食贸易挟制苏联在中东等问题上让步，霸权相争背景下，苏联拒绝轻易让步，导致两国一度中断贸易往来。进入再

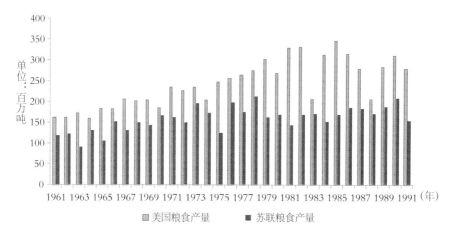

图 4-6　1961—1991 年美苏粮食产量对比

资料来源：联合国粮农组织、恒大研究院。

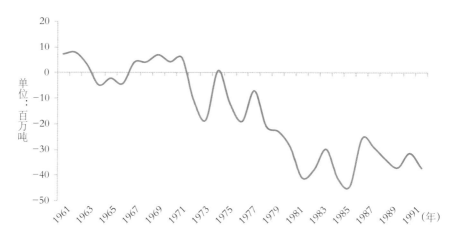

图 4-7　进入 20 世纪 70 年代，苏联转变为粮食净进口国

资料来源：联合国粮农组织、恒大研究院。

度紧张时期，美国再度禁运，美苏粮食贸易大门基本关闭。

（一）冷战初期美苏基本没有粮食贸易

第二次世界大战后美国出现严重的粮食过剩，美国政府采取了一系列措施扩大农产品出口，成为战后世界粮食的最大生产者和供应者。粮食出口缓解了美国粮食过剩的问题，同时也是巩固和扩展势力范围的重要方式。第二次世界大战后苏联农业发展缓慢，但仍旧是粮食净出口国，两国基本没有粮食贸易。

1951 年，美国实行"共同安全法"，用粮食等农产品配合军事"援助"。

1954 年，美国国会通过第 480 号公法，对发展中国家实行粮食等援助，力图使其在粮食上依赖美国，在国内外政策上受美国控制，并将其纳入美国势力范围。

（二）20 世纪 60—70 年代美苏粮食贸易有所缓和

在美苏缓和的背景下，双方粮食贸易出现好转趋势，但伴随两国关系的紧张，美国曾多次对苏联实行短暂性的禁运。美国利用粮食倒逼苏联在中东问题上让步，苏联利用石油资源胁迫美国向苏联出口粮食，以加强本国的战略储备。

1963 年 10 月，美国政府批准可以卖给苏联 400 万吨小麦和面粉，这是美国第一次向苏联打开粮食贸易的大门。

尼克松上台后，为缓和美苏关系的同时销售剩余粮食，1971 年开始采取措施发展对苏联的大宗商品出口。

1972 年，苏联粮食歉收，产量下降 7%，苏联购买美国粮食 1795 万吨，几乎占美国当年粮食积存的 1/3。

1974 年，美国通过《杰克逊－瓦尼克修正案》，要求苏联放宽犹太人从苏联出境的规定，作为提供贷款的条件。实际上是以削减粮食等供应威胁，要求苏联在中东问题上向美国让步。

1975 年，美苏签订为期五年的粮食协定，允许苏联每年可购买 600 万—800 万吨小麦。[①] 由于苏联拒绝以优惠价格向美国供应石油，福特

---

① 徐振伟、翟菁：《1970 年代美苏粮食贸易的双层博弈分析》，《俄罗斯中亚东欧研究》2010 年第 5 期。

政府于 7 月 24 日宣布对苏联粮食禁运，苏联只得以高价从阿根廷、澳大利亚等国购入粮食，并不得已大量屠宰国内牲畜。经美苏双方妥协，上述协定于 1976 年开始生效。

卡特上台初期，采取促进向苏联出售粮食的政策，主动修改对苏联购买粮食的限额。1977—1979 年，美国对苏联出口粮食限额不断提高，从 800 万吨提高到 2500 万吨。①

（三）20 世纪 80 年代美苏粮食贸易曲折发展

苏联的霸权行为引发美国的不满，随即美国对苏联实行粮食禁运。卡特总统宣布不再向苏联出口粮食，任何国家想要向苏联出口粮食，首先要获得美国批准。随着里根上台，"诱压结合"政策的实行以及苏联日益丧失与美国对抗的实力，美苏就粮食贸易达成新的协定。

1979 年，苏联粮食再度歉收，较上年大幅减产 24%。同年年底，苏联武装入侵阿富汗。美国总统卡特于 1980 年 1 月初宣布对苏联采取部分粮食禁运等一系列措施。

1981 年 3 月 24 日，里根部分取消长达 15 个月的对苏粮食禁运。3 个月后，恢复对苏联大量出售粮食。

1983 年 7 月，美苏新粮食协定签订，为期五年，允许苏联最多可购买 1200 万吨。

值得注意的是，粮食贸易虽主要服从于国家利益和霸权相争，但仍受到利益团体在美国政治舞台上博弈的影响。1975 年，美苏难以就石油价格问题达成共识，美国再度以粮食禁运相要挟，但由于苏联以高价收购粮食，美国农场主大量获利，禁运立即遭到本国利益集团的反对。因此，20 世纪 70 年代后美苏粮食贸易总的趋势是美国粮食出口量不断增多，而苏联购买限额越提越高，1975 年和 1980 年两次禁运未能

---

① 魏嵩寿：《关于美苏粮食贸易问题》，《世界农业》1980 年第 11 期。

改变这个趋势，美国用粮食要挟苏联的战略以失败告终。

二、能源领域

能源领域的遏制在美国对苏联遏制体系中占有重要地位。冷战初期，美国对苏联禁运石油相关设备，以遏制其恢复经济。20 世纪 60 年代末 70 年代初，苏联能源工业恢复发展，美国由于能源危机石油短缺，利用粮食贸易、最惠国待遇等换取苏联能源资源。1979 年苏联入侵阿富汗后，里根政府通过禁运天然气管道和操纵国际石油价格，限制苏联出口，从外部扰乱苏联国民经济秩序，苏联经济从能源领域逐渐走向崩溃。

苏联丰富的油气资源在冷战时期成为其经济、政治和军事力量的重要物质基础。受冷战思维影响，美苏在进行能源贸易时，主要考虑政治因素而非经济利益。美国与苏联进行石油贸易时，一方面希望借此实现石油供应多元化，保障自身石油安全；另一方面也希望增强苏联对美国的贸易依赖性，通过贯彻"联系战略"，迫使苏联在中东局势、限制性战略武器谈判中做出让步。苏联借由与美国的石油贸易，赚取外汇，将资金投入经济建设和军事扩张中，同时通过补偿贸易换取经济建设所需技术。

美苏能源领域贸易中美国占主导地位，主要原因是美国掌握着尖端的技术和充足的资金，苏联虽然掌握着丰富的油气资源，但是由于开采技术落后和资金匮乏，开采成本相比欧佩克国家偏高，需要借助美国及西欧国家的资金技术，因此虽然在能源市场拥有卖方优势，但苏联并没有获得较多的主动权，而是更多地受制于美国。

（一）冷战初期美国对苏联实行严格禁运

第二次世界大战结束，由于苏联大部分油田及相关设备在战争中受损，原油产量极低，不得不依赖进口以支撑国内经济、军事建设。为防止苏联石油产业复苏，美国对苏联等社会主义国家实行严格的战略物资禁运，其中就包括能源产业相关设备。同时，为防止盟国抵制禁运政策，美国国会于 1951 年通过了《共同防卫援助统制法》，授权"总统在发现任何国家允许并向社会主义国家出口战略物资时，可以削减对该国的军事、经济和财政援助"。由于战后初期西欧和日本高度依赖美国援助，这一法案迫使它们屈从美国。该法案于 1952 年开始生效，A、B清单共计 285 种禁运物资，其中禁运清单 B 包括各种勘探、生产、精炼石油和天然气的特殊设备。

苏联把能源工业放在优先发展的位置，经过第四个和第五个五年计划（1946—1955 年）的建设，苏联石油工业迅速恢复和发展，再次成为石油净出口国。1955 年苏联石油产量及石油产品出口量分别为7079 万吨和 800 万吨，到 1960 年分别达到 1.5 亿吨和 3320 万吨，如图4-8 所示。20 世纪 50 年代中期苏联建立天然气工业部，赫鲁晓夫推行"七年计划"（1959—1965 年），带动了苏联天然气工业发展。同期，西

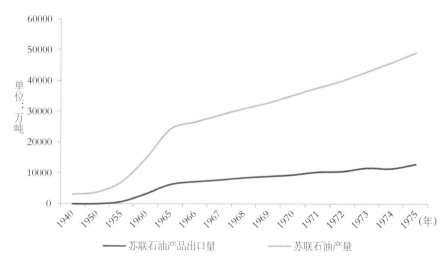

图 4-8　1940—1975 年苏联石油及石油产品产量和出口量

资料来源：周荣坤等编：《苏联基本数字手册》，时事出版社 1982 年版，第 321 页；恒大研究院。

欧国家出于摆脱工业困境、开拓国际市场的需要，积极响应赫鲁晓夫"和平共处"政策，密切同苏联的能源联系，在与美国的斗争与妥协中，分别于 1954 年和 1958 年两次削减对苏联的禁运清单，并且利用"巴统"例外程序，可以自行决定是否出口"巴统"管制清单中战略价值较小的物资。

为应对西欧国家与苏联能源贸易频繁的情况，美国修改《出口管制法》和通过秘密决议予以阻拦。美国认为，西欧国家与苏联能源贸易的快速发展有助于西欧国家经济和军事的快速发展，但破坏了对苏联的遏制政策。1962 年美国国会通过《1949 年出口管制法》修正案，对能够提高苏联集团战争和经济潜力的重要物资进行管控。1962 年 11 月 21 日，北约组织通过秘密决议，要求成员国停止向苏联输出大口径管道，同时禁止缔结新的出口合同。

（二）20 世纪 70 年代美苏能源贸易逐渐缓和

20 世纪 60 年代末 70 年代初，美国由石油净出口国转变为净进口国，亟须拓展能源进口渠道。1973 年石油危机时，欧佩克石油禁运强化了美国与苏联进行能源贸易的意愿。同时随着多用途技术的广泛发展，美国的经济遏制重点逐渐由战略物资转向高新技术，能源领域的技术产品相对高新技术地位下降。

尼克松上台后，开始对苏联推行"联系战略"，主要是通过经济上的让步换取苏联政治上的让步。美国试图通过与苏联的能源贸易迫使其改变国内外政策，将能源贸易与限制战略性武器、越南问题、人权问题、犹太移民和苏联国内持不同政见者等问题联系起来。

1972 年 10 月 18 日《美苏贸易协定》签署，美国政府承诺要求国会批准给予苏联最惠国待遇地位，并规定美国进出口银行定期向苏联提供贷款。1973 年 6 月，美苏第二次首脑峰会上，尼克松与勃列日涅夫签署联合公报，支持进一步和更长久的经济合作，将西伯利亚天然气运输到美国作为一项特殊的工程来推进。

但由于苏联对犹太移民的限制，1973 年 12 月，美国国会通过《杰克逊－瓦尼克修正案》，修正案规定"美国总统不能给予共产党国家或非市场经济国家最惠国待遇，除非共产党国家允许自由移民"。美国给予苏联在天然气领域的最惠国待遇由此废除。1974 年，美国国会又出台《史蒂文森修正案》，"禁止进出口银行资助美国企业在苏联进行任何能源开发活动"。

《杰克逊－瓦尼克修正案》与《史蒂文森修正案》严重阻碍了美苏能源贸易的进程，但为保证美国能源安全，美苏先后在莫斯科进行两次谈判。美国丧失了最惠国待遇和贷款的筹码，在粮食和高新技术领域让步。1974 年，美苏双方签订了《美苏石油贸易协定意向书》，规定苏联每年向美国出售高达 100 亿吨的石油及其提炼产品。1975 年，美苏双方签订《美苏石油贸易协定（1976—1980）》。

缺乏最惠国待遇和美国进出口银行的信贷支持，苏联的油气开发进度放缓，美苏能源贸易逐渐降温。1979 年再次爆发石油危机，美苏之间出现扩大能源贸易的可能，但伴随 1979 年苏联入侵阿富汗，美苏能源贸易迅速缩减。

（三）20 世纪 80 年代美国操纵石油价格打击苏联

里根上台后，对苏联采取强硬的立场，进入"新冷战"时期，对苏联实施周密策划的经济战，即通过经济手段来削弱敌对国家的经济实力以便最终削弱该国的军事潜力。鉴于苏联经济处于停滞状态，严重依赖能源出口换取外汇以进口现代化建设所需的技术与设备，里根政府利用能源遏制苏联，动摇苏联经济的稳定。

一方面，里根政府公开地对西伯利亚天然气管道进行禁运。20 世纪 70 年代末，苏联与西欧国家开始就铺设新的天然气输送干线进行谈判，美国对此一直反对。1981 年，里根政府对苏联进行经济制裁，同时宣布对苏联建设天然气管道所急需的设备和技术实行禁运。1982 年，美国决定根据《出口管制法》扩大制裁的范围，将禁运范围扩大到美国在海外的子公司和持有美国公司许可证生产的外国公司。1982 年，西方国家与美国就制裁苏联达成共识，双方同意终止履行各种贸易协定，特别是有关天然气、石油技术的协定；不向苏联提供能使其经济军事化的优惠援助；不向莫斯科签署任何新的天然气协定；加强"巴统"管制。

另一方面，里根政府操纵国际市场油价暴跌来打击苏联的能源出口。20 世纪 80 年代，沙特是影响国际油价的重要产油国，其产量占欧佩克总产油量的 40%。[①] 由于美国以保障沙特安全和向其出售尖端武器为条件，沙特同意增加产量以降低国际油价。1985 年 8 月沙特开始增加石油产量，供给迅速增加，导致石油价格大跌，如图 4-9 所示。同

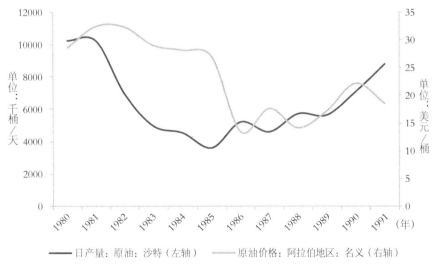

图 4-9　1980—1991 年沙特原油日产量和原油价格

资料来源：Wind、恒大研究院。

---

①　陈兴广：《试论冷战时期美国在能源领域对苏联的遏制政策》，上海师范大学博士学位论文，2007 年。

时，美国还主动缩减本国需求和战略储备，打击国际油价。此外，美国还要求其盟友西欧及日本做好准备，一旦油价上涨，即抛售战略储备石油以平抑油价。由于中东廉价石油的替代效应，苏联的天然气出口大幅减少，严重打击了苏联依靠能源贸易出口创汇的能力，叠加美元贬值，苏联外汇大幅缩水，严重冲击其经济。

第三节　启示：苏联失败的教训，中美会走向"新冷战"吗？

一、苏联失败的教训对中国的启示

1. 要有节奏、渐进地推进资本项下金融自由化等各项改革，而非毫无监管的一步到位，防止金融战的打击。美国在粮食、石油和高科技等领域联合西欧、日本等盟友对苏联实行禁运等遏制政策，虽然抑制了苏联经济发展，但是均不足以彻底打垮苏联经济。苏联快速的市场化改革和美国发起的金融战，才直接导致苏联经济崩溃和苏联解体。金融开放是中国必须要走的道路，但是要有节奏、渐进地推动资本项下的开放，避免资本短期内大规模快进快出对经济金融系统的冲击。

2. 美苏争霸主要体现在军事领域，但事实上是综合国力的较量，重工业过重的经济结构和僵化的计划经济体制导致经济下滑、民生凋敝。必须激发微观主体活力，实现产业结构多样化，确保农业粮食安全和石油等重要战略物资安全。庞大的军费开支需要强劲的经济做后盾，苏联经济总量不如美国，因此军备竞赛不断削弱其综合国力。苏联未能适时调整经济结构，农业粮食安全依赖进口，丰富的石油资源本可以作为战略武器，却成为美国发起贸易战攻击的靶子。

3. 推进科技创新，掌握技术制高点，在贸易谈判中掌握更多的主动权。美苏贸易战中基本都是美国掌握主动权，即使在苏联占优势的油气能源贸易上，苏联也没有获得更多优势。这是因为苏联油气矿藏储存位置较深，仅依靠苏联自身的技术设备开采难度大，开采成本高，需要借助美国的资金和技术援助。因此，我国要坚定不移推进科技创新，避免在技术上受制于人，从而可以利用自身优势获得更多谈判筹码。

4.以国家利益而非意识形态处理国际关系。美苏的经贸关系整体上服从于政治经济形势变化的需要，但是长期以意识形态划分敌友，导致国际关系处理时的僵化和误判。中国可与美国及其盟友日韩、欧盟构建自贸区。

二、中美短期内不会走向冷战，但中美贸易摩擦具有长期性和日益严峻性

美苏冷战历时 40 余年，是第二次世界大战后世界历史发展的主要脉络，双方在政治、经济、军事等重要领域展开争霸竞赛，其间既有 20 世纪 70 年代的缓和，也有古巴导弹危机的剑拔弩张。由于双方拥有"互相确保摧毁"（mutual assured destruction）的核能力，竞争始终没有发展成直接对抗的热战，而是出现了几次代理人战争（如越南战争、阿富汗战争等）。此外，双方的对抗采取了经济制裁、军备竞赛、和平演变等方式。最终，长期高强度的军备竞赛导致苏联工农业比例、轻重工业比例严重畸形，政府财政压力巨大，高度集中的计划经济体制的低效和经济结构的单一最终拖垮了苏联经济。苏联解体后，俄罗斯经济长期面临困难局面，持续至今，2018 年俄罗斯 GDP 为 1.65 万亿美元，占全球 GDP 的比例仅 1.9%，约相当于中国的广东省。

冷战是 20 世纪美苏两个大国及其盟友之间的全面对抗。当下，中美的贸易摩擦到底会走向何方？是否会朝着冷战的方向发展？我们认为，中美短期内不会发生冷战，但长期来看，美国仍有可能不断升级对抗措施，从贸易到经济金融等方面全面遏制中国崛起，对此中国应加以防范。中美短期内不会发生冷战，主要原因如下：

一是中美经济高度依赖和融合。冷战开始时，美苏的经贸合作水平很低，斯大林提出"两个平行市场"理论后，苏联和美国经济分别在两个不同的体系中独立发展，20世纪70年代美苏贸易虽有增长，但绝对值仍然较低。美苏较为独立的经济结构是其长期对抗的经济基础。然而，当前中美的经济高度互相依赖，美国对中国的贸易保护主义行为必然会损害美国自身，也遭到国内部分利益集团的反对，中美两国短期缺乏冷战的经济基础。中国减少进口美国大豆之后，美国农场主和农业公司首当其冲受到影响。

二是以美国为参照系，当前中国经济的相对实力高于苏联。苏联长期实行计划经济体制，并且产业结构较为畸形，存在重工业过重、轻工业过轻、粮食长期匮乏的问题。人民生活水平长期较低。因此，美国得以利用苏联陷入阿富汗战争泥潭的契机，继续对苏联实施制裁，打击苏联经济，并利用"星球大战计划"在军事上对苏联持续威胁，最终拖垮苏联。中国当前的经济与苏联明显不同，一方面中国2018年的GDP总量已相当于美国的66%，中国在经济总量与美国的相对实力优于苏联；另一方面，中国建成了世界上规模最为庞大的制造业产业链，服务业在GDP中的比重逐年上升，新经济和高科技产业的贡献提高，中国拥有明显优于苏联的经济结构。短期内，美国难以通过冷战的方式拖垮中国经济。

三是中美在意识形态领域的争夺相对弱于美苏。冷战时期尖锐的意识形态对抗使得美苏难以通过和平谈判的方式解决争端。冷战时期，双方除了不打核大战的共识外，几乎动员了全部国家力量进行对抗。20世纪70年代的短暂缓和阶段是因为美苏尤其是美国面临较为严峻的国内问题。近年来，尽管美国贸易谈判代表莱特希泽、美国前首席战略师班农等部分美国官员指责中国的发展模式，但整体而言，目前中美在意识形态上的斗争强度弱于美苏冷战时期。

与此同时，美国尽管短期内不会对中国发起冷战，但新兴崛起大国与守成大国之间的利益冲突是客观存在的。中美的经济竞争不会减弱，只会逐渐增强，历史和文化的巨大差异可能会放大冲突，从而使得问题在长期更为复杂。

中美经济竞争在长期可能进一步加剧。中国作为制造业大国，在当前世界经济格局中，仍然和美国具有一定的互补性。然而，近年来中国在 5G、高端制造、新能源汽车等领域不断发展，产业链逐步升级，在全球市场与美国公司的直接竞争也越来越激烈。同时，随着中国劳动力成本的逐渐上升，部分制造业的产业链正逐步向东南亚、印度等地转移。若这一趋势持续，则中美经济间合作成分将下降，而竞争成分将增加。美国有可能为保护其在高端产业链上的优势地位而对中国采取更为强硬的制裁措施。

中美文化间的冲突与竞争可能会放大贸易摩擦。格雷厄姆·艾利森在《注定一战：中美能避免修昔底德陷阱吗?》中提到，近代以来新兴大国与守成大国之间的对抗一共发生过 16 次，其中仅有 4 次免于战争，其余 12 次都是以战争决出胜负。[①] 而这 4 次中，有两次并非全球领导权的争夺，分别是 15 世纪葡萄牙和西班牙为海上贸易主导权的争夺，以及 20 世纪 90 年代至今英法与德国对欧洲领导权的争夺；另外两次分别是 20 世纪中期英国让出世界领导权给美国，以及美苏冷战争霸。其中，英美两国的权力更迭较为平顺，而美苏则展开了旷日持久的斗争。英美对世界主导权平顺更迭的原因之一，是英国和美国有相同的语言、文化，意识形态上较为相近。英国认为即使领导权更迭，英国也无须改变生活方式。但美苏在文化和意识形态上存在明显的对抗，一定程度上

---

① ［美］格雷厄姆·艾利森：《注定一战：中美能避免修昔底德陷阱吗?》，陈定定、傅强译，上海人民出版社 2019 年版，第 320 页。

放大了政治和经济间的分歧，使得美苏冷战的斗争意味较浓。因此，从历史角度看，文化差异将对大国斗争的强度产生重要影响。

中美之间存在着较为明显的文化差异。中美两国由于历史和现实条件的不同，在价值观、对待政府的态度、对外政策等层面存在明显差异。艾利森指出，长久以来的文化传统表明，中国人认为国际秩序是自发形成的，中国并不寻求输出自己的理念，而是坚信自身文化的优越性会使得其他人主动过来求之。在对待政府态度上，中国的历史表明，当一个强大的中心（北京或南京）存在时，这个国家就是和平和繁荣的，反之，各省及下属的县市则容易陷入军阀混战。因此，中国将一个强有力的政府看作国内秩序的重要组成。① 而对于美国而言，美国渴望一种国际法治，这种法治实质上是国内政治的放大版，同时美国认识到在国际政治的现实中，做"狮子"比做"羔羊"更好，因此美国试图成为国际事务中的立法者、警察、法官来协调世界秩序。美国认为政府在最佳状态下也仅是一种"必要的恶"（necessary evil），在最坏的情况下，更是一种无法忍受的恶。中美之间深刻的文化差异将导致中美处理结构性问题时面临诸多不确定性，使得问题更加复杂。

整体来说，当前中美之间的分歧并不像美苏冷战时期不可调和。但要彻底解决，难度仍然很大。中美关系已经进入了新的阶段，从合作为主转向合作与竞争共存。因此，管控分歧，斗而不破，同时加大力度推进改革开放，提高自身实力，才是中国最佳的战略选择。

---

① ［美］格雷厄姆·艾利森：《注定一战：中美能避免修昔底德陷阱吗？》，陈定定、傅强译，上海人民出版社 2019 年版，第 201 页。

第五章
美国两党及内阁成员对华思想全景图[*]

  1979 年中美正式建交至今，美国两党对华态度发生了重大变化：从对华友好的共识到产生分歧，再到对华战略遏制的共识。美国两党及内阁成员对华态度是如何一步步走向强硬的？当前特朗普政府主要内阁成员的思想是什么？本章旨在分析美国权力的主要架构，总结美国两党及内阁成员对华思想和立场，剖析美方态度转变背后的关切点，洞悉美方的真正意图。

---

  * 本章作者：任泽平、罗志恒、贺晨、华炎雪。

第一节　美国权力的主要架构

一、总统、国会、最高法院：三权分立，相互制衡

美国《宪法》将权力一分为三，指出"所有立法权力皆由美国国会所有""行政权力由美国总统所有""司法权力由美国最高法院和一些可以由国会随时下令设立的次级法院所有"，其实质为权力制衡，防止权力的集中与滥用。

美国国会作为国家最高立法机构，由参议院、众议院构成，两院相互制衡。美国《宪法》规定国会具有立法、代表选民发言、监督、公众教育、调解冲突等职责，其中立法和代表权是最重要的两个法定职责。在制定政策中国会拥有的权力主要体现在四个方面：征税与财政赤字、国防、建立法院系统以及规范联邦政府。出于权力制衡的考虑，美国参议院、众议院的职能不同。其中，众议院主要享有提出并发起法案的权力，而参议院则可单独行使"建议与同意权"，即批准或否决众议院发起的各项提议。

美国总统除担任国家元首和武装部队总司令外，还享有行政决策权，负责执行国会通过的法案，任命包括内阁在内的联邦机构负责人等，内阁及相关部门辅助总统行使行政决策权。此外，总统可以否决任何获国会通过的法案，如果被否决法案再次获国会两院 2/3 票数通过，总统的否决权将会被推翻。

最高法院享有审判案件与裁定司法争论的司法权，法官的政治思想信仰将影响其司法裁定。1789 年，美国《宪法》第 3 条规定，最高法院是在其管辖范围内对联邦法律的最终解释者。最高法院通常由一位首席大法官和八位大法官组成，法官均是由美国总统提名，并须在参议院投票通过后方可任命。一旦获参议院确认任命，法官享有终身任

期，他们的职位将被保留直到去世、辞职或遭弹劾。由于每位法官在司法裁决时均享有一票投票权，因此法官本身政治思想信仰将影响其投票裁定。①

　　虽然美国长期奉行三权分立，但实际上各部门互相影响、渗透与制衡，如图 5–1 所示，且在国会、总统及内阁、最高法院之间党派政治斗争明显。例如，美国最高法院大法官须由总统提名，经国会参议院通过任命，提名程序具有强烈的政治色彩。一般而言被提名人选主要符合总统党派理念，一旦提名成功将影响美国未来几十年内的司法裁定，因此国会参议院投票一般呈现共和党、民主党投票泾渭分明的情况。如 2018 年 10 月特朗普提名大法官卡瓦诺（Brett Kavanaugh），因其为保守派法官，一旦通过参议院投票，将对未来几十年美国司法在堕胎、同性恋、双性恋和变性者权利、总统权力范围以及宗教在社会中的作用等最

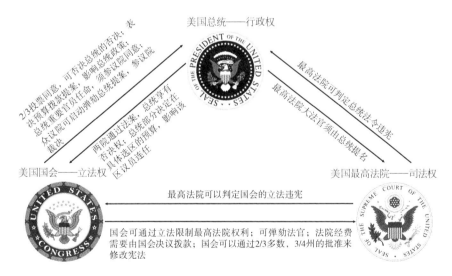

图 5–1　美国的立法、行政与司法三权分立，相互制衡

资料来源：恒大研究院。

────────

　　①　美国白宫官网，见 https://www.whitehouse.gov/about-the-white-house/our-government/，访问时间：2019 年 4 月 23 日。

具争议的问题产生影响。因此最终投票结果为 50 对 48，其中参议院 51 名共和党议员几乎都投了赞成票，其中 1 人弃权（女性），1 人未参加投票（因故未能参加投票）；49 名民主党议员中几乎都投了反对票，只有 1 人投赞成票（为寻求连任做出的政治妥协）。

二、美国行政部门组织架构

美国行政决策权主要集中于总统，国会对总统有一定限制权力，内阁及同等级机构作为代表人执行总统指令或相关政策。当前直属于美国总统的重要行政机构主要分为三类：其一为内阁，主要由美国副总统和 15 个行政部门组成；其二为总统行政办公室，独立于内阁，是对美国总统贴身幕僚人员、直接向总统负责的各级助理人员及机关的总称；其三为特定职能独立部门，直接受美国总统的指挥、管理与控制，包括中央情报局等。其中，内阁级别核心成员达 24 名，如图 5-2 所示。

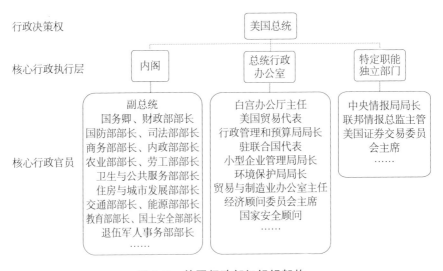

图 5-2　美国行政部门组织架构

资料来源：恒大研究院。

（一）内阁

美国总统是美国联邦政府行政分支的领导人和负责人，而内阁是总统的下属辅助机构，没有《宪法》上的独立地位。内阁成员主要包括副总统、国务卿、财政部部长、国防部部长、司法部部长、商务部部长、国土安全部部长等。除副总统外，其余15名内阁成员由总统提名，并须由国会参议院通过。值得注意的是，总统可随意解除除副总统以外其他内阁成员的职务。

美国副总统由选举产生，不拥有行政决策权，是美国总统的第一继任人选。目前美国联邦政府行政机关中，只有总统及副总统两个职位由选举产生，任期四年。与美国总统一样，美国《宪法》对副总统任职要求有三：一是须年满35岁；二是在美国居住14年以上；三是"出生时为合众国公民"。尽管美国副总统行政职位仅次于总统，但其不拥有行政决策权，仅作为总统的代表人来行使相关权力。与"当选担任总统职务不得超过两次"的规定不同的是，美国《宪法》第22条修正案没有限制副总统的连任次数。同时，根据美国《宪法》的第1条第3款第4节，副总统兼任"美国参议院议长"。此外，作为总统第一继任人，当在任的美国总统出缺（于任内死亡、辞职或者遭到弹劾）时，副总统继任，成为新一任的美国总统，历史上共有九位副总统在任期继任成为美国总统。如安德鲁·约翰逊在林肯总统遇刺后接任总统职务（1865年），杜鲁门在罗斯福总统逝世后接任总统职务（1945年），福特在尼克松总统辞职后接任总统职务（1974年）。

由于部门的重要性，国务卿、财政部部长、国防部部长和司法部部长通常被认为是内阁最重要的四位成员，对总统影响力、政策执行力产生重要影响。

其中，国务卿由总统提名，其政治权力及影响力仅次于总统。美国国务卿作为美国国务院的首长，主管美国外交事务，职能上对应我国外交部部长，但在美国联邦政府权力体系中，国务卿的政治权力和影响力大于副总统，仅次于总统。此外，国务卿排在副总统、众议院议长、参议院临时议长（副总统因故缺席时，由多数党最资深议员担任临时议长）之后，作为总统第四继任人选。

财政部部长是美国总统的主要经济顾问，也是政府经济和财政政策的关键制定者，主要负责编制联邦收入预算，制定国内和国际金融、经济和财政政策，管理公共债务，监督货币生产，征收税收以及管理联邦政府所需的资金，监督财政部执法机关的执法行为等事务，并担任美国政府的财务代理人，为总统第五继任人选。

国防部部长主要负责军事相关事务，是美国总统的主要国防政策顾问，并负责规划与执行一般国防政策和与国防部相关的其他政策，为总统第六继任人选。根据《1947 年国家安全法案》，国防部部长必须是至少在七年内未加入任何现役武装部队的平民，但美国国会对此有豁免权，如 2017 年詹姆斯·马蒂斯在获特朗普提名后，获得了参议院的豁免，使其成为第二位获得该豁免，以退役未满七年的身份出任美国国防部部长的退役将军。

司法部部长被认为是美国总统的首席法律顾问，其职责是替美国总统处理法律事务及监督美国行政部门，为总统第七继任人选。白宫官网列出司法部的主要职责为"依法执法，维护美国利益；确保公共安全免受国内外威胁；对有非法行为的人施加公正的惩罚"。

（二）总统行政办公室

总统行政办公室作为对总统负责的行政机构，是对美国总统贴身幕僚人员、直接向总统负责的各级助理人员及机关的总称，主要包括白宫办公厅、贸易代表办公室、经济顾问委员会、美国行政管理和预算局等部门，除部分内阁部长级职位（如美国行政管理和预算局局长、美国贸易代表），白宫办公厅主任及核心工作人员的任命无须参议院同意，由总统直接任命。目前总统行政办公室统一由白宫办公厅主任领导。

当前在对外事务方面对美国总统影响较大的办公室行政人员主要包括白宫办公厅主任、美国贸易代表、贸易与制造业办公室主任，而在对内财政政策预算上为行政管理和预算局局长。

白宫办公厅主任作为美国总统办事机构的最高级别官员，属于内阁级别官员，负责监督管理其下所有白宫幕僚的工作，安排总统的日程，安排总统会见活动，对总统的政策提供参谋意见，召集白宫办公厅会议等。白宫办公厅为服务总统个人的行政部门，一般由美国总统的竞选班底组成，即为总统的密友和亲信，对总统影响力较大。该机构任职人员由总统任命，无须参议院批准，因此不受国会的监督和约束。[1]

贸易与制造业办公室主任是美国第 45 任总统唐纳德·特朗普新成立机构的负责人，尽管其不作为内阁部长级官员，但对当前总统的影响相对较大，其主要职责是向总统提供贸易谈判的策略和建议。贸易与制造业办公室将协调其他美国政府部门，评估国防工业和制造业的能力，为失业的制造业工人提供就业机会。[2]

美国行政管理和预算局局长作为内阁部长级官员，协助总统协调、制定和管理财政预算，是美国总统维持对政府财政计划控制的重要执行人。过去行政管理和预算局隶属于财政部，但由于部门人员的扩张，1939 年起其归属于总统成为直属机关。当前除协助总统管理财政预算外，行政管理和预算局局长还须同政府各部和国会各委员会主席打交道并施加影响，推动财政预算的通过。值得注意的是，行政管理和预

---

① "The Executive Branch"，见 https://www.whitehouse.gov/about-the-white-house/the-executive-branch/，访问时间：2019 年 4 月 23 日。

② "Presidential Executive Order on Establishment of Office of Trade and Manufacturing Policy"，见 https://www.whitehouse.gov/presidential-actions/presidential-executive-order-establishment-office-trade-manufacturing-policy/，访问时间：2019 年 4 月 23 日。

算局与财政部的区别在于，前者负责编制联邦支出预算，而后者负责编制联邦收入预算和执行工作。

第二节　美国贸易决策体制

美国《宪法》将制定贸易政策的权力在总统和国会之间分配，体现权力分立的原则。一般而言，国会议员代表所在地区、部分利益集团的利益，受选区选民压力，且不负责具体执行，不直接承担后果，倾向于局部利益和保护主义。总统由于对外代表美利坚合众国，面临全国选民，需要从政治、经济和安全全局角度考虑国家利益，倾向于自由贸易及整体福利的提高。但最终表现出的贸易政策倾向还与时代背景、领导者个人性格及理念有关。

一、美国贸易决策体制的演变

根据国会和行政机构主导作用的变化可将美国贸易决策体制的演变划分为三个阶段。

（1）第一阶段为1789—1933年，国会主导对外经济政策长达100多年，长期的贸易保护主义政策意在通过征收关税保护国内的"幼稚产业"。

（2）第二阶段为1934年至20世纪六七十年代，美国进入以总统为主导的"1934年体制"。贸易保护主义带来经济衰退的教训使美国贸易政策向自由主义转变。《1934年互惠贸易法案》通过，国会授权总统负责对外谈判并且就调整关税税率签订贸易协议，可以自行决定将关税最大程度降低50%而无须国会批准。

（3）第三阶段为20世纪70年代至今，美国恢复国会的主导地位。欧洲和日本的崛起导致美国在70年代出现贸易逆差，且逆差规模不断扩大，冲击美国农产品、纺织、钢铁、家电、汽车、半导体等行业，美国开始利用关税、进口限额、进口许可、汇率等多维手段打压欧洲与日本。同时，国会对白宫长期以来轻视产业利益感到不满，贸易保护主义抬头。此时美国深陷越南战争，尼克松总统因违宪遭到弹劾，国会重新确立了自己在对外贸易政策中的地位。

当前美国对外贸易仍处于 20 世纪 70 年代以来国会主导贸易决策的阶段，但是总统仍具有较大的决策权，二者相互制约（总统可否决国会法案，国会可再否决，最终形成两者的均衡）。

二、总统拥有的权力

（1）缔结条约（所有条约必须经过参议院出席议员 2/3 多数票同意才能生效，但总统可以通过游说利益集团获得议员的支持）；

（2）缔结行政协定（无须参议院批准直接生效）；

（3）立法否决权（国会超过 2/3 多数的表决能推翻总统的否决）；

（4）国会授予的贸易谈判权等，如关税谈判权和贸易促进权。

关税谈判权授权总统在一定数量范围内提高或降低关税税率，无须国会批准。如美国贸易代表可认定贸易"不合理、不公平"，单方面发起"301 调查"，建议总统加征关税等。

贸易促进权主要侧重非关税壁垒（政府采购、补贴、技术标准），协议须经国会批准，但为制约国会无休止地辩论和修改协议，国会只能在是否之间做选择。需要说明的是，贸易促进权必须定期得到国会批准，国会还有权取消这种权力。总统在贸易政策上有较大的权力，但更多来自于授权和立法获得。

当前，反全球化、民粹主义盛行，美国总统特朗普本身奉行贸易保护主义，与国会及其背后的利益集团诉求相符，加剧贸易保护主义。但特朗普在政治表现上的不确定性极度增加了国会的担忧，比如特朗普不仅针对中国加征关税，而且计划对 G7 传统盟友的钢铝开征关税。

2018 年 6 月 6 日，多名参议员提出议案认为特朗普在滥用"232 调查"，要求总统获国会批准后才能以国家安全为由对进口产品征收关税，意图削弱特朗普的贸易政策权力。

三、国会拥有的权力

（1）贸易立法权，通过贸易立法调整总统与国会的权力分布；

（2）批准国际条约的独享权，总统签订的双边和多边条约必须经过 2/3 以上的参议员批准通过；

（3）人事任命的否决权，可以否决总统的人事任命；

（4）调查权和监督权；

（5）征收关税权；

（6）授权关税谈判等。

四、美国贸易代表办公室（USTR）

美国贸易代表办公室将分散的贸易决策权集中，连接总统与国会，在贸易政策制定和执行上发挥重要的作用。USTR 地位特殊，一方面隶属于总统，属于行政机构，是总统的贸易顾问、谈判代表和相关领域发言人，它在谈判的过程中努力使财政部等行政部门参与；另一方面由国会设立并由国会通过听证会的方式监督，向国会动态汇报谈判进程，与主要利益机构打交道，同国会议员沟通。USTR 主要负责制定美国贸易政策、执行美国贸易出口政策，解决贸易争端以及协调联邦政府其他部门的贸易活动。[①]

---

① "Mission of the USTR"，见 https://ustr.gov/about-us/about-ustr，访问时间：2019 年 4 月 23 日。

五、其他重要的部门

（1）美国国际贸易委员会（USITC），是介于行政和立法部门之间、进行独立调查和监督的准司法机构，主要负责执行进口政策以及协同商务部处理反倾销、反补贴案件。

（2）内阁部门：财政部主要考虑贸易政策对国内经济的影响，掌握汇率等重要工具，对贸易政策制定有很大影响力。商务部在美国只是政策的具体执行部门，负责处理反倾销、反补贴案件，管理进口配额，同外国政府协商自愿出口限制和实行出口管制。农业部、能源部、劳工部等分别代表对应的产业和群体在贸易问题上争取相关利益。美国商会、全国制造商协会、劳工联合会-产业工会联合会等利益集团通过广泛的网络和丰富的资源对国会和行政系统施加压力，力图影响贸易政策为自己谋利。

第三节　特朗普政府内阁主要成员及其思想

客观了解美方诉求和政治主张，最好的办法是研究当前特朗普政府内阁高层官员及与特朗普关系亲密人士的主要政见，为未来中美谈判未雨绸缪。

一、特朗普频繁调整内阁成员，逐步集聚鹰派官员

特朗普就任美国总统以来，频繁更换内阁及白宫高级官员，提名并任命符合其主要政见的人员，试图加强其对白宫及各部门的绝对领导。在近两年时间内，与特朗普有重大政策分歧或不听命于他的幕僚或部长，大部分都辞职或被替换。据统计，自2017年1月特朗普就任总统至2019年1月，内阁、白宫高层离职人员已达42

人，①2017 年以及 2018 年白宫高级官员变动率分别高达 34% 和 31%，显著高于历任总统同期比例，其中奥巴马、小布什、克林顿任期第一年变动率分别为 9%、6% 和 11%，如图 5–3 所示。当前特朗普政府离职高级官员包括美国前国防部部长吉姆·马蒂斯、前内政部部长赖安·津克、前司法部部长杰夫·塞申斯、前国务卿雷克斯·蒂勒森、前驻联合国代表妮基·黑莉等，如表 5–1 所示。

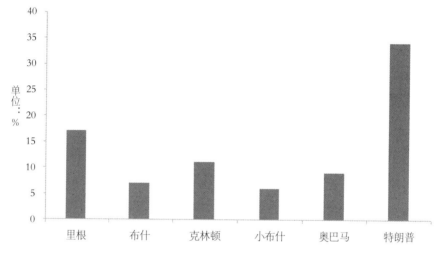

图 5–3　历任总统就职第一年白宫高级官员变动率

资料来源: 布鲁金斯学会: "Tracking turnover in the Trump administration"，见 https://www.brookings.edu/research/tracking-turnover-in-the-trump-administration/，访问时间: 2019 年 4 月 23 日。

具体来看，美国前国防部部长马蒂斯因与特朗普政见不同而主动辞职。马蒂斯强调国际合作、与盟友保持必要接触，以稳健著称，他试图改善美与中、俄的关系，是特朗普政府内部"精英派"主张的代言者。马蒂斯与特朗普在多项政策问题上发生意见冲突，包括反对特朗普将美

---

①　Denise Lu, Karen Yourish,"The Turnover at the Top of the Trump Administration"，*New York Times*, April 29, 2019.

军从叙利亚撤出，以及对待美国盟友的方式等，因此，他主动辞去国防
部部长职位。

美国前司法部部长塞申斯因在"通俄门"案件调查中放任调查推进
被辞退。塞申斯主动回避了对2016年大选"通俄门"案件的监督，引
发特朗普强烈不满，多次抱怨前者没有做好本职工作，并决定撤换塞
申斯，任命塞申斯原来的办公室主任马修·惠特克（Matthew Whitaker）
为代理司法部部长，而惠特克则在早期表示须对穆勒的"通俄门"案件
调查加以限制，否则调查将变成"为了政治目的收集信息"。穆勒为特
别调查官，曾在2001年至2013年担任美国联邦调查局(FBI)局长一职，
被两党都视为美国最可靠的执法官员之一。

表5-1　特朗普上任以来部分离职白宫高级官员（截至2019年3月）

职位	离职官员	现任官员	离职时间及原因
代理司法部部长	莎莉·耶茨	马修·惠特克	2017年1月，因拒绝捍卫旅行禁令后被特朗普解雇
国家安全事务助理	迈克尔·弗林	约翰·博尔顿	2017年2月，弗林因被指在与俄国驻美国大使通话事件上误导政府而被迫辞职
白宫办公厅副主任	凯蒂·沃尔什	扎克里·富恩特斯	2017年3月，因派系内部争斗请辞
联邦调查局局长	詹姆斯·科米	克里斯托弗·雷	2017年5月，因坚持调查"通俄门"案件被特朗普解雇
白宫办公厅主任	赖因斯·普里伯斯	约翰·凯利（2018年年底离职）	2017年7月，因政见不同以及被排挤到特朗普内阁边缘无法正常履职被迫辞职
白宫发言人	肖恩·斯派塞	莎拉·哈克比·桑德斯	2017年7月，因不满新任白宫通讯联络主任而辞职
副国家战略顾问	迪娜·鲍威尔	—	2017年12月，因个人原因主动辞职

职位	离职官员	现任官员	离职时间及原因
国务卿	雷克斯·蒂勒森	迈克·蓬佩奥	2018 年 3 月，因政见不合被开除
联邦调查局副局长	安德鲁·麦凯布	大卫·鲍迪奇	2018 年 3 月，因主张推进对特朗普的"通俄门"案件的调查，在即将退休前两天被开除
副国务卿	史蒂夫·戈德斯坦	希瑟·诺尔特	2018 年 3 月，因反驳白宫关于蒂勒森的解释而被开除
退伍军人事务部部长	大卫·舒尔金	罗伯特·威尔基	2018 年 3 月，被特朗普开除
首席经济顾问	加里·科恩	拉里·库德洛	2018 年 7 月，因反对特朗普政府关税政策主动离职
司法部部长	杰夫·塞申斯	马修·惠特克（代理）	2018 年 11 月，因主动回避"通俄门"案件调查被迫辞职
白宫办公厅主任	约翰·凯利	米克·马尔瓦尼（代理）	2018 年 12 月，因与特朗普政见分歧而被辞退
内政部部长	赖安·津克	戴维·伯恩哈特（代理）	2018 年 12 月，因负面新闻缠身主动辞职
国防部部长	吉姆·马蒂斯	帕特里克·沙纳汉（代理）	2018 年 12 月，因与特朗普政见分歧主动辞职

资料来源：Denise Lu, Karen Yourish,"The Turnover at the Top of the Trump Administration", *New York Times*, Updated April 29，2019.

二、当前内阁成员主要观点

经过特朗普频繁更换白宫高级官员，当前与对外贸易及经济直接相关的主要高层，如贸易代表、贸易与制造业办公室主任、商务部部长以及首席经济顾问等，均为鹰派，符合特朗普政治主张；而与内政、外交等相关的核心高层，如副总统、国务卿、国防部部长、司法部部长、白宫办公厅主任等，也逐步转化为强硬鹰派或听命于特朗普。白宫内部理性主义和国际主义的声音日益消退，代之以民粹主义，对华全面强硬。

（一）经贸领域核心官员主要观点：全面鹰派

1. 罗伯特・莱特希泽（Robert Lighthizer）：美国贸易代表

莱特希泽是对华鹰派人物，主张在贸易上保持对中国的强硬姿态，认为中国是全球贸易体系最大的破坏者。他曾表示，中国政府利用大量补贴，向世界输出过剩产能，抢占全球市场份额，破坏全球贸易体系。他还认为，中国窃取美国技术机密，从而获取不正当比较优势，因此，应当利用关税等手段限制中国产品和投资进入美国市场。

莱特希泽在美国法律界和贸易界深耕多年，熟悉美国和国际贸易法律，凭借对贸易史的深入理解和丰富实践在特朗普团队中有着较高的话语权。许多具体的贸易政策出台都与他有直接的关系，因此，应对其动向保持高度关注。

2. 彼得・纳瓦罗（Peter Navarro）：贸易与制造业办公室主任（原国家贸易委员会主任）

纳瓦罗是特朗普团队中最强硬的鹰派人物之一，其强烈呼吁美国降低贸易赤字。他在汇率问题上持强硬立场，认为中国和德国均为汇率操纵国。他支持贸易保护主义，认为为了保护美国的制造业，应该设立高关税，反对美国加入《北美自由贸易协定》（NAFTA）和《跨太平洋伙伴关系协定》（TPP）。

一直以来，纳瓦罗在经济上抱有较为强烈的反华立场。在其2011年出版的《致命中国》一书中，纳瓦罗认为中国利用贸易补贴和汇率操纵，将产品倾销到美国，中国制造业的低成本来自于盗取美国的知识产权、对环境的破坏以及对劳动者缺乏必要的保护等。

纳瓦罗对中国的强硬立场迎合了特朗普的贸易保护主义思想，但他强硬的做派即使在特朗普团队内部也时常引发争议。纳瓦罗和财政部部长姆努钦在许多政策问题上存在明显分歧，一些分歧已经达到公开化的程度，这也使美国国内对纳瓦罗在特朗普团队中的作用产生怀疑。

3. 拉里·库德洛（Larry Kudlow）：白宫首席经济顾问

库德洛在对华态度上已由"鸽"转"鹰"，在 2016 年选举期间，他曾批评特朗普的贸易政策，而在 2018 年成为首席经济顾问后态度转"鹰"，尽管他支持自由贸易，但仍主张不应对华豁免钢铝关税，同时认为"301 调查"的核心是科技问题，不能让中国扼杀美国的未来。

同时，库德洛在公开讲话中指责中方存在不公平贸易行为，认为中方没有诚意回复美方谈判要求，他表示"他们（中国）是不公平交易者，是非法商人，盗取了我们的知识产权"，还暗示特朗普总统不会放弃关税手段，美国与中方的争端不仅仅在于贸易平衡，希望通过关税来降低对华巨额贸易逆差，并迫使中国改变其不公平贸易行为，这包括盗窃知识产权、非关税壁垒、普遍存在的非市场机制，以及大量政府补贴等。

4. 威尔伯·罗斯（Wilbur Ross）：商务部部长

罗斯在贸易上也持保守主义的观点，在接受 CNBC 的采访时，他认为商务部部长的首要任务是降低美国的贸易逆差，对实行不公平贸易政策的国家予以反击。但他也表示，自己并非反对全球贸易，他支持贸易，但只支持合理的贸易。

美国商务部在贸易决策体系中历来只是政策执行部门，但罗斯治下的商务部在内阁中话语权有所加强。正是在商务部的建议下，特朗普政府决定于 2018 年 3 月 23 日起对进口钢铁和铝产品分别加征 25%、10% 的关税，成为本次中美贸易摩擦的导火索。

（二）内政及外交领域核心官员主要观点：基本鹰派

1. 迈克·彭斯（Mike　Pence）：美国副总统

彭斯是当前美国内阁鹰派中的鹰派，他对华的批评不仅仅局限于中美贸易层面，还进一步上升到了意识形态问题，其批评前几届美国政府忽视了中国的行动甚至"助长"了中国的行动，并明确表示"这样的日子结束了"。

2018 年 11 月 13 日，在出席于新加坡举办的东盟峰会及接受外媒采访时，彭斯表示中国要彻底改变自身行为。他主张中国除对两国贸易逆差做出让步外，还必须在包括保护知识产权、禁止技术转移、取消限制进入中国市场、尊重国际规则及规范，以及保障在国际水域航行自由多项议题上做出实质性让步。

2. 迈克·蓬佩奥（Mike Pompeo）：国务卿

蓬佩奥作为内阁中的二号人物，同样是对华鹰派人物。在 2018 年 3 月接替蒂勒森成为国务卿之前，蓬佩奥曾多次在公开场合表示中国才是美国的真正威胁。与被解雇的蒂勒森相比，蓬佩奥在观点和风格上与特朗普更加相似。

蓬佩奥对华的批评态度不仅涵盖贸易领域，其同样将批评上升至军事和政治领域。在 2018 年年初接受 BBC 的公开采访时，蓬佩奥明确指出中国在对美国的渗透上远大于俄罗斯，并且"中国经常尝试盗取美国机构的商业机密""中长期看，中国有能力成为美国最大的对手，中国不断加强的军事实力旨在全球范围内抵抗美国"。蓬佩奥对华的鹰派态度导致前期多次中美外交会晤分歧不断，难以达成共识。

3. 史蒂芬·姆努钦（Steven Mnuchin）：财政部部长

姆努钦是特朗普政府高层中少数偏鸽派官员之一，强调贸易互惠，希望同中国在内的世界各国保持良好的贸易关系。姆努钦曾公开表示，目前和中国并非贸易战，而是贸易摩擦，美国采取措施的目的是为了让美国获得公平的贸易环境。

姆努钦在特朗普政府中扮演着重要的角色，他强调对话和磋商，希望能和各方在管控分歧的条件下，寻求美国利益的最大化。他是特朗普政府中的调和者，并努力推动中美会晤，每当特朗普做出令人惊讶的举措时，姆努钦就会站出来缓和局势，使事态不至于向着过度戏剧化的方向发展。

4. 帕特里克·沙纳汉（Patrick Shanahan）：代理国防部部长

马蒂斯的代理接任者沙纳汉并未继承前任国防部部长理性淡化中美紧张关系、强调通过对话解决纷争的主张。沙纳汉是美国军方对中国采取更强硬立场背后的推动力量之一，其参与了特朗普政府 2018 年版《国防战略报告》的编写，突出渲染中国、俄罗斯等"大国"对美国的挑战，并将这种挑战置于恐怖主义之前。其上任后曾公开表示，要将重点放在国防战略上，并将中国和俄罗斯视为战略竞争对手。

5. 马修·惠特克（Matthew Whitaker）：代理司法部部长

惠特克在对外问题上暂未表现明显倾向，但作为代理司法部部长，其曾公开批评穆勒领导的涉俄调查，并已明确表示将不会回避监督特别检察官穆勒对"通俄门"案件的调查。

惠特克干扰"通俄门"案件的调查手段主要包括拒绝配合穆勒提供相关资料，妨碍穆勒对关键部门人物进行调查咨询采访，指派司法部负责职业道德的官员对穆勒进行反向调查，削减穆勒的预算使其停止调查等。

6. 约翰·博尔顿（John Bolton）：国家安全事务助理

博尔顿在外交问题上是鹰派中的鹰派，其在奥巴马上任时期经常撰文批判奥巴马政府在外交上的"软弱"，批判伊朗核协议，恢复与古巴邦交以及在外交上对中国太过柔性。

第四节　美国政府及两党对华态度的转变

研究美国两党对华态度转变的重要文献为两党总统候选人每四年在竞选总统时对外发布的政纲，其综合反映了两党主流政治主张。

自1979年中美正式建交至今，中美关系可以2000年、2008年两个时间点为界划分为三个阶段：合作共赢阶段（1979—2000年）、竞争合作阶段（2001—2008年）、全面遏制阶段（2008年至今），两党对华态度从对华友好的共识到分歧，再到形成遏制中国的共识。其中，第一阶段又可以1989年为界划分为前半段和后半段。本节以三阶段划分进行分析。

从两党对华态度看，有以下特点：（1）国家利益高于党派利益和分歧，两党对华态度整体上取决于中美关系和世界格局的变化。当国家战略需要对华友好，如1979—2000年，两党可放下意识形态的冲突。（2）两党对华态度从对华友好的共识走向分化，即共和党对华强硬，民主党对华继续保持接触态度，再到2008年后两党重新达成遏制中国的共识。但总体而言，共和党对华更为强硬，民主党相对温和。（3）共和党关注实际利益，属于现实主义；民主党关注意识形态，强调人权等。

一、互利互惠的合作共赢阶段（1979—2000年）：中美关系在波折中前进，两党对华接触达成共识

20世纪80年代是中美关系的"蜜月"期，由于80年代美苏争霸继续，美国有动力与中国缓和关系，认为中国在遏制苏联扩张方面具有重要作用，民主党与共和党在中美合作发展方面达成共识。1979年1月1日，中美两国正式建交。邓小平访美签署了领事、贸易、科技和文化交流协议，两国政府签订了为期三年的《中美贸易关系协定》，相互给予最惠国关税待遇，中美贸易实现了正常化。

从两党态度来看，共和党相对保守，希望审慎地与中国在互相尊重、互惠基础上建立贸易合作，但对中国在哲学、政策、人权方面的主张并不认同，对中国民主改革的态度更为强硬。1980 年，共和党政纲中强调"我们将努力创造条件，促进中美关系和平。我们将对我们自己的重大利益采取适当的谨慎和审慎态度，特别是在扩大贸易领域，包括转让具有潜在进攻性军事用途的尖端技术。两国之间的关系必须建立在相互尊重和互惠的基础上，同时适当考虑到维护亚洲和平与稳定的必要性"。1992 年后，共和党更加重视中国开放自由市场，要求中国进行民主、自由化改革，并开始警惕美国激增的贸易逆差。此外，共和党人从1996 年开始关注美国贸易逆差，在政纲中提到："1995 年，我国的商品贸易逆差激增至 1750 亿美元，并有可能在 1996 年创下历史新高……仅在中国，赤字在过去三年半中翻了一倍多。"

民主党相对开放和包容，他们认为与中国建立正常的外交和经济关系是一项历史性的外交政策成果。1980 年民主党政纲中提出对中美关系未来发展的看法："民主党致力于扩大和深化与中国的关系，使我们的人民和世界的和平与安全受益。我们将继续寻求美国和中国可以合作的新领域，以支持共同利益。我们没有也不会玩'中国牌'或其他危险游戏；我们也不会允许我们与任何其他国家的关系阻碍我们继续推进与中国关系正常化的努力。"

尽管 20 世纪 80 年代末的政治风波给中美关系带来危机，两国双边贸易发展受到一定影响，但整体来看共和党、民主党均认为中国基于民主自由改革条件下的贸易开放将使双方受益，他们认为中国在向市场经济和国际贸易融合的过程中，将逐步走向西方的自由经济和民主政治。克林顿政府及当时美国主流的认知是：（1）中国加入 WTO 后，美国可获得广阔的中国市场，从而为美国公司和劳动者创造新的机会；（2）鼓励中国建立更为透明的法律制度并遵守法律规则；（3）美国实际上并不需要为此做出让步。美国决策者认为中国加入 WTO 后必须履行义务，因此中国将走向西方式的自由民主和市场经济道路。典型代表如弗朗西斯·福山就写了一篇流传甚广的文章，题为《历史的终结》。"西方自由主义可行的系统性替代品彻底告吹"，以及"历史如此终结：那是人类意识形态进化的终点，是西方自由的全球化成为人类政府的最终形式"。比如，2001 年 12 月，汤姆·迪莱（共和党前众议院议员）宣称："美国民主和资本主义的持续胜利有赖国际贸易的扩张，直至这一行动的好处惠及公民个人。"因此，两党对华态度与国家利益高度一致：对华全面接触，拉拢中国对抗苏联以及期待中国走向自由民主的西方模式。

在这一阶段，中美贸易额持续扩大，中国于 2000 年上升为美国第四大进口贸易伙伴，中美双边贸易额达到 1215 亿美元，中国对美贸易顺差达到 838 亿美元，首次超过日本成为美国贸易逆差第一大来源国。

二、竞争与合作并存的过渡阶段（2001—2008 年）：贸易合作领域更趋广泛但摩擦增多，两党对华定位分化

2001—2008 年，中美关系走向竞争与合作的时期，美国实施"接触"与"遏制"并存的战略，共和、民主两党对中国的定位出现分歧，分别表现出强硬与温和的姿态。2001 年"9·11 事件"发生后，美国政府谋求与中国的合作共同"反恐"。2001 年 12 月 11 日，中国正式加入 WTO，中美贸易关系纳入到 WTO 多边贸易体制框架之内。该阶段，小布什政府一方面以"接触"手段拉拢中国，允许中国入世初期在过渡期内逐步开放市场；另一方面要求中国履行入世承诺。两国贸易合作领域更趋广泛。2008 年，中美双边贸易额达到 4075 亿美元，美国对华贸易逆差达到 2680 亿美元，占美国全部货物贸易逆差的 32.2%。但是，伴随中国的崛起，中美贸易摩擦与日俱增，美国对华反倾销、反补贴案件明显增加，不断施压人民币汇率升值，并以此为契机推动中国金融业对

外开放。

共和党对华定位发生变化，对华态度为强硬与拉拢交织。共和党肯定了中美在反恐战争和促进朝鲜半岛稳定方面的合作，但认为中国是美国的战略竞争对手。共和党在 2000 年的政纲中指出："中国是美国的战略竞争对手，而非战略合作伙伴。我们将毫无恶意地与中国打交道，一个新的共和党政府将理解中国的重要性，但不会将中国置于其亚洲政策的中心。"但 2004 年的政纲提出："美国与中国的关系是我们促进亚太地区稳定、和平、繁荣战略的重要组成部分。"

民主党主张继续与中国接触，认为中美关系恶化会损害美国国家安全利益，更关注中国在履行入世承诺、汇率及市场准入方面的进展。如 2004 年民主党政纲中提到："执政后将立即调查中国滥用劳工权利问题以及操控人民币问题"并"打开一些重要出口市场的贸易壁垒，如中国的高科技产品市场"。2008 年民主党政纲提到："我们将鼓励中国担负起作为一个不断增长的大国的责任，帮助领导解决 21 世纪的共同问题。"

三、渐行渐近的战略遏制阶段（2008 年至今）：中美关系重新定义，美国两党对遏制中国重新达成共识

2008 年，美国经济遭受经济危机沉重打击，2008—2009 年经济均呈负增长，失业率居高不下，经济形势恶化、贫富分化导致反全球化、民粹主义和贸易保护主义抬头。与此同时，中国在 2010 年超越日本成为世界第二大经济体，如图 5-4 所示。中美贸易顺差不断扩大，美对华贸易逆差占美国全部货物贸易逆差的比重超过日本在 20 世纪 80 年代的比重，对美国经济霸主地位构成冲击。在此背景下，美国于 2010 年、2012 年先后提出"重返亚太""亚太再平衡"战略，主导建立《跨太平洋伙伴关系协定》（TPP）以孤立中国等，2012 年，

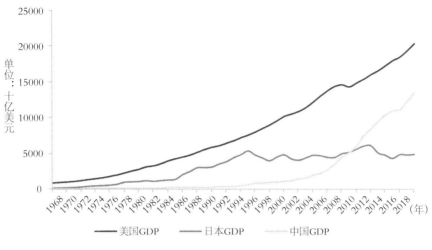

图 5-4　1968—2018 年中、美、日 GDP 规模

资料来源：Wind、恒大研究院。

南海问题冲突加剧，中国设立三沙市，2013 年中国提出"一带一路"倡议。2018 年美国《国防战略报告》首次将中国定位为"战略性竞争对手"。美国朝野及两党对华态度从分歧再次走向共识，即遏制中国。

　　伴随中国实力的提升，2008 年至今，共和党对中国态度更加强硬，尤其表现在中美贸易方面，对中国提出加强开放、提高法治及知识产权保护、取消补贴和废除进口限制等要求，同时指责中国通过操纵汇率获取不公平贸易收益，并在 2016 年上升到了意识形态方面。2008 年，共和党政纲提出："我们必须确保中国履行其 WTO 义务，特别是与保护知识产权、取消补贴和废除进口限制有关的义务。中国完全融入全球经济要求它采取灵活的货币汇率，允许资本自由流动。中国的经济增长带来了改善环境的责任，无论是为了自己的人民还是为了国际社会。"2012 年，其再次提出："中国通过操纵其货币，将美国产品排除在政府采购之外，补贴中国公司，从而促进经济。""如果中国不修改其货币政策，共和党将坚持与中国的贸易完全平等，并随时准备征收反补贴税，假冒商品将被积极地排除在国外，并鼓励受害的私营公司在美国法院和 WTO 提出索赔。对侵占美国技术和知识产权的外国公司采取惩罚措施。在中国遵守 WTO 政府采购协议之前，美国政府将停止采购中国的商品和服务。"到 2016 年，共和党对中国的态度更加负面，共和党政纲中大篇幅描述中国网络偷窃等问题，提出对华要更加强硬、将中国认定为汇率操纵国。根据 Pew Research Center 的调查，共和党相较民主党在对华经贸问题上表现出更大担忧；且整体上共和党对中国的负面评价高于民主党，尤其在 2011 年后共和党对中国的负面评价迅速攀升，2016 年负面评价在党内占比达到 63%，如图 5-5 和图 5-6 所示。

民主党经历了由温和向强硬转变的过程。奥巴马执政初期（2009—2012 年），民主党逐渐注意到贸易公平问题，但对中国态度仍然温和，

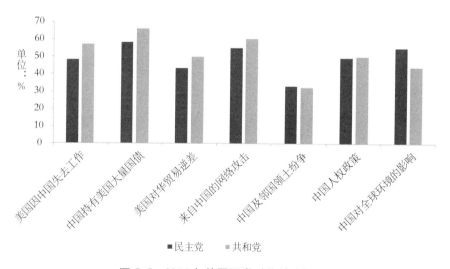

图 5-5　2016 年美国两党对华关注问题

资料来源：Richard Wike, Kat Devlin,"As Trade Tensions Rise, Fewer Americans See China Fa-vorably", 2018 年 8 月 28 日， 见 https://www.pewglobal.org/2018/08/28/as-trade-tensions-rise-fewer-americans-see-china-favorably/, 访问时间：2019 年 4 月 23 日。

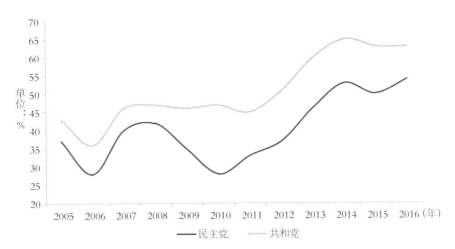

图 5–6　2005—2016 年美国两党对中国的负面评价在党内占比

资料来源：Richard Wike, Kat Devlin, "As Trade Tensions Rise, Fewer Americans See China Favorably"，2018 年 8 月 28 日，见 https://www.pewglobal.org/2018/08/28/as-trade-tensions-rise-fewer-americans-see-china-favorably/，访问时间：2019 年 4 月 23 日。

更希望与中国在全球问题上有效合作。但是到奥巴马执政后期，民主党对中国的态度逐渐发生了变化，除去此前关注中国民主问题外，他们提出追究中国汇率操纵、不公平贸易行为的责任，并强硬表示将对中国不公平贸易做法采取措施。2008 年民主党政纲中写道："我们将鼓励中国担负作为一个不断增长的大国的责任，帮助领导解决 21 世纪的共同问题。"然而到 2012 年，政纲对中国态度已开始微妙转变，"总统已向中国政府明确表示，需要采取措施升值其货币，以便美国在公平的环境中竞争。总统致力于继续打击不利于美国生产者和工人的不公平贸易行为，包括非法补贴以及滥用环境标准"。但其同时也提到，将继续寻求同中国合作的机会。然而在 2016 年民主党政纲中，其对华态度已整体偏鹰派，指出："中国扭曲的竞争环境使美国工人和企业处于不利地位。当他们进入我们的市场倾销廉价产品，补贴国有企业，贬值货币，并歧视美国公司时，我们的中产阶层付出了代价，这必须停止"，"敦促中国遵守规则。我们将在不公平贸易做法、汇率操纵、盗版和网络攻击方面

站出来与北京作斗争"。整体上自中美关系正常化以来，历届美国总统
对华贸易政策如表 5-2 所示。

表 5-2　中美关系正常化以来，美国历届总统对华贸易政策

美国历届总统	对华态度及贸易政策
理查德·尼克松 （1969—1974 年）	促进美中两国外交关系正常化，缓和对华贸易管制政策，签订《中美上海联合公报》，美中直接贸易关系开始确立
杰拉尔德·福特 （1974—1977 年）	继续推进美中关系向前发展，努力实现两国关系正常化，后期受中国台湾问题和国内反对派势力的影响摇摆不定
吉米·卡特 （1977—1981 年）	将美中关系正常化作为主要目标，并最终推动美中正式建交
罗纳德·里根 （1981—1989 年）	新保守主义，务实态度主导对华政策，签订了纺织品贸易协定、海运协定以及关于卫星发射的备忘录，促进美中贸易关系发展
乔治·H．W．布什 （1989—1993 年）	贸易保护主义，对中国采取全面制裁措施，转向限制、制裁，甚至报复
比尔·克林顿 （1993—2001 年）	上台初期，提出以促进贸易为名、行贸易保护主义之实的"公平贸易"对华政策，呈现出强烈的意识形态色彩，双边贸易关系迅速恶化。1994 年后，对华态度逐渐缓和，"全面接触政策"贯彻实施，坚持同中国保持正常贸易关系
乔治·W．布什 （2001—2009 年）	"接触"与"遏制"并存，"9·11 事件"之后，开始以"接触"为主要手段拉拢中国，积极支持中国加入 WTO，并在中国入世初期允许中国在过渡期内逐步开放国内市场。对华贸易政策重心发生了转移，将对中国的要求从敦促中国遵守贸易规则转变为监督中国履行入世承诺，并要求中国进一步扩大市场
贝拉克·奥巴马 （2009—2017 年）	初期非常重视美中贸易关系，其贸易政策和意识形态都具有自由贸易和实用主义兼容的特点，以"稳健、理性和务实"为主。全球金融危机的爆发迫使奥巴马政府在对华贸易方面采取进一步的保护主义措施
唐纳德·特朗普 （2017 年至今）	美国优先，对华强硬，扭转对华贸易逆差，挑起贸易摩擦，遏制中国崛起

资料来源：恒大研究院。

第五节　美国对华态度转变背后的关切点

莱特希泽、纳瓦罗、班农的讲话材料，美国贸易代表办公室的文件以及《特朗普自传》等大量一手材料表明，美国国内对中美贸易问题的关注由来已久。莱特希泽 2010 年的国会证词和纳瓦罗 2011 年出版的《致命中国》都表达了对中美贸易现状的不满（作者注：下文引用的相关观点和数据均来自美方文件，不代表本书观点）。美方的主要关切有：

（1）美国对华贸易逆差过大，认为这冲击美国国内就业和金融稳定。

（2）美方认为中国未能履行加入 WTO 时的承诺，长期侵犯美国企业知识产权。

（3）美方认为中国实施多项产业政策对美国经济产生了致命影响。例如对部分战略性行业的政府补贴、部分资源品（稀土）的出口限制等扭曲国际贸易环境。

（4）中国并没有按照美国设想的那样走向西方式的民主道路。随着中国经济及高科技产业的不断发展，美方认为中国对美国已经构成威胁，因此必须加以遏制。

一、美国认为对华贸易逆差巨大，冲击美国就业和制造业

美国贸易谈判代表莱特希泽于 2010 年向国会作证时曾表示，美国与中国建立永久性正常贸易关系（PNTR）时最主要的原因之一是认为与中国正常的贸易关系将会使中国市场向美国开放，从而增大美国商品和服务的市场，为美国创造更多就业机会。然而，随着中美贸易顺差的不断增长，美国逐渐认为，中美贸易没能带来互惠关系，而是中国单方面受益，美国的利益受到了损害。

美国认为中国加入 WTO 后，美国对华的贸易赤字不断增长。美国相关行业的就业数量大幅减少，中部地区形成了制造业衰落、失业率上升、地方财政崩溃的"锈带"，美国社会产生失落感。

从就业的角度看，美国认为美对华贸易赤字导致其制造业受到了严重的冲击，就业大幅下滑，如图 5-7 所示。美国经济政策研究所（Economic Policy Institute）的数据显示，2001 年至 2015 年，美国对中国的贸易赤字导致美国失去了 340 万份工作，其中 75% 属于制造业。电脑和其他电子产品制造受到的冲击最为明显，2001 年至 2015 年，美国共失去了 123.8 万份相关产业的工作，遍及美国西部、中西部和北部的多个州。

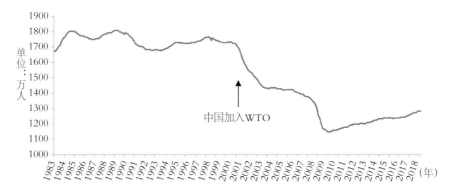

图 5-7　1983—2018 年美国制造业就业人数

资料来源：Wind、恒大研究院。

同时，美国认为由于中国的劳动力成本相对较低，因此美国在与中国等发展中国家竞争时，不得不降低劳动者的薪资水平，使得美国劳动者的福利受到损害。据美国估计，上述问题的影响范围大约达到 1 亿名生产工人——大约占私营部门劳动力的 70%。[1]

---

　　[1]　Robert E. Scott, Zane Mokhiber, "The China Toll Deepens", Washington: Economic Policy Institute, 2018.

　　白宫贸易与制造业办公室主任纳瓦罗在失业问题上观点更为激进。纳瓦罗认为中美贸易使美国的制造业工作大量流失，削弱美国的国家竞争力。他认为，之所以会形成这种局面，是因为中国采取了出口补贴、汇率操纵、侵犯知识产权、降低劳动者必要的生产保护等一系列违反公平贸易等 WTO 贸易规则的行为，这对美国的制造业造成了非常严重的损害。

　　从金融的角度看，美国认为贸易赤字是导致 2008 年金融危机的重要原因之一。由于美国对华的巨额贸易赤字使中国的外汇储备大幅增加，中国购买美国国债使其价格上涨，从而导致美国国债收益率低于应有水平。长期利率降低使得美国家庭消费水平提升，并拉大了储蓄和投资之间的差距。而且，因为外国储蓄主要通过政府（或央行）流向国债等安全资产，私人投资者为了寻求高回报便转向别处。这刺激了金融工程师开发新的金融产品，比如抵押债务，从而增加了整个金融体系的风险水平。

　　因此，美国在 2018 年 5 月 3—4 日谈判的要价清单中，将削减贸易逆差作为首要谈判目标，希望中方在两年内降低贸易逆差 2000 亿美元。

二、美国指责中国侵犯美国企业知识产权

（一）美国认为中国通过不正当方式获取美国公司的技术转让

　　美国认为，中国加入 WTO 之后，未能履行在知识产权保护和执法方面的承诺。目前在相关领域的一些做法导致美国企业的技术被强制转让给中国，伤害了美国企业的知识产权。

　　（1）美国认为中国政府通过外资持股比例限制，包括正式或非正式的合资要求，以及其他形式的外资投资限制，迫使美国企业向中国进行技术转让。

（2）美国认为中国政府利用其审批程序迫使美国企业对中国企业进行技术转让。美国企业抱怨来华拓展业务需要经历多项审批程序，而其中部分规则赋予执行部门自由裁量权，使他们可以通过控制审批达到强迫美国企业进行技术转让的目的。

美国政府表示，除企业的成立申请之外，中国的部分其他程序如安全评估、环境评估、节能评估等，也会损害美国企业知识产权利益。例如环境评估中要求美国企业公布预计成本和收入、预计产量和产品设备信息、能源消耗等信息，披露它们可能导致商业秘密泄露。

（二）美国认为中国的其他侵犯知识产权的行为

包括恶意商标注册、网络盗版、仿冒品、窃取商业机密。

（三）美国认为中国对知识产权法律的执法不力

莱特希泽曾表示，在与中国的贸易接触中，美国和中国就知识产权保护达成过一些协议。他认为中国对保护知识产权相关协议和法律的执行存在很大问题，导致对知识产权的侵犯问题没能得到遏制。

三、美国认为中国实施大量产业政策，侵犯美国相关领域的利益

（一）"中国制造2025"

美国政府表示中国在多个领域实施产业政策，对中国企业提供政府引导、资源和监管支持，限制国外制造商和外国服务供应商的市场准入。其中最引人关注的是中国政府提出的"中国制造2025"计划。

"虽然'中国制造2025'表面上只是为了通过更先进和灵活的制造技术来提高工业生产力，但它象征着中国对'自主创新'采取不断发展和日渐成熟的做法，这一点在许多配套和相关的产业规划中得到了体现。他们一致且压倒一切的目标是，通过一切可能的手段，在中国市场上用中国的技术、产品和服务取代外国的技术、产品和服务，以便为中国公司主导国际市场做好准备。"

美国表示，中国采取多种违反 WTO 贸易规则的手段支持"中国制造 2025"的相关行业，包括：（1）国有企业和国有银行对相关的国内技术研发、海外并购的大力支持和快速推进。（2）中国成立大量相关产业基金支持相关行业的发展，例如国家新兴产业创业投资引导基金、先进制造产业投资基金、"中国制造 2025"战略合作协议等。（3）中国政府通过在资金和政策方面的支持，帮助部分与政府有密切联系的民营企业发展相关产业。

美国认为，"中国制造 2025"是中国在高科技领域超越美国的一个十分具体而大胆的行动计划，对美国的核心优势形成了重大挑战，因而对此非常顾虑和忌惮。美国 2018 年 4 月 4 日公布的对华加征关税的目录主要针对"中国制造 2025"领域，如图 5–8 所示。

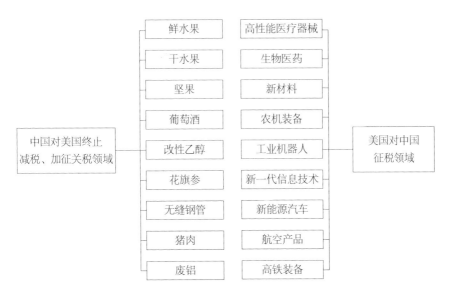

图 5–8　2018 年 4 月中国和美国加征关税涉及的相关领域

资料来源：恒大研究院。

（二）出口补贴与出口限制

美国认为，中国对一些出口商品实施补贴，使大量商品以较低的价格进入美国，其中部分补贴被 WTO 禁止，这些补贴对美国的制造业造成了伤害，使得美国制造业的工作被转移到中国。2017 年 4 月，中国向 WTO 提交首份地方政府补贴通报。但美国向 WTO 提出质疑，指责中国提交的地方政府补贴通报不完整，遗漏如钢铁、铝和渔业等地方补贴内容。

（三）过剩产能

美国表示，中国的国有经济主导模式导致近年来中国多个行业均出现了明显的产能过剩情况。

四、贸易问题是中国系统性问题的一部分

（一）中国的贸易政策体系与美国的设想差异巨大

中国在加入 WTO 时，美国曾认为将中国纳入由美国主导的世界贸易体系将使得中国变得日益西方化。但美国逐渐意识到，中国并没有按照美国设想的那样走向西方式的市场经济和民主道路，反而沿着自己的道路越走越远，这与美国的设想差异巨大。美国始终不承认中国市场经济地位，认为中国是国家主导经济，要求中国改变现有体制的呼声从未停止。美国认为，中美贸易之间的摩擦并不仅仅是经济上的原因，而是有着深层次的体制性和文化层面的原因。

莱特希泽在分析这一问题时表示，中国的历史环境与政治传统与美国大不相同，中国的管理，尤其在地方层面，一直是以政府为主体。政府和行政机构享有极高的权威，而个人和社会不具有知悉政府决策并质疑这些决策的权利。因此，让中国在这种体制下与美国主导的 WTO 的规则体系完全对接，势必困难重重。本质上讲，认为中国加入 WTO 之后会遵守所有规定其实是将中国想象成了另一个加拿大，而这是非常错误的。

莱特希泽认为，中国在多年的发展中，形成了一套独特的模式，这套模式可以被称为"国家资本主义"，并进一步演化成为贸易上的重

商主义。例如，在汽车、化工、建筑、电子信息、设备制造、钢铁、有色金属等领域，特殊的大型国有企业拥有大量现金，也可以轻易从国有银行获得借款，来执行海外并购及"走向全球"的政府指令。

（二）美国认为中国崛起对美国构成威胁，美国必须加以遏制

美国越来越倾向于认为，中国的崛起是对美国世界霸权地位的挑战，必须加以遏制。2017 年 12 月 17 日，美国前首席战略顾问班农在日本的演讲中清晰地传达了特朗普政府的理念以及对中国的态度。他表示，近年来全球民粹主义的兴起发生在一个独特的全球阶段，就是中国的崛起。英国脱欧和特朗普当选都是这个背景下的产物。美国的精英们长期错误地期望中国会成为自由市场经济，而今看到的却是儒家重商主义模式。

班农认为，过去十年，中国出口过剩使得英国中部和美国中西部的工业地区被掏空。美国的劳动阶层和底层人民的生活在过去几十年出现倒退。

班农表示，特朗普政府的中心目标是重振美国，其中的重要策略是对中国的汇率操纵、贸易不公平加以反制。因此美国实施"301 调查"，就是研究中国政府是如何强制要求以技术换市场，美国应当如何纠正这一行为；运用 232 条款，在钢铁和其他可能领域限制中国公司进入美国市场。

第六章
中美历次贸易摩擦及贸易失衡的根源[*]

改革开放 40 年来，时代变迁，沧海桑田，中美经贸关系风起云涌，经历了从破冰到合作再到遏制、从贸易自由化到贸易保护主义的历史巨变。美国多次对华主动挑起贸易摩擦，发起知识产权争端、市场准入争端、反倾销反补贴调查，利用中国市场经济地位问题牵制中国，对华出口管制，指责人民币汇率被低估，中国化压力为动力，走向更加开放。

当前，民粹主义、贸易保护主义、重商主义沉渣泛起，事关两国乃至全球人民福祉。中美贸易摩擦的直接原因是中美巨额贸易顺差，特朗普政府试图通过升级贸易摩擦、加征关税的方式打开中国市场、减少中国出口、"让美国再强大"，但造成中美贸易失衡的七大深层次原因具有长期性和根本性。不改变根本原因，即使单方面减少对华贸易逆差，美国的对外贸易逆差仍会持续，只不过逆差从中国转移至印度或越南等。就像 20 世纪 80 年代美日贸易战，虽然美国对日贸易逆差减少，但美国贸易失衡问题却没有解决，而是转移到了中国和德国。

从全球历次贸易战看，英荷、英德、美欧、美日之间均存在长期的贸易失衡问题，中美贸易失衡并非特有现象。从历史看，贸易战不仅

---

[*] 本章作者：任泽平、罗志恒、赵宁。

154

未能解决问题，如果管理不当，反而存在升级到金融战、经济战、地缘战、军事战的风险。我们要深刻认识到当前中美贸易摩擦不同于以往，具有长期性和严峻性。对此，我方最好的应对是以更大决心更大勇气推动新一轮改革开放，坚定不移。让我们点亮烛光，以更加开放开明的态度造福两国人民，造福全球。

本章回顾中美历次贸易摩擦的背景、原因及应对措施，分析中美贸易摩擦背后贸易失衡的根源，探寻根本解决之道。

第一节　中美历次贸易摩擦回顾与总结

一、中美历次贸易摩擦回顾

中美历次贸易摩擦主要是美国主动挑起，如图 6–1 所示，集中在五个方面：

（1）美国利用国内法单边对华发动贸易制裁，主要有"201 条款""301 条款""特殊 301 条款""232 条款"及"337 条款"，主要涉及知识产权、市场准入、清洁能源补贴等问题，受美国单边制裁的国家可以向 WTO 提起申诉和磋商；

（2）2003 年以来就汇率问题施压人民币升值，威胁将中国认定为汇率操纵国，目的在于打开中国金融市场；

（3）对中国实施严格的高科技出口管制；

（4）通过 WTO 的三大救济措施，对华发起反倾销、反补贴和特别保障措施的调查，主要涉及纺织服装、钢铁、玩具和汽车等领域；

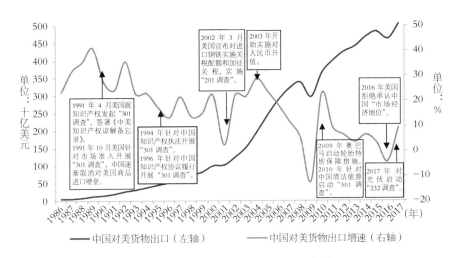

图 6–1　中美历史上部分大型贸易摩擦

资料来源：Wind，恒大研究院。

（5）反复利用中国入世协议中"非市场经济地位"和"特别保障"问题牵制中国。

其中，"201 条款"是指根据美国《1974 年贸易法》201—204 节，美国国际贸易委员会有权对进口产品是否冲击到国内产业做出裁定。"301 条款"是指根据美国《1974 年贸易法》第 301 条以及《1988 年综合贸易与竞争法》第 301 条，美国贸易代表可对他国的"不合理或不公正贸易做法"发起调查，并可在调查结束后，建议美国总统实施单边制裁，包括撤销贸易优惠、征收报复性关税等，其中，"301 条款"包含"一般 301 条款"、"超级 301 条款"和"特殊 301 条款"，"特殊 301 条款"主要应用在知识产权领域。"232 条款"是指根据《1962 年贸易扩展法》针对特定产品进口是否威胁美国国家安全进行调查的条款，美国商务部立案 270 天内向总统提交报告，总统在 90 天内做出是否对相关产品进口采取最终措施的决定。"337 条款"是指美国国际贸易委员会有权对货物进口过程中可能存在的不公平行为进行调查，如果调查成立，对相关产品采取措施，以减轻对美国相关产业的损害。

（一）以知识产权问题为核心的"301 调查"、"337 调查"、"201 调查"和"232 调查"

知识产权行业是美国的优势行业，相较于货物贸易巨大逆差，知识产权贸易是其外贸盈余的主要来源，直接影响美国的经济利益，所以美国对知识产权的保护尤其重视。2017 年美国知识产权出口 1284 亿美元（对华 88 亿美元，占比仅 6.9%），进口 513 亿美元，顺差 771 亿美元，其中对华知识产权顺差为 78 亿美元，占比 10.1%。中国改革开放初期知识产权法律体系不健全，执法力度不足，导致中美知识产权领域贸易摩擦不断。

美国对华知识产权纷争主要动用两个条款，即"特殊 301 条款"和"337 条款"。"特殊 301 条款"和"337 条款"的区别如表 6–1 所示。

表 6–1 "特殊 301 条款"和"337 条款"区别

	"特殊 301 条款"	"337 条款"
实施主体	美国贸易代表办公室（USTR）	美国国际贸易委员会（USITC）
作用对象	保护进入其他国家市场的美国产品。以美国市场和经济制裁为武器，迫使其他国家接受美国知识产权标准，并以此标准保护进入其他国家市场的美国产品	阻止进入美国市场的其他国家产品。其他国家产品进入美国市场采用不公平竞争的方法和行为，对美国国内产业造成摧毁或者实质性损害
启动方式	USTR 主动发起调查或者利害关系人发起诉讼提起调查	主要是美国或外国受害人申诉而启动
制裁形式	终止双边贸易互惠条件，施加进口限制及征收关税	颁布一般进口排除令、限制性进口排除令或者禁止令

资料来源：美国国会，"TRADE ACT IF 1974"，http://legcounsel. house. gov/Comps/93-618. pdf; USITC，"About Section 337"，https://www. usitc. gov/intellectual property/ about section 337. htm，访问时间：2019 年 6 月 23 日；恒大研究院。

1. 首次交锋：1988 年 11 月，中美就《中美科技合作协定》知识产权附件进行谈判。

1988 年 11 月，双方进行第一轮谈判，中美对于国民待遇原则和最低保护原则标准不同导致谈判破裂。中国认为知识产权标准应该从各国经济发展水平的实际出发，不能将别国标准强加于人。美方代表认为关税与贸易总协定的知识产权协议规定了缔约成员国知识产权保护的最低标准，中国申请"复关"，应当要满足最低标准。

1989 年 1 月，双方进行第二轮谈判，由于美方要价超出中国所能接受的极限，谈判以失败告终。美国贸易助理约瑟夫·梅西指责中方没有版权法，对计算机软件、药品、化学物质产品的专利保护不力。中方认为知识产权的立法需要一个过程。1989 年 5 月，美国根据"特殊 301 条款"，将中国纳入"重点观察国家名单"。

1991 年 3 月，双方进行第三轮谈判，双方同意将科技合作中产生的知识产权，按照双方贡献大小在协议中做出安排。但尚未解决"对等条款"的分歧，中方不同意"对等条款"，而希望通过在国内采取行政措施保护产权，美方拒绝接受。

1991 年 4 月，双方在华盛顿进行第四轮谈判，中国对"对等条款"方案进行部分修改。双方于 5 月签订《中美科技合作协定》，为中美第一次贸易争端画下句号。

2. 1990 年，美国再次将中国纳入"重点观察国家名单"，1991 年 4 月针对中国知识产权立法问题开展"特殊 301 调查"。

1991 年 6 月至 11 月，中美双方进行四轮谈判均未能达成协议。12 月 3 日，美国公布价值 15 亿美元的预备性报复清单，拟针对中国出口到美国的成衣、运动鞋、玩具和电子产品等征收高达 100% 的惩罚性关税，并以 1992 年 1 月 16 日为谈判截止日。1991 年 12 月 3 日，中国公布 12 亿美元报复清单。[①]

1992 年 1 月，中美两国政府在《与贸易有关的知识产权协定（TRIPS）草案》的基础上，签订了《中美知识产权谅解备忘录》，双方承诺在境内外采取有效措施防止对知识产权的侵犯，中国政府承诺修改《专利法》，将专利保护范围扩大到化学药品，并将专利保护期延长为 20 年等，同时承诺加入《伯尔尼公约》。

3. 1991 年 10 月，美国针对其商品进入中国市场的不公平壁垒问题，开展"一般 301 调查"。

1992 年 8 月，美国贸易代表办公室公布对中国惩罚性关税报复的商品清单，涉及鞋类、丝绸服装、工业设备和电子产品等，总价值约 39 亿美元。

---

① 卢锋：《中美新一轮经贸博弈前景推测》，2018 年 4 月 8 日，见 http://dy.163.com/v2/article/detail/DESC7DNB0519DDOA.html。

1992 年 10 月，最后一轮市场准入谈判中，中美达成协议签署《中美关于市场准入的谅解备忘录》。中国承诺自 1992 年年底至 1997 年年底，逐渐取消对美国商品的进口壁垒。

1999 年中美双方达成关于中国加入世界贸易组织的协议，对具体产品明确关税税率和管理措施，对主要的服务行业规定开放市场的条件和过渡期。

4. 1994 年 6 月，美国针对中国知识产权的执法问题，将中国列为"特殊 301 调查"的唯一"重点观察国家"。

第一回合：1994 年 6 月至 12 月，中美共进行七轮磋商，谈判均以破裂告终。1994 年年末，美国针对中国开出价值 28 亿美元的贸易制裁清单，涉及电子、玩具、塑料等，制裁一旦生效，将对上述商品征收高达 100%的惩罚性关税。[①]中国政府迅速反击，对美国游戏卡、录音带等进口产品加征 100%关税，暂停美国音像产品进口、暂停受理美国公司在华设立投资公司申请等。

第二回合：1995 年 1 月 18 日，双方进行磋商谈判，就专利、商标、产权问题进行探讨，2 月 4 日谈判以破裂告终。2 月 4 日，美国宣布对我国电子、家具、自行车等出口产品加征价值 10.8 亿美元关税。同日，中国立即公布对美反报复措施，提高进口产品关税，暂停影视产品进口等。

磋商：在宣布制裁的同一天，美国贸易代表办公室致函时任中国对外贸易经济合作部部长吴仪，建议 2 月 13 日在华盛顿恢复磋商，吴仪复函要求在北京磋商。此后美国能源部部长率团访华。1995 年 2 月 23 日至 26 日中美磋商达成《中美知识产权磋商协定》，并以《有效保护及

---

① 杨丽媪：《中美知识产权交锋：谁主沉浮》，2006 年 6 月 6 日，见 http://info.ceo.hc360.com/2006/06/06100125309.shtml。

实施知识产权的行动计划》作为附件。中国同意进一步加强对侵权行为的打击力度，从1995年3月起的六个月内集中打击侵权活动；中方确认我国司法制度对知识产权权利人提供足够的保护；允许美国企业开办合资的音像生产和复制企业；建立音像制品的进口无限额和许可证制度，中国可以对内容施行标准公开的非歧视性检查制度。

5. 1996年4月，针对知识产权协议的履行问题，中国被列为"301调查"的唯一"重点观察国家"。

尽管在上一轮知识产权纷争中达成初步磋商协议，但争端并未解决。1996年4月，美国认为中国政府未能认真执行协议，宣布重启调查。5月15日美国宣布对中国纺织品、电子产品等征收约30亿美元的惩罚性关税，并对中国纺织品实行临时进口限制措施。同日，中国政府提出对美国出口的农牧产品、植物油、车辆、通信设备等加征100%关税，暂停进口美国音像制品，暂停受理和审批美国在华设立商业旅游贸易企业申请等反制措施。虽然中方涉及金额不足20亿美元，但反制措施击中了美方要进入中国文化市场的要害。

经过多轮谈判，1996年6月17日中美达成第三个知识产权协议，内容主要围绕侵权治理、加强执法、采取边境措施和市场准入等方面，并于1999年3月正式签署《中美知识产权协议》。这意味着中美知识产权的重大谈判和争端至此告一段落。由于争端涉及意识形态和宣传领域，中方拒绝了美国在华发行和出版音像文化产品。伴随着中美知识产权领域的贸易摩擦，中国知识产权的保护不断向前推进。

6. 2010年，针对清洁能源补贴，美国对中国发动"一般301调查"。

2010年10月15日，美国贸易代表办公室针对清洁能源补贴问题，对中国开展"一般301调查"。调查涵盖中国风能、太阳能、高效电池和新能源汽车行业的154家企业，并决定最晚不超过90天将通过WTO对中国政府提出磋商要求。11月15日，中国政府、中国机电产品进出口商会等分别向美国贸易代表办公室提交评论意见，驳斥不实指控。

2010 年 12 月 22 日，美方宣布调查结果，认为中国《风力发电设备产业化专项资金管理暂行办法》涉嫌违反 WTO《补贴与反补贴措施协议》规定，并向 WTO 提出磋商请求，在 WTO 争端解决机制调解下双方达成协议，中国同意修改《风力发电设备产业化专项资金管理暂行办法》中涉及禁止性补贴的内容。

7. "337 调查"日益频繁。

20 世纪 90 年代初期到中期，美国主要动用"特殊 301 条款"对中国加以贸易制裁，随着中美贸易不断发展，尤其是中国加入 WTO 后，中国知识产权保护日益完善并与国际接轨，知识产权摩擦形式也发生变化，美国越来越多地动用时效迅速、制裁效果明显、申诉门槛低的"337 调查"向中国相关产品和企业施压，如图 6-2 所示。通过颁布一般进口排除令、限制性进口排除令或者禁止令，限制、阻止中

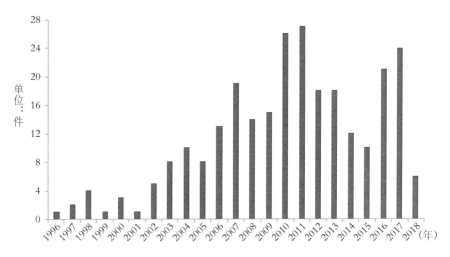

图 6-2　1996—2018 年美国根据"337 条款"对华调查立案数量

资料来源：中国贸易救济信息网，见 http://www.cacs.mofcom.gov.cn/cacscms/view/notice/ssqdc#，访问时间：2019 年 6 月 27 日；恒大研究院。

国产品进入美国市场。

对华企业"337 调查"涉及领域较多，主要涉及 12 个行业，其中电子行业占比高达 49%，轻工、机械、医药行业占比分别为 22%、16% 和 5%，其他行业占比相对较小。根据美国科文顿·柏灵律师事务所发布的《2017 年度中国企业应诉美国 337 调查综述》，2017 年共有 73 家企业被起诉至美国国际贸易委员会，32 家企业选择应诉，应诉企业占比较前两年提升，但胜诉率仅在 20% 左右。

8. "201 调查"和"232 调查"因具有强烈的单边性，被国际社会强烈谴责，美使用较少。

"201 调查"从创立起就是单边主义的产物，成为美国产业保护的"利器"。在 WTO 制定《保障措施协定》后，美国仍沿用国内法进行"201 调查"，这种冲突一直被 WTO 成员诟病。2002 年 3 月 20 日，美国宣布对损害美国钢铁业的钢材等实施为期三年的关税配额限制和征收 8%—30% 的关税。中方对从美国进口的废纸、豆油、压缩机三项产品实行报复性惩罚关税，总额计 9400 万美元。WTO 专家小组于 2003 年初步裁定美国单方面采取保护主义措施违反了世界贸易组织的有关规则，责令其立即停止。

时隔 15 年，2017 年 4 月美国国际贸易委员会对进口光伏产品发起"201 调查"，并于 9 月裁定进口光伏产品对美国国内产业造成了严重损害。根据这一结果，2018 年 1 月起美国对进口光伏电池和组件征收特别关税，其中主要针对中国光伏产品。2019 年 6 月，美国减免了部分光伏产品的关税，但对中国光伏产品的限制仍未解除。

自 1980 年以来，美国商务部只开展过 14 项"232 调查"，且最终采取限制措施的非常少，主要是因为该措施针对产品而非国别调查，具有全球性，影响范围非常广。如此罕见使用的调查在近年也被特朗普政府使用，2017 年 4 月 20 日，特朗普政府对所有国家（地区）的进口钢铝启动"232调查",2018年3月8日,特朗普签署公告,对进口钢材征收25%的关税,对进口铝征收10%的关税。

（二）以人民币汇率为工具施压中国开放金融市场

2003年以来,人民币汇率问题逐渐成为美国国会关注的重点,这源于中美贸易失衡加剧。美国长期指责中国压低人民币汇率,令出口产品获得不正当的竞争优势。历史上美国对日本发起过汇率金融战,在中国重施故伎。

1. 2003年起,美国传统行业部门推动关注人民币汇率,积极敦促人民币升值。

美国贸易逆差背景下,大量传统行业工人失业,制造业等传统行业利益集团希望通过人民币升值挽救本土行业。由美国制造业协会等80多个贸易协会组成的"健全美元联盟"要求美国政府向中国施压,并要求人民币大幅升值。2003年9月,舒默等7位参议员向国会提出"舒默议案",认为人民币被低估15%—40%,若中国在6个月内不调整人民币汇率,则对自中国进口的商品加征27.5%的关税。

2004年1月,由美国制造业、农业和劳工团体等约40个团体组成的"公平货币联盟"向美国贸易代表办公室提出发起"301调查",认为中国操纵汇率,导致人民币被低估40%。2005年2月,由50多个美国企业、农业和劳工团体组成的"中国货币联盟",要求布什政府督促人民币升值。上述货币联盟均代表传统贸易和劳工团体的利益集团,选区利益是议员关注并反复推进人民币汇率问题的最直接原因。

为缓解国会压力,布什政府不得不加大对华施压力度,2005年5月17日美国财政部在人民币汇率问题的报告中严词谴责中国汇率政策,虽未提及制裁最后期限,但认为中国拒绝人民币升值扭曲了世界贸易,伤害了美国经济。中国政府随即强硬回应不会因为国际压力改变中国的汇率政策。中美两国汇率冲突升级,人民币自2005年7月开始汇率改革，改变锚定美元的固定汇率制度，开启升值之路。

2.金融业集团全面主导，诉求从人民币升值转向中国金融市场开放。

2005 年 7 月至 2006 年 7 月，人民币快速升值。7 月，参议院财政委员会压倒多数通过了《格拉斯利－鲍卡斯法案》，要求更温和地处理人民币汇率问题。为解决分歧，自 2006 年 12 月开始，中美共进行五轮战略经济对话，如表 6-2 所示。第一轮在北京举行，中国同意放宽美国农产品、牛肉、木材进口条件，并提出加强知识产权保护的 14 条措施；自第二轮开始，讨论议题由人民币汇率问题变为中美金融合作和中国向美国开放金融服务领域；在第四轮对话中美方提出尽快承认中国市场经济地位。人民币汇率问题变为美国金融业集团要求中国开放资本市场的工具。

表 6-2　2006—2008 年中美五轮战略经济对话涉及金融领域的主要成果

轮次	时间	地点	成果
第一轮	2006 年 12 月 14—15 日	北京	汇率问题是此次会谈的核心议题之一，美国财政部部长保尔森非常明晰地向中国表达希望进一步提高人民币汇率灵活性的愿望；启动双边投资对话，开展探索性讨论以考虑双边投资协定的可能性
第二轮	2007 年 5 月 22—23 日	华盛顿	在金融服务业领域，中国将逐步扩大符合条件的合资证券公司的业务范围，把合格境外机构投资者（QFII）的投资总额度提高至 300 亿美元（原为 100 亿美元）；允许外资法人银行发行人民币银行卡。美方确认中资银行在美开设分行的任何申请都将根据国民待遇原则进行审批；并承诺与中国开展金融监管人员的交流
第三轮	2007 年 12 月 12—13 日	北京	双方在金融服务业开放问题上取得突破，中方允许符合条件的外商投资公司包括银行发行人民币计价的股票，允许符合条件的上市公司发行人民币计价的公司债券

续表

轮次	时间	地点	成果
第四轮	2008 年 6 月 17—18 日	安纳波利斯	中方在 2008 年 12 月 31 日之前，完成对外资参股中国证券、期货和基金管理公司的评估，并根据评估结果提出有关调整外资参股中国证券市场的政策建议；中方同意开展试点，允许非存款类外国金融机构向试点地区零售消费者提供消费金融服务，同意境外保险机构、政府和货币管理当局、共同基金、养老基金、慈善基金和捐赠基金等 QFII，以及 QFII 发起设立的开放式中国基金的投资本金锁定期降低为 3 个月；允许符合条件的境外公司通过发行股票或存托凭证形式在中国证券交易所上市；同时允许符合条件的外资法人银行发行人民币次级债券
第五轮	2008 年 12 月 4—5 日	北京	中方允许在华外资法人银行基于同中资银行相同的待遇，为其客户或自身在银行间市场交易债券。尽管中国对外资银行实行短期外债余额指标管理，但在特殊情况下允许符合条件的外资银行临时性通过海外关联机构担保或贷款方式增加其流动性。美国重申欢迎外来投资，包括对其金融部门和通过中国外汇储备和主权财富基金所做的以商业为导向的投资

资料来源：《中美首轮战略与经济对话》，见 http://business.sohu.com/s2009/zmdh6/；《中美第二轮战略与经济对话》，见 http://business.sohu.com/s2010/zhongmeijingjidui-hua2010/；《盘点历次中美战略经济对话成果》，见 http://news.cctv.com/finan-cial/20081203/109175.shtml；《第四轮中美战略与经济对话》，见 http://finance.sina.com.cn/focus/zmjjdh_2012/；《第五次中美战略经济对话在五个领域达成系列成果》，见 http://www.gov.cn/gzdt/2008-12/05/content_1169312.htm，访问时间：2019 年 6 月 27 日；恒大研究院。

3. 金融危机后人民币汇率问题重新升温。

2009 年 5 月，众议员瑞安和墨菲提交《为公平贸易改革货币法法案》，同时参议员斯塔比诺、邦宁提交《2009 为公平贸易改革货币法法案》。6 月，舒默和格拉汉姆提交《汇率监管改革法案 2009》。2010 年 3 月，奥巴马要求人民币改革向市场机制过渡，又意图把中国归类为"汇率操纵国"。2011 年部分议员提出《货币汇率监督改革法案》，此法案以国内立法的形式，赋权美国裁定其主要贸易国汇率水平是否合理，并可运用增加关税、限制进口等措施惩罚其认定为"汇率操纵"的国家。对此中国商务部表示强烈反对，认为此举违背 WTO 贸易规则，干扰中美贸易关系。2016 年 4月，中国被列入"汇率操纵国重点观察名单"，至 2019 年 5 月，美国财政部半年度《汇率政策评估报告》中中国虽未被列入"汇率操纵国"，但仍处于"观察名单"中。

在人民币升值过程中，除受金融危机影响中国对美顺差回落外，中美之间贸易失衡持续扩大，如图 6-3 所示。可见人民币汇率升值并没有改善中美贸易失衡情况，而应从美国低储蓄高消费的模式、对华高科技出口限制、美元国际储备货币地位等方面解决问题。仅靠汇率而不解决深层次问题无法扭转中美贸易顺差的格局。

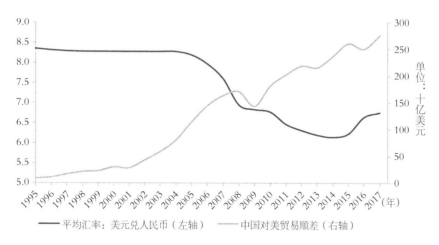

图 6-3　1995—2017 年人民币汇率及中美贸易顺差变化情况

资料来源：Wind、恒大研究院。

（三）出口管制

出口管制源于第二次世界大战期间，美国出于国防利益需要禁止或削减军事设备出口的行为，后成为冷战时期遏制苏联的政策组成部分，冷战结束后美国虽放松出口管制，但是仍把出口管制作为其推行对外政策目标的工具。

美国《出口管制条例》出于国家安全、对外政策和短缺控制的需要，将除加拿大之外的所有国家分为七个组，从严到宽依次为：Z（全面禁运）、S（除医疗药品、农产品食品外全面禁运）、Y（禁止军事设备出口）、W（同 Y，但管制范围更松）、Q（同 W，管制更少）、V（不存在管制，组内国家有差别待遇）和 T（同 V，但对刑侦和军用设备实施许可证管理）。1979 年中美正式建交，中国被划入专门的"P组"，原则上可获得美国的军民用技术和产品，但要经过严格审核。1983 年，里根政府将中国提升为"友好的非盟国"，将中国划入同西方国家、中立国、印度和埃及等发展中国家同组的"V组"，强调"向中国出售技术和产品应同向其他友好国家出售一样自然"。同年发表"对华指导原则"并修改《出口管制条例》，但"V组"内部不同国家有差别待遇，中国享受的技术转让仍然受限。1985 年至 1989 年 6 月，美国先后六次放松对中国技术转让的限制，是其联合中国对抗苏联的战略和减少国际收支逆差的经济利益需要，也是中国对外开放极力争取的结果。

但是，受东欧剧变、苏联解体、中国 20 世纪 80 年代末政治风波的影响，美国把对华技术管制作为制裁中国的主要手段，暂停两国几项军事技术转让合同，禁止治安类技术和产品出口，终止长征火箭发射修斯卫星的合同等至少 300 项对华出口的许可。

由于长期对华实行严格管制政策，美国在高技术领域的比较优势没有在中美双边贸易中体现。

（四）通过 WTO 向中国发起贸易争端，2001 年后美国对华反倾销总体增加

2001 年 12 月，中国正式成为 WTO 第 143 个成员方，WTO 的贸易争端解决机制（DSM）成为中美贸易争端的重要解决机制。WTO 的三大救济措施为反倾销、反补贴及特别保障措施，因此两国在知识产权、反倾销和国内产业政策领域的冲突多次诉诸 DSM 解决，2001 年后美国对华反倾销总体增加，如图 6-4 所示。但是通过 DSM 解决中美贸易摩擦存在诸多问题：程序持续时间长、效率低，无法掌握非关税壁垒的有关信息导致中美双方不合作概率提高，DSM 调查取证力度不足可能导致误判等。

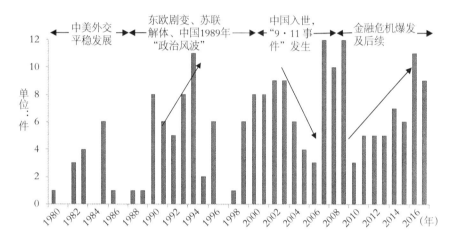

图 6-4　20 世纪 80 年代以来美国对华反倾销调查立案数量

资料来源：中国贸易救济信息网案件数据库，见 http://www.cacs.mofcom.gov.cn/cacscms/view/statistics/ckajtj，访问时间：2019 年 6 月 27 日；恒大研究院。

根据中国贸易救济信息网案件数据库，自 2001 年中国入世至 2017 年已中止调查的反倾销案件共 27 件。其中，3 件申诉方撤诉或者延期立案，4 件是因为国际贸易委员会认为不构成损害未提交商务部终裁，3 件由美国商务部做出认定中国企业未构成倾销终裁，10 件由中国商务部做出认定中国企业倾销终裁，6 件由美国国际贸易委员会否决商务部做出的认定中国倾销终裁，1 件由中国向 WTO 上诉，WTO 认定美国反倾销违规。

（五）美国在中国入世时设置牵制条件：市场经济地位、特定产品过渡性保障机制

中国入世经历了长达 15 年的艰苦谈判，主要是与美国谈判，美方最终支持中国加入 WTO 是有条件的。这体现在《中国入世议定书》中的第 15 条、第 16 条规定，它涉及中国的市场经济地位问题和特定产品过渡性保障机制。这成为美国及其盟国牵制中国的工具，也被称作咬住中国的"两颗毒牙"。

1. 中国的市场经济地位问题。

2001 年中国加入 WTO 时所缔约的条款并未承认中国的市场经济地位，但约定其他缔约国 15 年后不能再借口中国不具备"市场经济地位"而以替代国产品价格为参照来对中国进行"反倾销"，但这也不意味着我国到期就能够自动取得市场经济地位。2016 年年底，美国宣布不承认中国市场经济地位。在中国不被承认市场经济地位期间，中国企业必须举证自身处于公平的交易环境中，才能在反倾销的过程中不被适用替代国。否则，反倾销的国家尽可能选择成本高于中国的替代国，导致中国企业在反倾销诉讼中处于十分不利地位。发起诉讼的进口国通常有利可图，进一步刺激美对华发动反倾销立案调查。实际上，根据世界银行数据，中国内地营商环境在 190 个国家和地区中排名第 46 位，高于第

图 6-5　2019 年世界各国家和地区营商环境便利度分数对比

资料来源：世界银行：《2019 营商环境便利度分数》，见 http://chinese.doingbusiness.org/zh/data/exploreeconomies/china。

77 位的印度，如图 6-5 所示，但印度却被承认为市场经济国家，美国牵制中国的意图明显。

以 2003 年美国对华彩电反倾销案为例。2003 年 5 月 2 日，美国五河电子公司、国际电子业工人兄弟会、美国国际电子产品会等向美国国际贸易委员会、美国商务部提起对包括长虹在内的 10 多家中国彩电企业和马来西亚企业的反倾销申诉。

2003 年 5 月 7 日、23 日，美国国际贸易委员会和商务部对此申诉进行立案，做出肯定性初步裁决，并表示有迹象表明中国和马来西亚的彩电对美国产业造成实质性伤害。长虹、康佳等中国企业被列为强制性应诉人，应诉人就市场导向产业、替代国、替代国价值等向美国商务部提供信息和看法，但遭美国商务部否定，最终以中国非市场经济地位为由，选取生产成本更高的印度为替代国计算我国彩电生产成本，并于 11 月裁定对中国电视机企业征收反倾销税。2004 年 5 月 21 日，美国商务部签署反倾销征税令，总价值 16 亿美元，造成中国彩电业大量产能闲置。

2. 特定产品过渡性保障机制。

《中国入世议定书》第 16 条规定了"特定产品过渡性保障机制"，在中国加入 WTO 后 12 年内，如果中国产品出口至 WTO 成员时，造成进口国"市场扰乱"，WTO 成员可请求与中国进行磋商寻求双方满意的解决办法。对中国的不利影响在于一旦 WTO 成员认定自中国进口产品对国内生产者造成恶劣影响时，即可采取措施限制来自中国的进口，并且采取临时性保障措施，甚至可以不经中国同意。

以 2009 年中美轮胎特保案为例，它是美国针对中国最大规模特保案，涉及金额达 17 亿美元、企业 20 多家。金融危机背景下，贸易保护主义抬头，美国意图转嫁金融危机，中国制造成为主要靶子。特保案起诉方是美国钢铁工人联合会，它是奥巴马政府的铁杆支持者，而失业率攀升使奥巴马政府压力巨大。奥巴马政府于 2009 年 9 月 12 日决定对从中国进口的所有小轿车和轻型卡车轮胎实施为期三年的惩罚性关税，第一年加征 35%，第二年加征 30%，第三年加征 25%。中国商务部次日反击，对美国部分进口汽车和肉鸡产品启动反倾销和反补贴立案审查程序，并向 WTO 提出申诉，要求仲裁。

2010 年 12 月，WTO 宣布美国对从中国进口的轮胎采取的过渡性特别保障措施并未违反 WTO 规则。

二、中美历次贸易摩擦总结

（一）中美贸易摩擦服从于世界政治经济局势、社会意识形态演化以及中美关系

贸易摩擦不仅是经济实力的较量，也是全方位综合实力较量。与以往贸易摩擦不同的是：当前中国经济总量与美国之比、美对华逆差占美国逆差总额比重均超过历史上任何一个国家，包括 20 世纪 80 年代的日本，这引发美国警觉与恐慌，美国曾经打压欧洲和日本的行动一定会运用到中国；随着中国制造从中低端走向中高端，中美贸易从互补走向竞争；美国决策层和社会的思想基础发生变化，不同于 20 世纪 80 年代因遏制苏联的对华友好及 90 年代希望打开中国巨大市场的对华整体温和，美国部分政客认为美国制造业的衰落由中国造成，认为中国不再可能走上西方的自由民主式政治与市场经济，是对其制度和霸权的挑战；美国贫富差距拉大、制造业衰落等国内矛盾需要出口。

（二）历次贸易摩擦均由美国主动挑起，总体上中国化压力为动力，走向更加开放

美国挑起贸易摩擦，利用其霸权地位维护其政治经济地位和迫使对方开放市场是惯用方式。在知识产权争端、市场准入争端等方面，中

国最终都顶住压力，未拿核心利益进行交换。在压力面前，中国选择按照自身发展需要，稳步推进改革，加强知识产权保护的立法和执法，改革人民币汇率制度，改善营商环境等。

面对当前中美贸易摩擦，中国应顶住压力，维护核心利益，资本项下的开放要循序渐进，决不能重蹈日本覆辙。更重要的是中国应在外部争取战略机遇期，在内部勤练内功，推动供给侧结构性改革，防范化解重大风险，推动国企、社会保障、财政等基础性革，发展基础科技等大国重器。

（三）美国对华贸易摩擦多发于经济、金融危机和政治选举期间

反倾销、反补贴调查、特保案多发生在中期选举和总统选举期间。互联网泡沫破灭及 2018 年金融危机后，贸易摩擦明显频繁。

中美贸易摩擦虽伴随双方相互反击但最终多以磋商和签署协议告终，美国更多的是以施压作为谈判的筹码，争取更大的主动权，最大化满足本国需求。

第二节　中美贸易失衡的根源与对策

一、中美贸易失衡的基本情况

中国对美贸易总体为顺差，但主要体现在货物贸易，在服务贸易方面则是逆差，尤其在教育、旅游、金融保险等领域，如图 6–6 所示。据美方统计，2018 年美国对华贸易逆差为 3808 亿美元，占美国逆差总额的 60.9%。其中，美国对华货物贸易逆差为 4195 亿美元，占美国货物贸易逆差的 48%，超过后九个经济体之和（45.9%）；2018 年美国对华服务贸易顺差为 387 亿美元，占美国服务贸易顺差的 15.5%，排名第一位。

中国的贸易统计数与美国存在明显差异，如图 6–7 所示。据中方

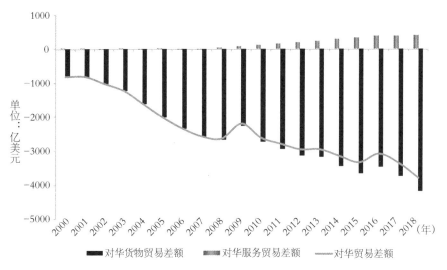

图 6-6　2000—2018 年美对华货物贸易逆差、服务贸易顺差

资料来源：Wind、恒大研究院。

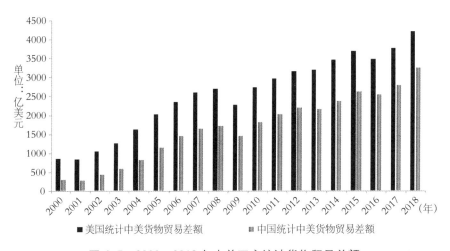

图 6-7　2000—2018 年中美双方统计货物贸易差额

资料来源：Wind、美国经济分析局、恒大研究院。

统计，2018 年中国对美货物贸易顺差为 3244 亿美元，占中国货物贸易顺差的 92.5%，与美方统计值相差近 1000 亿美元。统计差异的主要原因在于：一是美国笼统地将中国香港转口贸易部分计入中国内地，但实际上其中还包括其他经济体的转口贸易；二是美国对出口金额按离岸价格计算，进口金额按到岸价格计算，从而将装卸、运输和保险等费用计入美国对华贸易逆差；三是统计范围差异，美国使用通用的贸易体系以国界为界，包括存储在保税仓库和自由贸易区域范围的一般贸易体系，中国实行特殊的贸易体制，以中国关境为界，只计入进入中国海关的商品，在保税仓库的货物未统计在内。根据中国和美国统计工作组测算，美国官方统计的对华贸易逆差每年都被高估了20%左右。

从结构看，中国主要对美出口机电、音像设备（包括家电、手机等）、纺织服装、家具灯具、玩具、鞋帽等，中国从美国主要进口中间产品和零部件，以大豆、飞机、汽车、光学及医疗仪器为主。中国货物贸易顺差较大的行业主要是机电、音像设备（包括家电、手机等）、杂项制品（包括家具、玩具、运动用品等）、纺织鞋帽，逆差较大的行业主要是矿产品、包括大豆等农产品在内的植物产品、汽车飞机及运输设备等，如表6-3所示。

表6-3　2018年中美贸易差额在各行业中的体现

（单位：亿美元）

中国对美贸易差额部分行业分布	贸易差额
机电、音像设备及其零件、附件	1841.59
杂项制品	556.61
纺织原料及纺织制品	439.22
贱金属及其制品	190.45
鞋帽伞等；已加工的羽毛及其制品；人造花；人发制品	165.05
塑料及其制品；橡胶及其制品	137.41
矿物材料制品；陶瓷品；玻璃及制品	72.98
皮革、毛皮及制品；箱包；肠线制品	61.53
食品；饮料、酒及醋；烟草及制品	20.53
木及木制品；木炭；软木；编结品	12.04
特殊交易品及未分类商品	10.28

中国对美贸易差额部分行业分布	贸易差额
化学工业及其相关工业的产品	2.47
武器、弹药及其零件、附件	0.96
艺术品、收藏品及古物	0.44
动、植物油、脂、蜡；精制食用油脂	−0.18
活动物；动物产品	−1.92
木浆等；废纸；纸、纸板及其制品	−2.31
珠宝、贵金属及制品；仿首饰；硬币	−12.83
光学、医疗等仪器；钟表；乐器	−16.89
车辆、航空器、船舶及运输设备	−62.26
植物产品	−79.64
矿产品	−102.85

资料来源：Wind、恒大研究院。

二、中美贸易失衡的根源：加征关税解决不了

中美贸易摩擦的直接原因是中美巨额贸易顺差，特朗普政府试图通过施加关税的方式打开中国市场、减少中国出口，但造成中美贸易失衡的深层次原因具有长期性和根本性，加征关税解决不了：中美经济结构和全球价值链分工地位差异、美元国际储备货币地位、美元嚣张的特权、美国低储蓄高消费、限制对华高科技出口、美国大量跨国企业在中国投资等。

（一）全球价值链分工：出口顺差在中国，附加值在美国

出口减进口的传统核算方式并不能反映全球价值链时代下的贸易失衡与价值分配问题。根据大卫·李嘉图等人提出的传统贸易理论，全球贸易是基于各国的比较优势各国仅生产具备比较优势的最终产品。但是随着信息通信技术和运输的进步，产品的生产过程已经被切割为不同生产环节，而这些环节一般被跨境外包到能最有效完成的地点进行，全

球价值链由此而生。

　　中国在全球分工中发挥劳动力的比较优势，加工贸易占中国出口比重较大，如图 6-8 所示，中国从拉丁美洲、中东地区、澳大利亚等大量进口资源，从美、日、韩、德等国大量进口中间品，在国内进行组装和加工，然后出口至欧美，实际的增加值仅是加工组装的部分，但是传统的出口核算方法以出厂售价计算，中美贸易顺差被严重高估。中国科学院根据全球价值链（GVC）的测算方法计算，发现中美贸易顺差只是传统方式核算值的 48%—56%。①

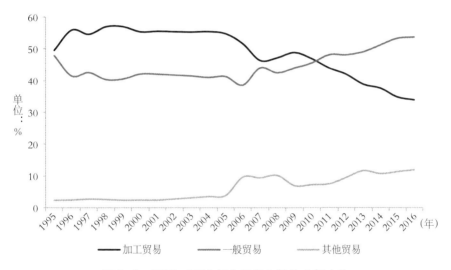

图 6-8　1995—2016 年中国出口结构金额占比

资料来源：Wind、恒大研究院。

　　由此，美国进口从日、韩转移至中国，日、韩等国对美国的贸易顺差呈下降态势，中国对美国顺差连年攀升，中美的贸易顺差包括了其他国家对美国的顺差。美对华货物贸易逆差占美逆差总额的比重从

――――――――――

　　① 中国科学院数学与系统科学研究院全球价值链课题组：《中美贸易顺差 / 美中贸易逆差的实质》，2018 年 3 月。

1990 年的 9.4％升至 2018 年的 48％，同期美对日本、韩国、中国香港和中国台湾货物贸易逆差合计占比从 53.3％降至 7.8％。

　　由于在全球价值链中的地位不同，导致中美货物贸易顺差、服务贸易逆差的格局，但美国却得到了大部分利益。中国得到就业、税收和经济增长，企业和劳动力获得微弱的利润和收入，但环境破坏、资源浪费的问题由中国承担。中国在链条中承担附加值较低的加工、组装部分，前端的研发设计、核心零部件的生产与后端的销售服务却在国外，大量利润流向在华的跨国企业，如图 6–9 所示。但是，在出口核算时却将全部出厂价值计入中国出口，中国贸易顺差被严重高估。

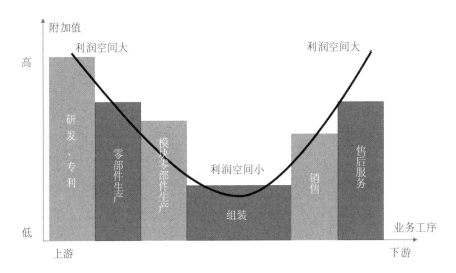

图 6–9　制造业附加值分布曲线

资料来源：Wind、恒大研究院。

　　以 iPhone 手机为例，苹果公司在整个过程中获得的价值远超任何制造领域参与者所获得的价值，而中国获得的附加值最低。2010 年，时任亚洲开发银行研究所（ADBI）研究员邢予青和尼尔·德特尔特（Neal Detert）测算，从增值角度看，由于日本和德国是 iPhone 手机零部件的核心供应商，美国的贸易赤字也可以分解为美国对日本和德国等国的贸易赤字，美国对中国在 iPhone 手机上的贸易赤字就从 19 亿美元减少到 7300 万美元。①

2007 年 7 月，美国加州大学的三位学者格雷格·林登（Greg Linden）、肯尼斯·克拉默（Kenneth L. Kraemer）和杰森·戴德里克（Jason Dedrick）发表论文指出，第三代 30 GB iPod 零售价 299 美元，出厂成本为 144.4 美元，约 155 美元的价差价值中有 75 美元分配给了零售和分销，80 美元则作为苹果公司利润。从相关各方获得的附加值看，成本中最大的一块是硬盘驱动器，由日本东芝提供，预计出厂价 73.39 美元，占 iPod 所有零部件成本的 51%，日本从中得到的价值约为 20 美元；第二大部分是显示器，预计出厂价 20.39 美元，占 iPod 所有零部件成本的 14%，提供商是日本东芝、松下公司，日本从中获得 5.85 美元的价值；第三大重要零部件是美国博通和 PortalPlayer 制造的微芯片，美国

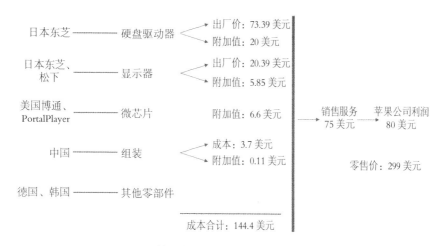

图 6-10 第三代 30 GB iPod 生产销售价值链

资料来源：Jason Dedrick, et al., "Who Profits from Innovation in Global Value Chains? A Study of the iPod and Notebook PCs", 2008 Industry Studies Conference Paper；恒大研究院。

---

① Xing Yuqing, Neal Detert, "How the iPhone Widens the UnitedStates Trade Deficit with the People's Republic of China", *ADBI Working Paper Series*, No. 257（2010）.

从中获得 6.6 美元的价值；此外，还有德国和韩国提供的零部件；中国负责 iPod 的组装，几乎处于工厂生产过程的最低端，组装成本仅为 3.7 美元，不到 iPod 出厂总成本的 3%，中国从中获得的价值仅有 0.11 美元，如图 6-10 所示。综上，美国对华贸易逆差大量来自电子产品，但实际上包括日、韩、德对其的顺差，由于中国出口终端产品，顺差体现在中国；但中国获得的附加值却最低，美国跨国公司获得的利润最大。

（二）特里芬难题：美元作为国际储备货币，美国必须保持贸易逆差对外输出美元提供国际清偿能力，通过资本市场回收美元

20 世纪 50 年代，美国经济学家罗伯特·特里芬指出，如果没有别的储备货币来补充或取代美元，以美元为中心的体系必将崩溃，因为在这一体系中，美元同时承担了相互矛盾的双重职能，即：(1) 为世界经济增长和国际贸易发展提供清偿能力；(2) 维持美元的币值，保持美元同黄金的汇兑比例。为了满足各国对美元储备的需要，美国只能通过对外负债形式提供美元，即国际收支持续逆差，而长期的国际收支逆差将导致国际清偿力过剩、美元贬值（"美元灾"），无法维系对黄金的官价。如果要保证美元币值稳定，美国就必须保持国际收支顺差，这又将导致美元供应不足、国际清偿手段匮乏（"美元荒"），这就是特里芬难题。

第二次世界大战后确立了以美元为中心的布雷顿森林体系，即美元与黄金挂钩，各国货币与美元挂钩。此时，美国经常账户失衡具有自我纠正机制，即逆差导致美元发行收缩，降低国内总需求和物价，增加出口减少进口。

1971 年布雷顿森林体系崩溃后，美元与黄金脱钩，形成了"其他国家向美国提供资源和商品，美国对外提供美元，其他国家通过购买美债和美股让美元回流美国"模式，美国不必担心这种模式导致黄金外流，但必然导致贸易逆差且持续扩大。只有逆差才能不断输出美元，提供国际清偿能力。同时，美元要维持国际储备货币职责，要维持相对强势地位，难以持续贬值，不利于出口。当贸易逆差大到一定程度时，美国政府又通过他国货币升值、美元贬值改变局面，如 20 世纪 80 年代迫使日元升值，中国加入 WTO 后不断指责人民币被低估，将中国等国列入"汇率操纵国"重点观察名单等。"强美元"还是"弱美元"始终是两难。

（三）美元嚣张的特权，导致了美国无节制地印美元、发美债来获取其他国家的商品和资源，导致贸易项下巨额逆差和资本金融项下巨额顺差

美元的超级特权相当于向世界各国征收铸币税，以维持其霸权体系。

对此，巴里·埃肯格林在《嚣张的特权：美元的兴衰和货币的未来》一书中做了精辟的论述：

对于美元的国际货币地位，一个更具争议的好处就是其他国家为获取美元而为美国提供的实际资源。美国铸印局"生产"一张百元美钞的成本只不过区区几美分，但其他国家为获得一张百元美钞则必须提供价值相当于 100 美元的实实在在的商品和服务。美国印制美元与外国人获得美元的成本差异即是所谓的"铸币税"，其源于中世纪的领主或封建主，他们铸造货币，并从铸造的货币中拿走一部分贵金属，据为己有。在美国之外，大约有 5000 亿美元的美国货币在流通。为此，外国人必须要为美国提供价值 5000 亿美元的实际商品和服务。

更为重要的是，外国公司和银行所持有的并不仅仅是美国的货币，而且还有美国的票据和债券。这些票据和债券一方面可以为其在国际交易中提供便利，另一方面又可以让它们获得利息收入。外国央行持有近 5 万亿美元的美国财政部和准政府机构发行的债券如房利美和房地美的债券。不论是外国公司还是银行，它们所持的数额都在逐年增加。

由于外国银行和公司都很重视美元证券的便利性，所以它们愿意为此支付更多的成本，它们并不要求有多高的利率。这一影响是非常大的：美国为其外债所需支付的利率要比其国外投资回报率低二个至三个百分点。如此一来，美国即可保持如此差额的对外赤字。它可以年复一年地让进口多于出口，让消费多于生产，而对其他国家的债务却不会增加一丝一毫。或者，它也可以利用这一差额来投资国外公司，而原因就在于美元独一无二的世界货币地位。

对外国人来说，这是一个长久的伤痛。他们认为，在这个非对称的金融体系中，是他们在维持美国的生活水平，是他们在资助美国的跨国公司。在 20 世纪 60 年代一系列的总统招待会中，查尔斯·戴高乐（Charles de Gaulle）使得该问题成为全球关注的焦点。而戴高乐执政期间的财政部部长瓦勒里·季斯卡·德斯坦（Valéry Giscard d'Estaing）则将该金融体系称为美国的"超级特权"。

这些高调的言辞丝毫没有改变现存的体系。如同政治，在国际金融中，"在位"是一种优势。由于其他国家在交易中都大量使用美元，所以任何单一国家都不可能与这一货币断绝联系，即便是批评美国享有"超级特权"的法国也不例外。

但今天，在发生了 80 年来最严重的金融危机——从美国开始并蔓延至其他国家——之后，批评美国享有"超级特权"的声音再次在世界范围内响起。在此次危机爆发之前，美国的经常项目赤字已经占到了其 GDP 的近 6%。要不要让美国保持如此高的赤字成为各国质问的重点。而新兴市场则抱怨由于经济扩张和央行所持美元储备的增加，它们不得不为美国对外赤字提供低成本融资，不管它们愿意与否。基于低成本的国外融资，美国得以保持低利率，美国家庭可以过入不敷出的生活，发展中国家的家庭最终为美国的富裕家庭提供资助。在现行体系下，面对不断扩张的国际交易总量，其他国家为获取所需美元而向美国提供大量低成本融资，而这最终导致了危机的爆发。美国玩火，但在该体系的反常结构下，其他国家却不得不为它提供燃料。

　　如果说这还不足够不公平的话，那么还有一个事实：在这次危机中，美国的国际金融地位进一步加强。2007 年，美元在外汇市场持续走弱，贬值约 8%。但由于美国的债务是以本国货币为单位进行结算的，所以对它们的美元价值并没有任何影响。相反地，美国的国外投资，不管是债券投资还是工厂投资，都因为美元的走弱而升值。若转换为美元，它们抵消掉的利息和股息会更多。

　　美元的贬值使得美国的对外头寸增加了近 4500 亿美元。这在很大程度上抵消了美国外债的增长额度，美国有 6600 亿美元的经常项目赤字。此外，这基本上也可以确保美国对其他国家的债务稳定，尽管美国人的消费超出产出 6%。然后，在 2008 年，亦即此次 80 年来最严重的金融危机的剧痛期，联邦政府能够以较低的利率借得数额庞大的款项，因为在外国人看来，在大动荡时期，美元是最安全的货币。再后来，在 2010 年春，亦即金融泡沫破裂时，投资者蜂拥进入流动性最好的市场，纷纷购买美国国债，使得美国政府借款的成本进一步降低，而除此之外，美国家庭的抵押贷款利率也随之降低。这就是"超级特权"的全部意义所在。

　　但现在，由于金融管理失当而导致的此次危机以及世界各国对国际货币体系运营的日益不满，已经让美元独一无二的地位受到质疑。批评人士抱怨说，美国政府已不再是一个值得信赖的国际货币管理者。对于私营部门导致的这次"金融危机之母"，它视而不见。它背负着巨额预算赤字和异常庞大的债务。外国人对万能的美元已经失去了信心。他们正一步步远离这个用于贸易报价和结算、商品计价、国际金融交易的货币单位。美元面临失去"超级特权"的危险，取而代之的将会是欧元、人民币或由国际货币基金组织（IMF）发行的记账单位——特别提款权（SDR）。

　　美国在经济和金融管理方面的严重失当将会导致其他国家逃离美元。而从最近的系列事件来看，严重的管理失当还是有可能会发生的。

未来，美国或许会遭遇美元崩溃，但这完全是由美国人自己造成的，与中国人无关。美国大部分时间均处于货币超发状态，如图 6-11 所示。

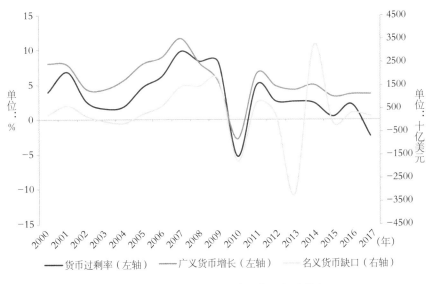

图 6-11　2000—2017 年美国货币超发指标

资料来源：Wind、恒大研究院。

（四）美国低储蓄高消费必然导致巨额贸易逆差，背后原因则是高福利体制、低利率环境、美元霸权地位

根据国民经济恒等式 $Y=C+I+G+NX$，$Y-C-G=S=I+NX$，储蓄 S 下降（或消费过高），净出口 NX 也将下降。储蓄率越低，意味着消费率高和投资率低，国内投资和生产难以满足消费需要，需大量进口，贸易赤字成为常态，如图 6-12 所示。

美国的低储蓄与高福利制度、长期低利率环境刺激居民过度消费等有关。美国财政赤字越来越大，总需求不断扩大，进口扩大导致贸易赤字。2017 年美国政府在医疗、教育和居民收入保障方面的财政支出占总支出的比重分别为 23.8%、14.8% 和 23.1%，合计 61.7%。2018 年中国在医疗、教育和社会保障方面的财政支出占总支出的比重分别为

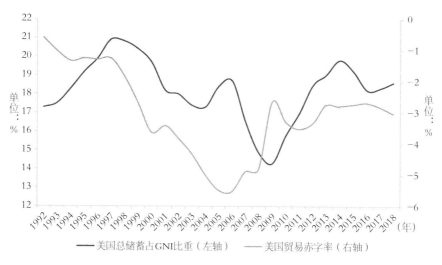

图 6-12　1992—2018 年美国储蓄率与贸易赤字率

资料来源：Wind、恒大研究院。

7.1%、14.6% 和 12.3%，合计 34%。

（五）中美劳动力成本和经济结构差异必然导致贸易顺差

2018 年中国人均 GDP 为 9769 美元，美国为 5.95 万美元，对应的劳动力成本的巨大差异，必然决定了中国在中低端制造业有比较优势，美国在高端制造业和先进服务业有比较优势。

长期以来中国生产部门占比高，消费部门占比低，尤其低于全球平均水平，从而导致生产超过国内消费需要而转向出口。美国的产业结构决定生产难以满足国内需求，需大量进口。

（六）美国限制对华高科技产品出口，该领域占对华贸易逆差超三成

美国对中国之外的经济体在高科技领域为顺差，但由于长期限制对华高科技产品出口，导致对华高科技产品大幅贸易逆差。

按照美方统计，2018 年美国高科技产品对华贸易逆差 1346 亿美元，占商品贸易逆差的 32%，占美国高科技产品全部贸易逆差的 104%，如

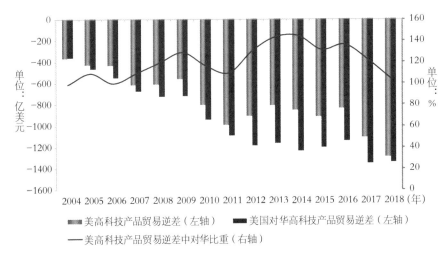

图 6-13　2004—2018 年美国对华高科技产品贸易逆差

资料来源：Wind、恒大研究院。

图 6-13 所示。美国如果放开高科技产品出口限制，实现该领域的贸易平衡，即可减少逆差超三成。

分行业看，美国对华高科技产品贸易中，航天、柔性制造、电子有较少的顺差，分别为 171 亿、24 亿和 18 亿美元；其他高科技领域如生物技术、光电、信息及通信基本为贸易逆差，对华出口量极少。其中，信息及通信为美高科技产品对华主要逆差的来源，贸易逆差为1531 亿美元，美国进口量较大，与主要信息及通信产品在中国制造有关（如苹果手机）。

（七）外资企业贡献中国货物贸易顺差的 59%，美资企业是重要受益者

随着国际分工的广泛进行，美国的跨国公司开展全球性供应链布局，加大对华直接投资力度，使用中国的廉价劳动力和其他资源降低生产成本，如图 6-14 所示。跨国企业在经营过程中形成的出口额成为我国对美顺差的重要原因，跨国企业获得大量利润。中国商务部发布的

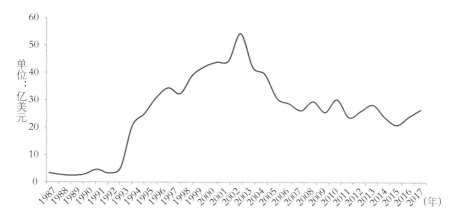

图 6-14　1987—2017 年美国对华直接投资额

资料来源：Wind、恒大研究院。

《关于中美经贸关系的研究报告》显示，据中方统计，2017 年，中国货物贸易顺差的 59% 来自外资企业，61% 来自加工贸易。

三、中美贸易失衡的解决之道

解决中美贸易失衡问题需要双方共同努力而不能只指责一方，更不能要求中方单方面进行不对称调整而美方不作为。

（一）从美方角度，应正视贸易逆差产生的深层次根本性原因，从根本上解决问题

1. 客观看待全球价值链分工的现实，美国不能既享受利益，又指责"顺差在中国"。

对美国而言，中国向美国出口低成本的工业品，为美国居民提供廉价商品，抑制了美国的通货膨胀。从全球价值链看，经济利益的分配也集中在美国。仅仅因核算方法的问题，而将巨额逆差归为中国的责任是不合适的。美国特朗普政府应认识到贸易逆差是中美的经济结构和比较优势决定的。

2. 美元霸权与贸易顺差不可兼得，美方应适应全球经济多元化格局，让渡美元国际储备货币地位，补充人民币或者 SDR 提供清偿能力。

美元的国际储备地位决定其必然存在贸易逆差，需要新的货币补充。IMF 公布数据显示，SDR 货币篮子的最新权重为美元 41.73%、欧元 30.93%、人民币 10.92%、日元 8.33%、英镑 8.09%[①]，美元仍占绝对的主导地位，但人民币的地位被低估。为实现中美贸易均衡及全球贸易再平衡，国际储备货币和国际清偿能力的提供者应当更加多元，美元必须让渡其货币霸权地位，根据主要经济体的贸易额占比确定其货币的话语权。美国不能无节制地依靠印美元、发美债的方式获取其他国家的商品和资源。

3. 避免过度消费，提高储蓄率，增加生产和投资。

美国必须改变依托美元霸权和低利率环境过度消费的模式，应当提高储蓄率。在 2008 年全球金融危机后，主要国家意识到实体经济和制造业的重要性，纷纷推出制造业振兴计划，比如德国的"工业 4.0"，美国也应提升投资和生产。

4. 放开对华高科技出口限制。

美国尤其需要开放生物技术、生命科学、光电、信息及通信领域的出口限制。一旦美国在高科技领域实现对华贸易平衡，贸易逆差将削减 30%—40%。

5. 充分认识到若强行削减对华逆差，势必冲击到美在华跨国企业。

外资企业贡献了中国顺差的一半以上，若特朗普政府执意通过加征进口关税削减对华贸易逆差，美在华跨国企业利益将受损，终将损害美自身利益。

---

① IMF, "IMF Launches New SDR Basket In cluding Chinese Renminbi, Determines New Currency Amounts", 2016 年 9 月 30 日, 见 https://www.imf.org/en/News/Articles/2016/09/30/AM16-PR16440-IMF-Launches-New-SDR-Basket-Including-Chinese-Renminbi。

（二）外部霸权是内部实力的延伸，中美贸易摩擦，我方最好的应对是以更大决心、更大勇气推动新一轮改革开放，坚定不移

1. 坚定不移推动新一轮改革开放，改善营商环境。

应对中美贸易摩擦最好的办法是以更大决心和更大力度推动新一轮改革开放，继续扩大制造业和服务业的对外开放，尤其在养老、医疗、教育、金融等领域，降低进口领域如汽车的关税，取消对国企的不合理补贴等；对内扩大民营企业准入范围，积极改善营商环境。

2019 年 4 月 26 日，习近平在第二届"一带一路"国际合作高峰论坛上宣布中国将采取一系列重大改革开放举措，加强制度性、结构性安排，促进更高水平对外开放，更广领域扩大外资市场准入，更大力度加强知识产权保护国际合作，更大规模增加商品和服务进口，更加有效实施国际宏观经济政策协调，更加重视对外开放政策贯彻落实。中国未来将继续大幅缩减负面清单，推动现代服务业、制造业、农业全方位对外开放。

2. 推动高质量发展，推动产业升级，提升在全球价值链分工中的地位。

长期依靠廉价劳动力和低环境成本发展的时代渐行渐远，中国要大力推动产业升级，进入"微笑曲线"的两端，在全球分工的位置必须逐步上移到高附加值的生产上。减少甚至取消对高污染、高耗能低端产品的出口退税，减少金融资源对落后僵尸国有企业的输血。

3. 通过减税、完善社保、精准扶贫、调节收入分配等提高居民消费意愿和能力，调整经济结构。

发展为了人民，发展造福于人民。完善社会保障制度，打响精准扶贫攻坚战，调节收入分配，提高居民消费的意愿和能力，发挥消费对经济发展的基础性作用。建立房地产长效机制，促进平稳健康发展。

中国已经步入消费主导的经济发展阶段，满足人民日益增长的美好生活需要：中国人均 GDP 已达 9769 美元；从住行向服务消费升级，买健康快乐的美好生活；服务业占 GDP 比重已达 52.1%；消费增速已超过固定资产投资；居民就业和收入改善；13.9 亿人口的庞大市场与规模效应；一二三四五六线城市的梯度效应。

4. 联合欧盟、亚洲、非洲等其他国家和地区，加强与"一带一路"国家和地区的合作。

美国的收缩战略（"美国优先"）为中国腾出了空间，中国在气候问题、全球化问题上赢得了国际尊重。"一带一路"倡议为其他国家和地区带去了投资和贸易机会，我方应继续推进，同时转从欧盟、亚洲、非洲等其他国家和地区加大进口，分化瓦解美国的拉拢，争取国际社会支持。

5. 继续推进人民币国际化。

扩大人民币结算额，推动人民币成为国际储备货币，提供国际清偿能力。2018 年 3 月，全球首批人民币计价的原油期货合约在上海期货交易所正式挂牌交易，是石油去美元化的实质性一步。据 IMF 统计，截至 2018 年年底，各经济体央行持有的人民币外汇储备资产达 2027.9 亿美元，占参与 IMF 官方外汇储备货币构成报告成员外储资产的 1.9%，创 IMF 自 2016 年 10 月报告人民币储备资产以来最高水平[①]，反映人民币的国际储备货币地位的提高，人民币国际化稳步推进。

---

① IMF, "Currency Composition of Official Foreign Exchange Reserves（COFER）", 见 http://data.imf.org/?sk=E6A5F467-C14B-4AA8-9F6D-5A09EC4E62A4，访问时间：2019 年 6 月 23 日。

第七章
美国对华《301 报告》：
主要内容及存在的问题*

2017 年 8 月，美国总统特朗普指示美国贸易代表办公室（USTR）对中国开展"301 调查"。2018 年 3 月，USTR 发布了调查结果，即《301 报告》，特朗普据此对中国发起了贸易摩擦。《301 报告》的主要内容有哪些？美方对中国的指责是否客观？中国有哪些待改进之处？本章旨在全面客观评估《301 报告》。

---

*　本章作者：任泽平、马图南、贺晨、华炎雪、罗志恒。

第一节 《301 报告》的主要内容

美方《301 报告》全文共六章，对中国展开五项指控，包括不公平的技术转让制度、歧视性许可限制、政府指使企业境外投资获取美国知识产权和先进技术、未经授权侵入美国商业计算机网络及其他可能与技术转让和知识产权领域相关的内容。《301 报告》共计 215 页，逾 10 万字，相关注释 1139 条。[①]

第一章为总括，包括"301 调查"的背景以及调查过程，提出中国在高科技领域有三大重要政策，即《国家中长期科学和技术发展规划纲要（2006—2020 年）》《国务院关于加快培育和发展战略性新兴产业的决定》和"中国制造 2025"，认为这些政策存在不公平、不合理、歧视性内容。

第二章集中指责中国不公平的技术转让制度。USTR 认为中国技术转让制度的问题主要体现在两个方面：一是中国政府利用所有权限制，如合资企业、外资股权比例限制等方式强制美国公司向中国公司转让技术。该章指责我国对部分领域的外商投资强制要求成立合资公司，在另一些领域采取不成文的技术转让规定，形成了事实上的强制技术转让。《301 报告》介绍了我国在汽车和航空两个行业利用外商合资引进技术的做法，借此说明我国存在严重的强制技术转让问题。

二是中国政府利用行政许可、审批程序强迫美国公司以技术转让作为获取市场准入的条件。USTR 认为，中国存在复杂的审批程序，对包括食品药品生产、矿产、通信服务等多个行业采取许可证管理，相关

---

① USTR, "Findings of the Investigation into China's Acts, Policies, and Practices Related to Technology Transfer, Intellectual Property, and Innovation under Section 301 of the *Trade Act of 1974*" (Hereinafter "Section 301 Report"), United States, 2018, p.182.

审批制度不透明，审批条款含混不清等问题赋予政府高度自由裁量权，导致企业不得不转让技术以获得市场准入资格。在另一些行业如云计算领域，中国市场准入制度的变化使外资企业蒙受损失。此外，中国对部分项目进行环境和节能评估时，强制披露敏感技术信息，导致技术泄露。这些技术转让制度剥夺了美国公司知识产权和技术的价值，限制了美国企业在中国市场的竞争力，降低了美国企业的全球竞争力。

第三章指责中国歧视性的许可限制，主要批判我国《技术进出口管理条例》与《合同法》中关于技术改进的所有权和赔偿责任的相关规定对外资设置歧视性限制。关于技术改进的所有权，USTR 指出，《技术进出口管理条例》第二十七条规定，在技术进口合同有效期内，改进技术的成果属于改进方[1]；第二十九条第三款规定，技术进口合同中，不得含有限制受让人改进让与人提供的技术或者限制受让人使用所改进的技术的条款。这些规定使美国公司无法对基于其现有技术做出的变动予以限制，同时使其无法获得技术改进成果的相关权益。[2]

关于赔偿责任，USTR 指出，《技术进出口管理条例》第二十四条规定：技术进口合同的受让人按照合同约定使用让与人提供的技术，侵害他人合法权益的，由让与人承担责任。然而我国《合同法释义》第三百五十三条规定：受让人按照约定实施专利、使用技术秘密侵害他人合法权益的，由让与人承担责任，但当事人另有约定的除外。即《合同法》允许双方协商赔偿责任的归属，但《技术进出口管理条例》并不允许。《合同法》通常适用于中国国内企业之间技术转让合同，外资向中国企业转让合同适用《技术进出口管理条例》，因此，这种规定上的差异导致外资企业面临很高的赔偿风险，对外资企业构成了歧视。[3]

---

① USTR, "Section 301 Report", 2018, pp.49–50.

② USTR, "Section 301 Report", 2018, pp.49–50.

③ USTR, "Section 301 Report", 2018, p.49.

第四章批评中国的对外投资，认为中国政府通过国家战略、产业政策、资金支持等多种手段引导中资企业进行海外并购，并通过高科技领域的并购获取先进技术。USTR 介绍了我国对外投资的国家战略，即"走出去"战略和"国际产能合作"战略，详细叙述了我国对外投资审批中的部门分工，以及各部门为推进企业对外投资发布的数十份鼓励政策和规章制度文件。最后介绍了我国金融体系对海外投资的支持措施，指出通过国有银行与国有企业紧密合作，地方政府成立大量产业投资基金等方式，支持企业海外并购，在高科技领域获得技术。

在此基础上，USTR 介绍了近年来中国企业和资本在航空、集成电路、信息技术、生物技术、工业机械和机器人、可再生能源、汽车七大高科技领域的投资情况。报告指出这些领域的对美投资总额从 2005 年的 19 亿美元增长至 2016 年的 98 亿美元。① 随后重点列举了这些领域里由国企和国有资本主导的 25 个海外并购项目，认为这些例子足以说明中国政府具备足够的资源来决定中国企业海外投资的投资地点、标的和数额。USTR 认为中国政府的政策和措施剥夺了美国公司的知识产权，降低了美国企业的全球竞争力。

第五章指责中国未经授权侵入美国计算机系统，盗取商业机密。USTR 认为中国政府和企业通过侵入美国计算机系统，盗取包括产品设计、制造程序、商业计划、商业高管邮件等多种信息，对美国公司的全球竞争力构成伤害。

第六章列举了其他可能和技术转让、产权保护等内容相关的中国法律、政策和实践，包括我国的《网络安全法》《反垄断法》《标准化法》和人才引进政策等。但 USTR 在报告中承认，尚不能确定这些法律和政

① Rhodium, "China Investment Monitor: Capturing Chinese Foreign Investment Data in Real Time"，见 http://rhg.com/interactive/china-investment-monitor, in USTR, "Seetion 301 Report", 2018, p.101。

策是否符合纳入"301 调查"的标准。

　　表 7-1 归纳总结了《301 报告》的主要内容。

表 7-1　《301 报告》主要内容

章节	关键词	主要内容
第一章	总括	介绍"301 调查"的背景、调查过程。USTR 基于美国《1974 年贸易法》第 301 条和美国总统特朗普的指示，调查中国政策、法律和实践是否存在不合理或歧视成分，导致美国的知识产权、创新和技术进步受到损害
第二章	技术转让	指责中国的技术转让政策通过两种方式侵犯美国企业知识产权：（1）中国政府利用所有权限制，如合资企业、外资股权比例限制等方式强制美国公司向中国公司转让技术；（2）中国政府利用行政许可、审批程序强迫美国公司以技术转让作为获取市场准入的条件
第三章	法律法规	指责中国的法律法规通过对外资企业的歧视性规定侵犯美国企业的知识产权：（1）中国《合同法》和《技术进出口管理条例》规定基于引进技术做出的技术改进成果归改进方，限制了美国企业作为研发者获得技术改进权益的机会；（2）《合同法》规定国内企业技术纠纷的赔偿责任可由双方协商解决，《技术进出口管理条例》则规定赔偿责任由技术让与人承担，导致美国作为技术出口国的权益受损
第四章	对外投资	指责中国企业的海外并购是由国家主导的系统性获取先进技术的计划。中国政府通过国家战略、产业政策、资金支持等多种手段，指定引导中资企业进行海外并购，并在包括航空、集成电路、信息技术、生物技术、工业机械和机器人、可再生能源、汽车七大高科技领域购买大量先进技术
第五章	商业机密	指责中国侵入美国企业的计算机系统盗取商业机密
第六章	其他	列举了其他可能和"301 调查"相关的内容，但 USTR 尚无法确认这些内容是否符合纳入调查的标准

资料来源：USTR、恒大研究院。

第二节 《301 报告》存在的四大问题

《301 报告》看似非常严密，但有诸多明显错误和不严谨之处。报告存在的问题主要分为四类：第一是数据误导性及选择性引用；第二是事实的片面性及选择性陈述；第三是对本国和他国的类似做法采取双重标准；第四是混淆概念。

一、数据误导性及选择性引用

在《301 报告》中，USTR 为了支撑其论据，引用了一些调查机构和智库的报告和数据，但这些数据存在许多明显的误导性、选择性引用。

最严重的误导性引用出现在第二章第二节，USTR 在该节指责中国在许多行业强制实行合资制度，而外国公司通常更愿意在中国建立独资公司。[①] 为了证明其观点，USTR 引用了欧盟委员会的数据，称"一项由欧盟发起的基于 1000 家公司的调查表明，仅有 12% 的回答者认为即使（中国）没有合资要求，他们仍将保持现有的合资结构，大多数（52%）的回答者希望建立一家独资企业，32% 的回答者希望在合资企业中获得更高的股权占比"[②]。

上述数据源自欧盟委托哥本哈根经济学会（Copenhagen Economics）智库在 2012 年所做的调查，调查对象为在中国经营的欧洲企业，问卷发放数量为 1000 份。但欧盟清楚地表明，回收到的问卷仅为 203 份，"由于这个问题仅仅适用于面临合资要求的公司，那些并不面临合资要求的

---

① USTR, "Section 301 Report", 2018, p.27.

② USTR, "Section 301 Report", 2018, pp.27–28.

公司此项答案为空，因此，该问题的样本为 25 份回答"。USTR 报告中的大多数（52%）企业事实上仅仅是这 25 家企业中的 52%，即 13 家。《301 报告》的原文表述，容易让读者误解为 1000 家受访企业中的 52%，即 520 家企业都表明希望建立独资公司，而这与实际情况相差高达 40 倍。[①]

此外，USTR 并没有解释选用 2012 年调查问卷的原因，以及欧盟和美国企业面临的情况的异同，这些细节进一步削弱了《301 报告》这项数据引用的可信度。

《301 报告》的第二章第一节指出，"根据美中贸易全国委员会（USCBC）最近的会员调查，19%的作答公司表示过去一年中被直接要求对中国进行技术转让，这些要求 33%来自中央政府，25%来自地方政府"[②]，以表明中国政府在强制技术转让中扮演了重要作用。这段表述存在以下问题。

一是这份调查没有注明发放和回收问卷的数量。调查报告声称数据来自 USCBC 的会员企业，但没有标注接受本次问卷调查的企业的具体信息。我们仅从 USCBC 的官网上了解到该委员会的注册会员共 200家，调查的可信度存疑。二是数据引用存在误导性和选择性。首先，19%并不是一个特别高的比例；其次，USCBC 非常明确地表明，技术转让的要求中 67%来自合作企业，33%来自中央政府，25%来自地方政府，如图 7-1 所示[③]，合作企业才是技术转让的主要需求方，在实际谈判中也并非被强制，而是平等协商。USCBC 调查报告显示 80%的美方企业认为中方企业的技术转让需求可以接受或在弱化请求后转让了部分技术，如图 7-2 所示[④]，但《301 报告》却刻意忽略这一事实，试图证明

① Copenhagen Economics, "EU-China Investment Study", 2012, p.63.
② USTR, "Section 301 Report", 2018, p.22.
③ US-China Business Council, "2017 Member Survey", 2017, p.9.
④ US-China Business Council, "2017 Member Survey", 2017, p.9.

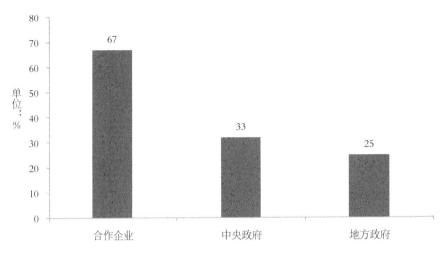

图 7-1 技术转让请求来自的机构类型

资料来源：USCBC、恒大研究院。
注：问卷中该题为多选，故各机构类型占比之和大于 100%。

图 7-2 美国企业对技术转让的态度

资料来源：USCBC、恒大研究院。

中国政府在技术转让过程中占据重要作用，这显然具有严重误导性。

在同一节中，USTR 指出："中国美国商会（AmCham China）的年度调查问卷表明了类似的问题，例如，2013 年对来自不同行业的 325 家公司的调查表明，超过 1/3（35%）的受访者表示中国将事实上的技术转让作为市场准入条件令人担忧。"[1]

---

[1] USTR, "Section 301 Report", 2018, p.22.

中国美国商会每年都会开展问卷调查并公布调查报告，但 USTR 却在 2018 年的《301 报告》中引用五年前的数据，存在明显的选择性引用。中国美国商会近五年来的调查结果清晰地表明中国在知识产权保护领域所取得的进步。2018 年的报告显示，96% 的受访企业认为，过去五年，中国在知识产权保护执法方面有所改善或保持稳定，如图 7–3 所示。仅有 8% 的企业认为商业伙伴的技术转移安排是知识产权保护方面最严重的问题。此外，80% 的受访企业认为在中国同商业伙伴及客户分享的技术和专利数量较美国之外的其他海外司法管辖区更少或持平，其中，服务行业的该比例更是高达 89%，如图 7–4 所示。[①] 事实上，2001 年以来中国对外支付知识产权费以年均 17% 的速度迅速增长，并于 2017 年达到 286 亿美元。

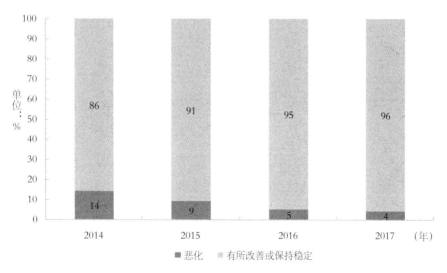

图 7–3　2014—2017 年美国企业对中国知识产权保护执法的评价

资料来源：中国美国商会、恒大研究院。

---

　　① AmCham China, "2018 China Business Climate Survey Report", 2018, p.46.

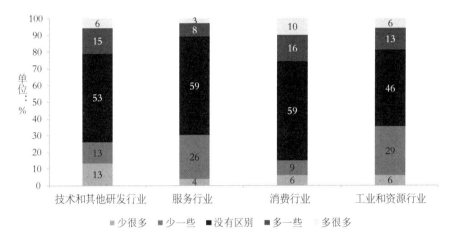

图 7-4　2017 年美国企业对在中国经营是否需要分享更多技术和专利的评价
资料来源：中国美国商会、恒大研究院。

第四章第三节中，USTR 列举了中国对外投资的数据，试图证明中国政府通过有计划地引导企业投资，尤其是高科技领域投资，来获取美国的高新技术。

全面研究美国企业公共政策研究所（AEI）数据可发现，《301 报告》对上述数据存在选择性引用。在中国企业的海外投资中，高科技行业并非投资主力，2005—2017 年，中国企业对美国的投资总额为 1720 亿美元，其中，旅游和娱乐项目占总投资的 20%，金融地产类项目占总投资额的 29%，即将近一半的投资集中在娱乐和金融地产领域，而高科技领域的投资额仅为 215 亿美元，占总投资额的 12.5%，如图 7-5 所示。①

事实上，近年来中国企业通过"走出去"战略，大量投资亚非拉等发展中国家所在地区，主要投资领域集中在交通、能源等基础设施建设上，如图 7-6 所示。AEI 的数据表明，2005—2017 年，中国在亚洲、拉

① American Enterprise Institute, "China Global Investment Tracker", 见 http://www.aei.org/china-global-investment-tracker，访问时间：2019 年 6 月 23 日。

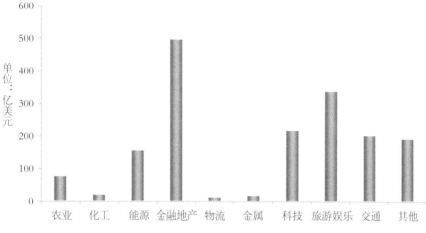

图 7-5 2005—2017 年中国企业赴美投资领域分布

资料来源：AEI、恒大研究院。

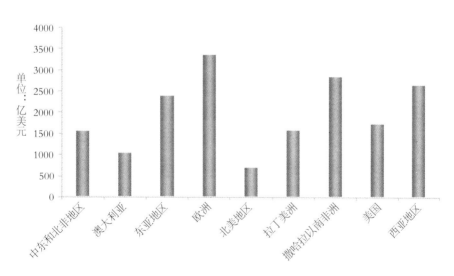

图 7-6 2005—2017 年中国企业累计对外投资地域分布

注：北美地区数据不包括美国，南亚、东南亚在原始数据中分别归属于西亚和东亚，墨西
　　哥包含在北美地区。
资料来源：AEI、恒大研究院。

丁美洲和非洲等地的对外投资总额达 10980 亿美元，是同期对美投资额的六倍多。其中，45％投资于基础能源领域，21％投资于交通领域。[①]这是中国企业对外投资的主战场。对美国的科技类投资近年来出现增长，是中国海外投资整体增长背景下的正常增长。

在同一节中，USTR 表示，2000 年以来的数据表明，中国对美投资的结构中，绿地投资的占比逐步下降，而并购的占比逐步上升，如图 7-7 所示。绿地投资是指"能带来资本存量增长，直接增加新的经济活动和就业，提高生产力"的投资。美方据此指责近年来中国不断通过投资并购的方式直接获取美国企业的资源和技术。

绿地投资有极强的顺周期性，投资数量的多少与东道国的整体经济情况有关。当东道国经济形势较好时，投资机会较多，绿地投资的占比

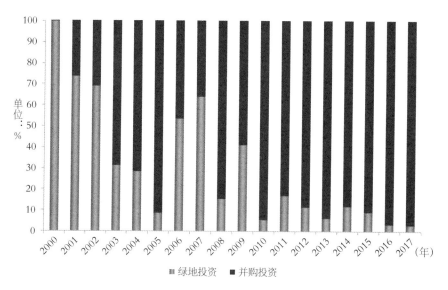

图 7-7　2000—2017 年中国企业赴美绿地投资和并购投资比例

资料来源：RHODIUM、恒大研究院。

---

①　American Enterprise Institute, "China Global Investment Tracker"，见 http://www.aei.org/china-global-investment-tracker，访问时间：2019 年 6 月 23 日。

较高，反之则较低。2008 年金融危机之后，美国国内绿地投资机会较金融危机前明显减少，而一些当地企业则因为债务压力等主动寻求兼并重组，导致中国对美绿地投资占比下滑，而并购投资的占比上升。因此，近年来绿地投资占比的下滑，反映的是美国国内绿地投资机会的下降，以及中国企业在海外投资过程中主要依据经济条件决策，而非政府主导。

此外，第二章第一节中，USTR 引用了美国商务部产业和安全局对美国集成电路行业的调查问卷结果，指出 26%（25 家）的受访企业表示在中国必须与当地企业建立合资公司才能进入中国市场[1]，《301 报告》的注释 118、119 显示相关问卷调查结果即将公布，但截至 2019 年 6 月，美国商务部仍未公布相关报告，因此，该数据的真实性和完整性目前无法评估。

二、事实的片面性及选择性陈述

"市场换技术"政策本身并非强制技术转让

《301 报告》的第二章第一节指出，中国长期在部分领域要求外资企业与中资企业合资才能进入中国市场，对外资实施股权比例限制，利用合资企业实施强制技术转让。[2]USTR 认为"市场换技术"的行为侵犯了美国企业知识产权。

USTR 认为只要中国从合资企业中获得了技术，便是对美方知识产权的侵犯。但事实上，评价"市场换技术"是否构成对美国企业知识产权的侵犯，一是要看中方企业获得技术时，是否依据了技术转让的相关法规签订了技术转让的合同以及合同内容是否合法；二是要看技术合同的签订是否遵循了公平和平等的原则。如果两个问题的答案都是肯定

---

[1]　USTR, "Section 301 Report", 2018, p.23.

[2]　USTR, "Section 301 Report", 2018, p.19.

的，就不能判定为强制技术转让，也就谈不上对知识产权的侵犯。

根据我国的《合同法》和《技术进出口管理条例》的规定，企业在引进外资企业的专利技术和专有技术时，应当签订技术转让合同。这从法律上保证了技术转让一定是基于双方都认可的合同文本进行的。如果不签订相关合同而直接胁迫对方进行的强制技术转让，让与人可以依据上述法律对受让人提起诉讼，争取自己的合法权益。

我国现行的法律条文中不包含强制技术转让的条款，任何含有这类条款的合同都是违法的，也是无效的。如果技术的让与方认定合同中存在强制技术转让的证据，可以对此提起诉讼。但如果双方基于平等自愿的原则签订了技术转让合同，且合同条款符合相关法律法规的规定，那么这份合同就是有效的。在这份合同下产生的所有后果都应当由签订合同的双方承担，与受让公司所在国的政治制度等其他因素无关。

对于是否进行强制技术转让，最有发言权的应该是签订合同的双方企业。中国作为发展中国家，技术水平和管理水平相对落后，但市场规模较大，在合同签订过程中，用自己的优势（市场规模）来提高自己的弱势（技术水平）正好体现了贸易的互利互惠。同时，美国企业愿意来中国投资，并适当转让相关技术，一定是经过了收益—成本的测算，认为在中国市场获得的收益大于转让技术的成本。这些都体现了特朗普反复要求的贸易的对等性（reciprocity）。

作为案例，《301 报告》第二章介绍了我国汽车和飞机两个行业的发展历程，认为这两个行业长期通过"市场换技术"政策，强迫美国公司转让相关技术。然而，详细回顾这两个行业的发展历程可以发现，我国的"市场换技术"政策并未导致外资企业的核心技术转让，《301 报告》中的论断较为片面。

案例一：汽车行业的"市场换技术"未能使中国企业获得技术

《301 报告》第二章第二节中，USTR 指责了我国汽车产业与外资合作的"长安模式"，认为这是中国政府强制技术转让的例证之一。报告指出："中国政府的目标是通过转移美国和其他国外厂商的技术，发展国内汽车企业。在长安模式下，重庆长安汽车股份公司和美国福特汽车公司以 50/50 的比例建立合资企业。企业通过引进相关技术、消化吸收，然后进行二次创新，从而取得技术进步。长安模式的优势在于长安公司能够控制合资企业的核心生产技术，通过核心技术建立技术产品创新，提升品牌价值。"[①]USTR 进一步表示，"当中国获得相应的技术并寻求提升自主品牌时，外资制造商发现自己在中国的处境愈发艰难，在外商投资产业指导目录中，整车制造在 2010 年以前属于鼓励外商投资的目录，2011—2014 年调整为限制投资，2015 年之后被纳入禁止投资目录"[②]。

"长安模式"是我国的"市场换技术"政策在汽车行业的体现，《301报告》中的这段指责对事实存在明显的选择性陈述，没有客观评价我国汽车产业政策的实施效果。

改革开放前，我国的汽车工业长期处于较为封闭的状态，技术进步较为缓慢。生产的汽车主要用来支持国民经济的其他行业，主要发展重型卡车等车型，乘用车领域技术和市场积累均较弱。技术上主要依赖从苏联引进的技术，一些零部件需要手工打造，量产率很低。这一时期我国的汽车工业和世界先进水平无论在技术、管理还是市场营销等方面都存在着很大的差距。[③]

1994 年，国务院颁布了第一版《汽车工业产业政策》（以下简称《1994版政策》）标志着"市场换技术"的政策首次得到明确。《1994版政策》规定："中外合资、合作的汽车工业生产企业，必须同时满足下列条件方

---

① USTR, "Section 301 Report", 2018, pp.29–30.

② USTR, "Section 301 Report", 2018, p.30.

③ 苗壮：《"市场换技术"策略与中国汽车业对外开放研究》，武汉大学博士学位论文，2013 年。

可建立：1. 企业内部建立技术研究开发机构。该机构具备换代产品的主要开发能力。2. 生产具有国际 90 年代技术水平的产品。3. 合资企业应以本企业生产的产品出口为主要途径，自行解决外汇平衡。4. 合资企业在选用零部件时，国产零部件应同等优先。"① 这一版政策中对合资企业的股权比例上限做出明确规定："生产汽车、摩托车整车和发动机产品的中外合资、合作企业的中方所占股份比例不得低于 50%。"②

然而，"市场换技术"实施之后却没能起到预期的效果，中国企业让出了市场，却没能得到外资企业的技术。主要原因：一是外资企业始终牢牢掌握着关键技术，对核心零部件如发动机、变速箱的技术转让严格限制，或设置高昂的技术使用费，增加了中方获取核心技术的难度。在这一过程中，中方市场和股权优势与外方的技术优势并不对等，外方掌握着核心技术和产品，掌握了谈判的话语权。二是中方自己技术转化的动力和效率不高。外资企业的技术优势带来巨大的市场利润，中方从追求利润，降低成本的角度出发，减少甚至停止了技术研发投入，导致引进技术后消化、吸收的能力较弱，更谈不上二次创新。许多企业从国外运来零部件后直接组装生产，2000 年以前，中国的大中型工业企业用于技术消化的费用仅相当于技术引进费用的 10%，而韩国、日本的比例则高达 700%。③ 因此国产汽车技术进步比较缓慢。

2004 年，为了履行加入 WTO 时的承诺，同时反映最新的市场情况，国家发展和改革委员会颁布了第二版《汽车产业发展政策》（以下简称《2004 版政策》）。在这版政策中，"市场换技术"的核心思路没有明显变化，中资企业依然面临着关键零部件的生产技术进展缓慢的困

① 参见 1994 年《汽车工业产业政策》第三十一条。
② 参见 1994 年《汽车工业产业政策》第三十二条。
③ 楚团长、远川研究：《技术换市场：从关山难越，到暗度陈仓》，2018 年 7 月 25 日，见 https://mp.weixin.qq.com/s/G53vBUw8_xTQnSlTq95I7w。

难。同时，《2004 版政策》将外资公司只能成立一家合资企业的限制放
宽为两家。[1] 合资企业良好的经济效益驱动各地政府纷纷引进，逐渐形
成了地方政府竞争外资引进企业的局面。外资企业在谈判中获得了更
大的话语权，将最小化技术转让作为选址的重要条件，利用地方政府
之间的经济"锦标赛"不断削减技术转让规模，导致我国汽车工业的
整体技术水平迟迟无法取得进展。目前，不少外资企业在我国均建立
了两家合资企业，例如，大众汽车公司分别与一汽和上汽成立了一汽
大众和上汽大众，本田公司分别与东风公司、广州汽车公司成立了东
风本田和广汽本田。外资公司充分利用这些企业之间的竞争关系来削
弱技术转让规模，将更受市场欢迎的车型放在要求技术转让更少的公
司生产。因此，"市场换技术"政策在我国汽车行业始终未能取得预期
效果，中国汽车自主品牌销量占比低于 50%，如图 7-8 所示。

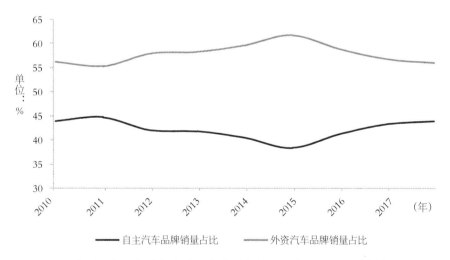

图 7-8　2010—2017 年自主汽车品牌和外资汽车品牌在华销量占比

资料来源：Wind、恒大研究院。

---

① 参见 2004 年《汽车产业发展政策》第四十八条。

案例二：飞机行业的"市场换技术"是中美共赢

在同一节中，USTR 指责中国商用飞机有限责任公司（以下简称"商飞"）在研制 C919 飞机时采用的"主制造商—供应商"模式，认为中国利用这一模式强制转让技术。USTR 在报告中写道："中国利用自身市场的购买力建立 C919 的国内供应链。产业观察家将这一过程描述为'国家主导的''强制的'和'精心设计的'。在这一过程中，合资企业成为中国获取建立自主飞机制造供应链相关技术的关键环节。"① 为了佐证其观点，USTR 援引美国智库兰德公司《中国商用飞机制造产业政策的有效性》中的描述，"中国的政府官员非常清晰地对外国企业表示，如果他们能够成为中国的朋友，那么他们的业务在中国将更有可能获得成功。这些公司可以通过建立生产基地，转移技术或者直接参与 C919 项目的方式来实现"②。

这些描述非常片面且具有明显的误导性。事实上，商飞与供应商签订的合同完全是互利互惠的，供应商决定加入中国市场完全是基于市场因素考量，不存在"强制"或者"精心设计"。USTR 在《301 报告》中承认，"中国是世界最大的民用航空市场，因此任何飞机零部件制造商都希望在中国获得更大的市场份额，如果在中国的市场竞争中失利，那就意味着企业规模受限，出口收入下降，用于研发下一代产品资金也相应减少，企业竞争力将因此受损"③。

兰德公司的报告措辞更加直白："与我们讨论 C919 项目的美国政府官员表示，美国公司并未抗议商飞的这一要求（指建立合资公司）。这些公司希望美国政府帮助他们起草更有竞争性的标位以及注册合资公

---

① USTR, "Section 301 Report", 2018, p.34.

② Keith Crane, et al., "The Effectiveness of China's Industrial Policies in Commercial Aviation Manufacturing", RAND Corporation, 2014, p.31.

③ USTR, "Section 301 Report", 2018, p.35.

司。美国公司愿意将设立合资企业作为中标的前提条件，因为新产品指定供应商的地位非常重要。许多与我们交流的企业代表都强调了这一点。他们指出，飞机模块和组件是非常专业化的产品，只有被确定安装之后才能销售，因此生产商之间为了供应商地位竞争非常激烈。由于商飞同意在 C919 项目上采用独家供应商的做法，美国厂商对成为商飞的独家供应商尤其感兴趣。"①

更重要的是，与汽车行业一样，民航业的外资企业对技术是否可以共享转让有着清醒的认识。"飞机制造中的最先进的技术，例如涡轮叶片，合成材料以及集成系统的生产技术，被生产企业牢牢掌握，这些零部件通常在国外制作，然后出口到中国进行最终组装。外国企业与中国合作的技术通常是更容易获得、更容易掌握的技术，以便确保技术转让后，对应产品的生产满足必要的精确度、质量和效率。"② 转让这些技术对于外国企业而言更多是出于降低成本的考虑——技术本地化能够降低产品的运输成本，从而获得更大的竞争优势。

三、对本国和他国的类似做法采用双重标准

（一）公然违反国际组织原则

《301 报告》中的第三章第二节中，USTR 指责我国《技术进出口管理条例》侵害美国企业的合法权益。《技术进出口管理条例》第二十七条规定，在技术进口合同有效期内，改进技术的成果属于改进方；第二十九条第三款规定，技术进口合同中，不得含有限制受让人改进让与人提供的技术或者限制受让人使用所改进的技术的条款。USTR 认为这

---

① Keith Crane, et al., "The Effectiveness of China's Industrial Policies in Commercial Aviation Manufacturing", RAND Corporation, 2014, p.41.

② Keith Crane, et al., "The Effectiveness of China's Industrial Policies in Commercial Aviation Manufacturing", RAND Corporation, 2014, p.39.

些规定使美国企业无法限制中方改进转让技术，阻止了美国企业对改进成果相关利益的获取，削弱了美国企业保护自身知识产权的能力。①

上述指责存在明显的法理漏洞，违反了国际上关于技术转让的一般原则。从法理上讲，《技术进出口管理条例》中规定改进技术的成果属于改进方，同时规定不得含有限制受让人改进技术的条款，是为了激发和保护受让人基于现有技术不断创新的积极性。工业革命以来，人类技术进步日新月异，一方面靠的是专利制度保护原创成果，另一方面则靠的是对已有技术的不断改进和突破。如果不对技术改进行为予以保护，那么让与人通常会在技术转让合同中设置大量限制性条款，例如高昂的技术转让和使用费，限制受让人对技术进行任何改动等，导致让与人逐步形成技术垄断。垄断优势会降低让与人不断研发、更新技术的动力，减慢技术更新的速度，抑制社会的创新氛围。因此，目前大多数国家都会对基于现有技术的创新改进予以保护。

联合国《国际技术转让行动守则（草案）》中清楚表明，反对各国对技术研究进行限制，各国不得设置条款限制受让人从事按当地情况吸收和更改所转让技术的研究和发展，或限制受让人实施与新产品、新设备、新工艺有关的研究发展计划。② 这份文件是目前世界范围内最具代表性的、反映大多数国家意愿的技术转让的原则性文件。《301 报告》中的指责很显然与上述精神相违背。美国政府一方面要求中国等其他国家遵守 WTO 等国际组织的相关规定，另一方面又在《301 报告》中公然做出违反国际准则的指责，是典型的双重标准做法。

（二）片面评价外资企业的在华待遇

《301 报告》第三章第二节指责中国法律偏袒中国企业，歧视外国

---

① USTR, "Section 301 Report", 2018, pp.49–50.

② 联合国：《国际技术转让行动守则（草案）》，1985 年，第 8 章。

企业。USTR 声称，"中国《技术进出口管理条例》规定了《合同法》未规定的若干程序要求。根据《技术进出口管理条例》，所有技术进口合同必须通知中国并提供其合同副本"，"从一开始，外国进口技术许可人，包括美国技术许可人，就必须履行《合同法》中未对中国企业施加的义务"①。

首先，中国国内企业的技术转让合同，同样需要向科学技术部进行统一登记管理，并未享受特权。尽管中国《合同法》中未对合同登记进行特殊规定，但科学技术部、财政部和国家税务总局联合印发的《技术合同认定登记管理办法》（国科发政字〔2000〕063 号）规定，国内法人、个人和其他组织依法订立的技术开发合同、技术转让合同、技术咨询合同和技术服务合同需向科学技术部进行登记，并非《301 报告》中所称享受特权。

其次，在过去很长一段时间，在中国境内享受特权的是外国企业而非中国企业，外国企业长期在税收法律上享受超国民待遇。自 20 世纪 70 年代末中国改革开放至 2008 年，中国一直在国家层面给予外资企业超国民待遇的税收政策和土地优惠政策。1991 年中国颁布的《外商投资企业和外国企业所得税法》第七条明确规定，"设在经济特区的外商投资企业、在经济特区设立机构、场所从事生产、经营的外国企业和设在经济技术开发区的生产性外商投资企业，减按 15% 的税率征收企业所得税"，"设在沿海经济开放区和经济特区、经济技术开发区所在城市的老市区的生产性外商投资企业，减按 24% 的税率征收企业所得税"。该法律在 2001 年中国正式加入 WTO 后仍然有效，直至 2008 实施的《企业所得税法》把内外资企业所得税税率统一为 25%。

当前外资企业仍在我国享有部分税收优惠政策。2017 年国务院发

---

① USTR, "Section 301 Report", 2018, p.51.

布《国务院关于促进外资增长若干措施的通知》（国发〔2017〕39号）第二章第三条规定："对境外投资者从中国境内居民企业分配的利润直接投资于鼓励类投资项目，凡符合规定条件的，实行递延纳税政策，暂不征收预提所得税。"同样在所得税计提上对外资企业及个人给予超国民优惠。USTR在《301报告》中丝毫不提中国长期以来对外资企业及个人各项优惠政策对中国企业所造成的不公，仅强调在技术合同管理方面的程序设置，双重标准使得其论据过于片面狭隘。

（三）片面评价我国产业政策

《301报告》的第四章用近百页的篇幅对我国高科技领域的产业政策进行了广泛的批评，认为中国政府不公平地指导和促进中国公司对美国公司和资产进行投资和收购，其中技术领域的投资增长迅速。过去几年，中国的高科技投资主要集中于航空、集成电路、信息技术、生物技术、工业机械和机器人、可再生能源、汽车七大领域。其中，信息技术和可再生能源领域增长尤其迅速，2009—2013年信息技术领域的对美投资额年均为3.12亿美元，但2014年迅速增长至59亿美元，2015年和2016年维持在13亿美元和33亿美元的高位[1]；2005—2013年，可再生能源领域的对美投资额年均为6.73亿美元，但2014—2017年，年均投资额增长至42亿美元。[2]

《301报告》进一步分析，由于这些并购是基于政府政策目标而非市场决策，因此中国企业在并购中得到了包括中国主权财富基金——中投公司和国有大型商业银行在内的金融机构的大力支持。而中国国内对企业并购严格限制，外国企业无法在中国自由地进行类似交易。此外，由于交易中的部分损失由政府承担，中国企业在并购中更愿意承担损

---

[1] USTR, "Section 301 Report", 2018, p.102.

[2] USTR, "Section 301 Report", 2018, pp.101–102.

失。这些对于包括美国在内的外国企业而言都是不公平的。因此，《301
报告》得出结论：中国政府制定的大量战略、各类政府注资背景的基金
与国有银行为高科技产业提供了不公平的产业政策，是近年来中国企业
对外投资快速增长的主要原因。①

　　理论与历史经验均表明产业政策一直在经济发展和产业结构升级
过程中发挥着重要的作用。在市场经济运行过程中，由于资本的顺周期
逐利性与历史局限性，从长期来看难以仅凭市场力量促进产业的升级与
技术的进步。国家主导的产业政策扮演着积极引导与调整产业结构的角
色，能起到提升社会资源配置效率，加快产业、技术、人才向更优结构
转变等重要作用。

　　事实上，包括美国在内的各主要经济体近年来均在高科技领域制
定相似产业政策。进入 21 世纪以来，伴随经济水平的不断提高以及计
算机技术的进步，以大数据、云计算为依托的各类高端制造、智能科技
产业逐步兴起。美、德、日、韩等国为在新一轮工业革命中抢占先机，
均纷纷出台相关产业政策鼓励、引导企业在高科技领域的投资。从发布
的高科技制造业战略以及政策来看，各国指导性纲领中提及的战略目标
以及实施方式相似度很高。2012 年美国提出《先进制造业国家战略计
划》，强调加快对中小企业高端制造业投资，并通过政府采购以及直接
投资支持基础技术研发，提高政产学研用模式效率，培育高科技人才
等手段支持高端制造业的发展。该计划内容与韩国《制造业创新 3.0 战
略》、日本《第五期科学技术基本计划》以及德国《高技术战略 2020》
主体内容以及实现的方法极为相似，如表 7–2 所示。

　　各国对外投资在宣布高科技产业政策后均呈上升趋势。伴随高科
技产业政策的全面铺开，其他各国对美投资总体呈现上升趋势，其中日

---

　　①　USTR, "Section 301 Report", 2018, pp.147–152.

本自 2016 年提出《第五期科学技术基本计划》以来，2017 年以合并、并购为主的对美国直接投资同比增长 34.4%。德国 2013 年提出"工业4.0"战略后，2014 年对美直接投资同样快速增长，同比增幅达 319%，如图 7-9 所示。事实上，伴随次贷危机后世界经济逐步恢复，各国推出类似高科技产业政策，各经济体对外直接投资均有明显上升。美国无视经济发展规律，选择性忽略他国实际数据证据，表明了这些指责实际上是贸易保护主义，有失公允。

表 7-2　部分国家高新技术产业政策

国家	战略	部分产业政策内容
美国	《先进制造伙伴（AMP）》《先进制造业国家战略计划》	加快对高端制造业投资，以包括政府采购在内的手段支持早期高端技术产品研发；加强公共和私营部门联合投资，确保所有部门参与标准制定并加快应用；加强政府先进制造业投资组合，重点在先进材料、生产技术平台、先进制造工艺及设计与数据基础设施等四个领域创建协调联邦政府的投资组合
德国	《高技术战略 2020》"工业4.0"	将公共资金与私人财务和实物捐助相结合，优化创新环境，培育创新人才，重点支持生物技术、纳米技术、微电子和纳米电子、光学技术、材料技术、生产技术、服务研究、空间技术、信息与通信技术等的发展，保持德国在这些领域的领先地位
日本	《第五期科学技术基本计划》《科技创新综合战略 2015》	加强基础技术领域研究，强化与各技术研究开发机构合作，强化技术人才培养以及政府直接投资补助来引导产业结构升级。重点支持先进网络技术、大数据分析技术、传感装置技术、传感器识别技术、虚拟现实技术、机器人技术、纳米技术等发展

续表

国家	战略	部分产业政策内容
韩国	《制造业创新 3.0 战略》《制造业创新 3.0 战略实施细则》	在 2020 年之前，打造 1 万个智能生产工厂，将 20 人以上工厂总量中的 1/3 都改造为智能工厂。通过实施《制造业创新 3.0 战略》，计划到 2024 年韩国制造业出口额达到 1 万亿美元，竞争力进入全球前四名，超越日本，仅次于中国、美国和德国；扶持和培育相对处于弱势地位的中小企业，通过对中小制造企业的智能化改造，截至 2017 年培育 10 万家中小型出口企业和 400 家出口额达 1 亿美元的中坚企业

资料来源：恒大研究院。

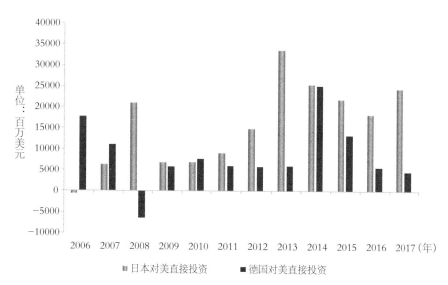

图 7-9　2006—2017 年日德对美直接投资情况

资料来源：AEI、恒大研究院。

四、混淆 "国民待遇" 与 "正常技术安全审查" 概念

《301 报告》的指责明显混淆 "国民待遇" 与 "正常技术安全审查"

概念。WTO 明确指出"国民待遇"是给予他人与自己国民相同待遇的原则。其中,《关税与贸易总协定》(GATT) 第 3 条规定:一旦通过海关,进口产品的待遇不得低于相同或类似的国产产品。同时,《服务贸易总协定》(GATS) 第 17 条和《与贸易有关的知识产权协定》(TRIPS) 第 3 条也涉及国家对服务和知识产权保护的处理,均强调在国内市场对本国企业和外国企业的平等对待。"国民待遇"在此并不等同于对外国商品、服务与技术毫不设限,而是指给予进口产品以及技术的待遇不低于本国同类产品所享受的待遇。

中国并非全面对进口技术进行审查,而是对部分产业国外进口技术,尤其是关乎国家安全的敏感产业技术,实施许可证管理,属于边境管理中的"正常技术安全审查",为市场准入问题。中国《技术进出口管理条例》第七条、第十八条均指出,"国家鼓励先进、适用的技术进口",部分技术可自由进口。各国有权在符合 WTO 框架的前提下实施安全审查,并非《301 报告》中所指出的歧视国外企业而违反国民待遇原则。事实上,无论是从法理还是从法条上来说,安全审查的许可证管理模式都有其存在的意义,实施进出口许可证管理是维护一国国家安全、信息技术安全的必要措施,国家安全脆弱性的关键在于敏感产业、敏感技术、敏感信息、敏感地域等,这些敏感点易受攻击或者损害而难以防范或补救,从而严重危及国家安全。从 2007 年商务部发布的《中国禁止进口限制进口技术目录》(2007 年版)来看,中国对部分产业进口技术限制许可审查主要集中于对国家安全、社会公共利益或者公共道德,人民健康或安全和动物、植物的生命或健康,环境破坏等的审查,目的在于维护我国人民以及经济技术权益。

事实上,美国同样存在对进出口技术的限制与审查。美国《出口管理条例》(*Export Administration Regulations*) 第 736 条明确对包括出口目的地、出口技术等八方面限制或禁止出口内容,规定限制的技术及产品须申请"许可证"或"许可证再审核"。从进口方面来看，美国同样在军事、医药、能源等产业采取进口许可证管理方式，进口产品或技术均需通过相关部门的审查方可进入美国。例如，在美国《进口牛奶法案》（*Import Milk Act*）中规定大多数奶酪进口都需要进口许可证，并且必须受限于进口配额。

此外，《301 报告》第三章第二节中指责《技术进出口管理条例》第二十条——申请人凭技术进口许可证或者技术进口合同登记证，办理外汇、银行、税务、海关等相关手续，"使得未登记的进口技术企业无法将合理获得的利润汇出国外，而中国企业在《合同法》下无此限制"的说法同样有失偏颇。当前我国外汇管理采用宏观审慎与微观监管相结合的原则，无论国内外企业均须提供合理证明保证购汇真实性、合法性与合规性。《国家外汇管理局关于进一步推进外汇管理改革　完善真实合规性审核的通知》（汇发〔2017〕3 号）第八条指出："境内机构办理境外直接投资登记和资金汇出手续时，除应按规定提交相关审核材料外，还应向银行说明投资资金来源与资金用途（使用计划）情况，提供董事会决议（或合伙人决议）、合同或其他真实性证明材料。"其对国内企业要求的本质与要求国外进口技术方提供相关材料以办理外汇、海关手续并无差别。

第八章
中美经济、教育、文化、营商环境、民生现状[*]

　　中美贸易摩擦爆发前后，关于中美竞争力的比较主要有三种观点：(1) 过度膨胀派，认为中国综合国力已经超越美国，中国有实力全面挑战美国；(2) 过度悲观派，否定中国制度、文化，认为改革进入深水区而难以推进，内忧外患导致中美差距只会越来越大；(3) 理性客观派，主张全面、客观、理性分析中美的竞争力，认为通过进一步改革开放，中国有可能实现高质量发展，不断改善民生。中美的差距有多大？体现在哪些方面？本章从经济、教育、文化、营商环境和民生五个方面客观分析中美差距，肯定进步，正视问题。

---

　　[*]　本章作者：任泽平、罗志恒、华炎雪、孙婉莹、颜静雯、褚方圆。

第一节　中美经济现状

40 年来，受益于改革开放，中国在各方面取得巨大进步。中国当前为全球第二大经济体，占全球的经济份额不断扩大，与美国的 GDP 规模差距不断缩窄，但仍未改变"中国是最大的发展中国家、美国是最大的发达国家"的基本现状。假定中国 GDP 年均增速 6%，美国 GDP 年均增速 2%，2027 年前后中国 GDP 总量将赶超美国，但中美人均 GDP、生产效率仍有较大差距。中国的城市化水平、产业结构、金融自由度、企业竞争力与美国比仍有较大的发展空间，军事、政治影响力不及美国。中国必须立足于国情，客观、理性地看待与美国的差距，大力度推进改革开放，提高综合国力。

一、改革开放 40 年，中国经济社会发展取得巨大成就

（一）中国经济在过去 40 年年均实际增速达 9.5%，2018 年 GDP 占全球的 16.1%，相当于美国的 66%，中美差距快速缩小

改革开放 40 年，中国经济总量从不到 4000 亿元增长至 90 万亿元，从低收入国家跻身中等偏上收入国家行列。1978 年中国 GDP 仅 3679 亿元，2018 年 GDP 约为 90 万亿元，增长约 245 倍，年均名义增速为 14.7%；实际增长 35.8 倍，年均实际增速为 9.5%，同期美国和日本实际增速为 2.6% 和 2.0%。以美元现价计价，1978 年中国 GDP 为 1495 亿美元，2018 年为 13.6 万亿美元，年均增速为 11.9%，同期美国和日本为 5.6% 和 4.1%，如图 8-1 所示。从世界排名看，1978 年中国经济总量居世界第 11 位，此后于 2005 年超过法国，2006 年超过英国，2008 年超过德国，2010 年超过日本并跃升为全球第二大经济体。从占比看，1978 年中国 GDP 总量占世界比重为 1.8%，2018 年占比为 16.1%。

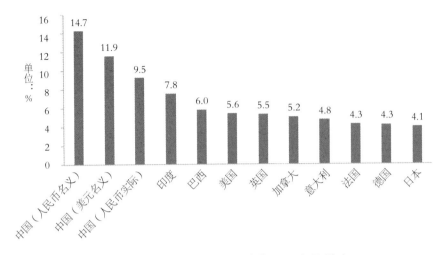

图 8-1 1978—2018 年各经济体 GDP 年均增速

注：其他国家为美元名义同比，部分数据截至 2017 年。
资料来源：世界银行、恒大研究院。

2018 年中国经济规模达 13.6 万亿美元，实际增速 6.6％，占世界生产总值的 16.1％。美国经济规模为 20.5 万亿美元，实际增速 2.9％，占世界生产总值的 24.2％。如果中国按照 6％左右的增速增长，预计到 2027 年前后，中国有望成为世界第一大经济体。

以购买力平价计算的中国经济规模已为全球第一。2014 年中国经济规模（PPP 计价）为 18.3 万亿国际元，首次超过美国，2018 年达到 25.4 万亿国际元，美国为 20.5 万亿国际元，两者差距在持续扩大，如图 8-2 所示。

中国对全球经济增长的拉动从 1979 年的 2％上升至 2018 年的 29％，成为全球经济增长的最大贡献者。中国 2018 年经济增量 1.4 万亿美元，相当于澳大利亚 2017 年的经济总量。IMF 预测 2018 年全球 GDP 总量增长 4.78 万亿美元，中国对全球经济增长的贡献率为 29％，高于美国 23％的贡献率，如图 8-3 所示。

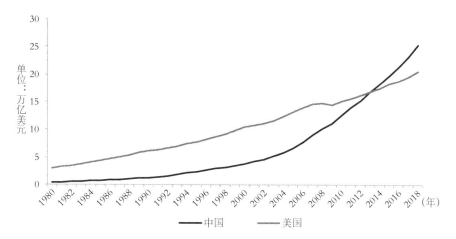

图 8-2　1980—2018 年以购买力平价计算的中美 GDP 规模

资料来源：IMF，"GDP, Current Prices"，见 https://www.imf.org/external/datamapper/PPPGDP@WEO/OEMDC/ADVEC/WEOWORLD，访问时间：2019 年 4 月 23 日；恒大研究院。

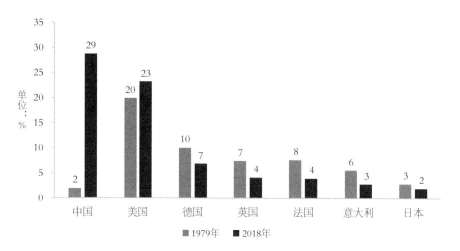

图 8-3　各经济体对世界经济增长的贡献

资料来源：世界银行、IMF、恒大研究院。

（二）农业和工业生产能力快速提高，资源从短缺到丰富

改革开放以来，中国农业和工业生产能力不断提高，基础设施体系建设跨越式发展，物质从短缺到丰富。2018 年中国粮食总产量 65789

万吨（1.3 万亿斤），较 1978 年翻一番；2018 年全国工业增加值约 30.5
万亿元，较 1978 年增长了 187.1 倍；钢材、水泥和天然气等工业品产量
分别增长 49.1 倍、32.9 倍和 10.7 倍；汽车产量 2782 万辆，增长 185.6 倍。
从国际比较看，粗钢、煤、发电量、水泥、化肥产量分别由 1978 年的
世界第 5 位、第 3 位、第 7 位、第 4 位、第 3 位跃居到 2016 年的世界
第 1 位；原油产量由第 8 位上升至第 5 位；空调、冰箱、彩电、洗衣机、
微型计算机、平板电脑、智能手机等家电通信产品产量均居世界首位。
2018 年移动电话普及率上升至 112.2 部 / 百人，建成全球最大移动互联
网，移动宽带用户达 13.0 亿户，如表 8-1 所示。

表 8-1 1978—2018 年中国农业和工业生产能力比较

农业				工业及交通运输业			
	1978年	2018年	增长倍数		1978年	2018年	增长倍数
粮食总产量（万吨）	30477	65789	1.2	工业增加值（亿元）	1622	305160	187.1
棉花（万吨）	217	610	1.8	化学纤维（万吨）	28	5011	175.1
油料（万吨）	522	3439	5.6	原煤（亿吨）	6	37	5
茶叶（万吨）	26.8	261	8.7	原油（万吨）	10405	18911	0.8
木材（万立方米）	5162	8432	0.6	天然气（亿立方米）	137	1603	10.7
水产品产量（万吨）	465.4	6469	12.9	钢材（万吨）	2208	110552	49.1
	1980年	2018年	增长倍数	水泥（亿吨）	0.7	22	32.9
猪肉（万吨）	3158	5404	0.7	汽车（万辆）	15	2782	185.6
牛肉（万吨）	356	644	0.8	家用电冰箱（万台）	3	7993	2854
羊肉（万吨）	181	475	1.6	彩色电视机（万台）	0.4	18835	49564
牛奶（万吨）	629	3075	3.9	铁路营业里程（万公里）	5	13	1.5
禽蛋（万吨）	1965	3128	0.6	公路里程（万公里）	89	486	4.5

注：表 8-1 中 1978 年、1980 年、2018 年数据均为四舍五入取整值，增长倍数则为实际数值计算。
资料来源：国家统计局、中国铁路总公司、恒大研究院。

（三）货物贸易总额居全球第一，外商投资环境改善

改革开放 40 年，中国货物进出口总额增长 223 倍，总额居世界第一，货物贸易常年保持顺差。1978 年中国货物进出口总额仅为 206 亿美元，占国际市场份额仅为 0.8%，位列世界第 29 位。随着国内生产能力和对外开放水平的提高，尤其在 2001 年加入 WTO 后，中国货物贸易规模相继超越英国、法国、德国和日本。2018 年中国货物进出口总额达 4.6 万亿美元，较 1978 年增长 223 倍，年均增速 14.5%。2018 年中国货物出口金额为 24874 亿美元，占全球的 12.8%，高于美国的 8.5%（德国的 8%、日本的 3.8%），连续 10 年为全球第一大货物出口国，如图 8-4 所示。2018 年中国货物进口金额为 21356 亿美元，顺差为 3518 亿美元。2018 年服务进出口总额约 7920 亿美元，较 1978 年增长 174 倍。2018 年中国实际使用外商直接投资金额 1350 亿美元，较 1984 年增加 106 倍。

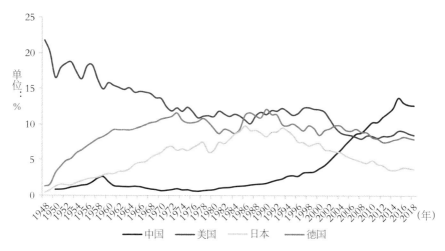

图 8-4　1948—2018 年中、美、日、德出口占全球货物出口比重

资料来源：Wind、恒大研究院。

（四）外汇储备连续 13 年全球第一

外汇储备大幅增长，中国从外汇短缺国转变为世界第一外汇储备大国。1978 年，我国外汇储备仅 1.67 亿美元，居世界第 38 位。随着我国经济发展水平持续提高，我国经常项目盈余迅速积累，吸引外资持续增加，2006 年我国外汇储备突破 1 万亿美元，超过日本居世界第 1 位。2018 年年末我国外汇储备为 3.07 万亿美元，稳居世界第 1 位。

（五）城镇化率稳步提高，进入城市群都市圈发展阶段

1978—2018 年，中国就业人员从 40152 万人增加至 77586 万人，年均增加约 936 万人，大量农村富余劳动力向城市转移。40 年来，中国城镇常住人口从 1.7 亿人快速增至 8.3 亿人，净增加 6.6 亿人，常住人口城镇化率从 17.9% 提升至 59.6%，提高 41.7 个百分点。2018 年年末，中国户籍人口城镇化率为 43.4%，与常住人口城镇化率的差距缩小至 16.2 个百分点。2014 年中共中央、国务院发布《国家新型城镇化规划（2014—2020 年）》提出五大发展目标；2019 年国家发展和改革委员会发布《关于培育发展现代化都市圈的指导意见》，指导培育现代化都市圈；2019 年《政府工作报告》确立都市圈城市群发展模式，城镇化进程将加速推进。

二、中国在人均 GDP、生产效率、产业结构、企业竞争力、金融自由度、城市化水平等方面与美国比仍有差距

（一）人均 GDP：差距巨大，中国仅为美国的 16%

2018 年中国人均 GDP 达到 9769 美元，美国人均 GDP 为 62590 美元，中国仅相当于美国的 16%，如图 8–5 所示。高收入国家门槛是 4 万美元，人均 GDP 从 8000 美元到 4 万美元，美国用时约 29 年，日本用时 32 年，德国用时 30 年。根据普华永道和世界银行的估算，中国

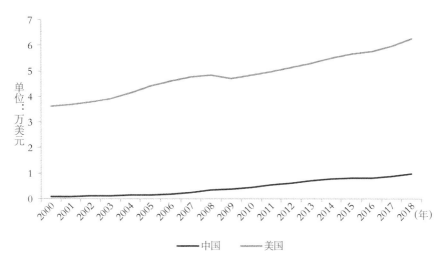

图 8-5　2000—2018 年中、美人均 GDP

资料来源：Wind、恒大研究院。

在 2050 年人均 GDP 将达 3.73 万美元，美国为 8.78 万美元，届时差距仍然巨大。按照党的十九大的规划，中国未来 30 年发展蓝图：到 2020年，全面建成小康社会；到 2035 年，基本实现社会主义现代化；到 21世纪中叶，把我国建设成为富强民主文明和谐美丽的社会主义现代化强国。

（二）经济产出效率：中国全要素生产率、劳动生产率均不及美国，每单位能耗创造的 GDP 低于美国和世界平均水平

中国经济正从高速增长阶段转为高质量增长阶段，更加依赖全要素生产率，但我国经济产出效率仍大幅低于美国。2014 年中国全要素生产率（PPP 计价）为美国的 43%，如图 8-6 所示；2018 年中国劳动生产率为 1.4 万美元，美国劳动生产率为 11.3 万美元，中国约为美国的 12%，如图 8-7 所示。

中国 GDP 的创造效率低于美国和世界平均水平，单位 GDP 能耗大，在主要大国中仅高于俄罗斯。2014 年，我国每单位能耗创造的 GDP 为

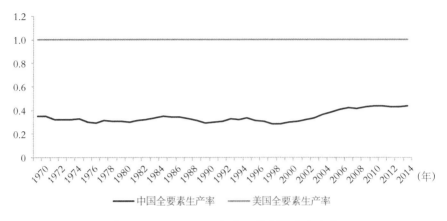

图 8-6　1970—2014 年中、美全要素生产率

资料来源：FRED, "Total Factor Productivity Level at Current Purchasing Power Parties fro China", 见 https://fred.stlouisfed.org/series/CTFPPPCNA669NRUG，访问时间：2019 年 4 月 23 日；恒大研究院。

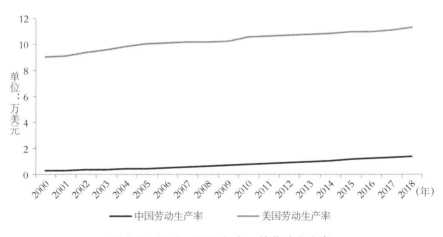

图 8-7　2000—2018 年中、美劳动生产率

资料来源：世界劳工组织："Labour Productivity"，见 https://www.ilo.org/ilostat/faces/oracle/webcenter/portalapp/pagehierarchy/Page3.jspx?MBI_ID=49&_afrLoop=3104160080433363&_afrWindowMode=0&_afrWindowId=ukc5oo3y_276#!%40%40%3F_afrWindowId%3Dukc5oo3y_276%26_afrLoop%3D3104160080433363%26MBI_ID%3D49%26_afrWindowMode%3D0%26_adf.ctrl-state%3Dukc5oo3y_332，访问时间：2019 年 4 月 23 日；恒大研究院。

5.7 美元 / 千克油当量，美国为 7.46 美元 / 千克油当量，世界平均水平为 7.9 美元 / 千克油当量，如图 8-8 所示。

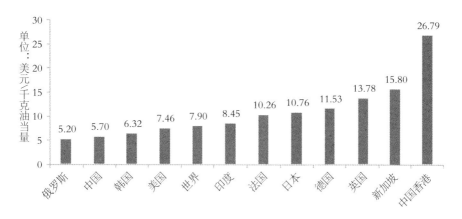

图 8-8　2014 年世界部分国家和地区每单位 GDP 能耗（2011 年不变价）

资料来源：Wind、世界银行、恒大研究院。

（三）投资与消费：消费对中国经济的贡献度上升，但投资仍占较大比例；美国为典型的个人消费驱动型经济

按照支出法，2017 年中国居民消费率为 39%，低于美国的 68.4%；最终消费支出占 GDP 的 53.6%，投资占比依然较高。党的十九大报告明确提出，增强消费对经济发展的基础性作用，发挥投资对优化供给结构的关键性作用。中国居民的消费需求始终没有得到显著提升，居民消费率（居民消费占 GDP 比重）一直处于偏低水平，特别是 2000—2010 年间，居民消费率从 46.7% 持续下滑至 35.6% 的历史低点。2010 年后虽然有所回升但仍然处于相对低位，2017 年为 39%。同期美国的居民消费率高达 68.4%，英国也达到了 65.5%，欧元区平均为 54.6%。即使与经济发展处于相似阶段的国家和地区比，中国的居民消费率也明显偏低，2017 年金砖国家（不包括中国）居民消费率平均为 64%，高出中国近 25 个百分点。近期在居民杠杆过

高、房价高企、经济形势下行、财富效应消失的背景下，居民消费降级，需要提高居民在收入分配的比重，提高民生社保财政支出，解除后顾之忧，通过政府再分配降低收入差距，通过放宽市场准入和鼓励市场良性竞争增加优质产品和服务供给，促进居民消费。2017 年中国资本形成总额占 GDP 比重为 44.4%，对投资依然高度依赖，不断推动杠杆率上升；美国的私人投资占比为 17.3%。

（四）国际贸易：中国货物贸易为顺差，服务贸易为逆差，中美两国对货物进出口依存度均有下降

前文已分析，中国货物贸易出口额居全球第一，货物贸易常年顺差，但服务贸易为逆差。2018 年中国货物贸易顺差为 3518 亿美元，服务贸易逆差为 2582 亿美元，如图 8-9、图 8-10 所示。

2018 年美国货物出口金额为 16723 亿美元，进口金额为 25636 亿美元，贸易逆差为 8913 亿美元。服务出口金额为 8284 亿美元，进口金额为 5592 亿美元，贸易顺差为 2692 亿美元。其中，美国对华货物贸易逆差为 4195 亿美元，占美国货物贸易逆差的 48%，超过后九个经济体

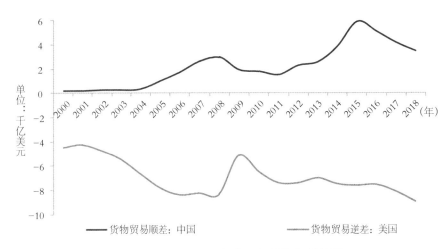

图 8-9　2000—2018 年中、美货物贸易差额

资料来源：Wind、恒大研究院。

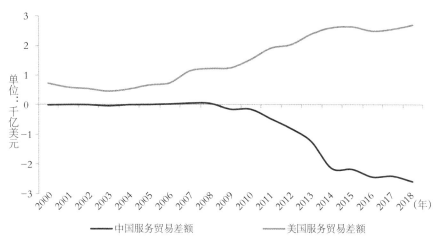

图 8-10　2000—2018 年中、美服务贸易差额

资料来源：Wind、恒大研究院。

之和（45.9%）；2018 年对华服务贸易顺差为 387 亿美元，占美国服务贸易顺差的 15.5%，排名世界第 1 位，这是由两国的经济发展阶段、比较优势和全球价值链分工决定的。

中美两国对进出口的依存度均有下降，中国下降幅度更大。自 1978 年尤其是 2001 年加入 WTO 以来，中国进出口总额与 GDP 之比快速提高，在 2006 年达到最高点 64.2%，其后持续下降，2018 年为 33.9%；进出口依存度下降，较最高点下降了 30 多个百分点，如图 8-11 所示。中国货物贸易顺差整体持续扩大，净出口占 GDP 比重在 2007 年达到 7.5% 后下行，2018 年为 2.6%。美国进出口总额占 GDP 比重持续增加，到 2011 年达到最高点 30.9%，近年来有所下降，2018 年为 27.4%。美国净出口在 1971 年首次转负后，除 20 世纪 80 年代末因美日贸易战而逆差收窄外大部分年份均为负数，在 2006 年净出口占 GDP 比重达 -5.5%，其后逆差收窄，2018 年为 -3%，如图 8-12 所示。中美贸易摩擦并未爆发在美国贸易逆差最严重的 2006 年前后，而在缩减的 2018 年，可见缩减贸易逆差只是美方发起贸易摩擦的借口。

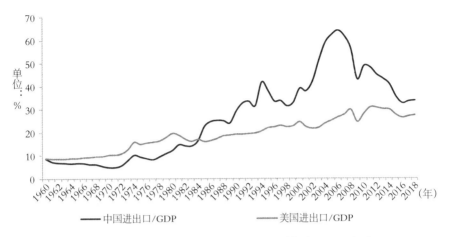

图 8–11 1960—2018 年中、美进出口总额占 GDP 比重

资料来源：Wind、恒大研究院。

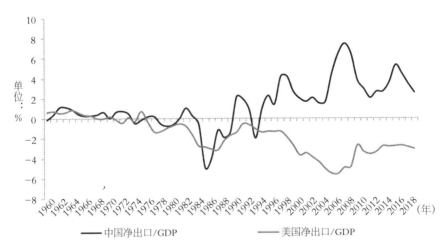

图 8–12 1960—2018 年中、美净出口总额占 GDP 比重

资料来源：Wind、恒大研究院。

（五）产业结构：中国第三产业占比低于美国 28 个百分点，但金融业占比略超美国

2018 年中国三大产业占 GDP 的比重分别为 7%、41% 和 52%，2018 年美国三大产业占 GDP 比重分别为 1%、19% 和 80%，如图 8–13 所

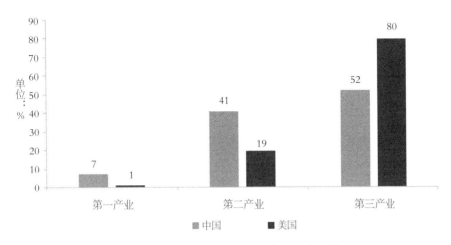

图 8-13　2018 年中、美三大产业结构比较

资料来源：Wind、恒大研究院。

示。从劳动力分布看，2017 年中国三大产业就业人数占比分别为 27%、
28.1% 和 44.9%，中国第一产业就业人数占比仍大幅高于第一产业占
GDP 比重 20 个百分点，第一产业就业人口向第二、第三产业的转移还
将继续；2017 年美国三大产业就业人数占比为 1.7%、18.9% 和 79.4%。

农业方面，中国第一产业增加值和就业占比均偏高，但效率偏
低，机械化、规模化程度偏低，更多依靠化肥。中国小麦、棉花单产
高于美国，但大豆、玉米的单产和总产量远低于美国。第一，2017 年
中国玉米和大豆的单产均为美国的 56%，如表 8-2 所示。第二，根据
联合国粮食及农业组织（FAO）数据，2016 年我国玉米产量为 2.3 亿
吨，美国为 3.8 亿吨，中国玉米产量相当于美国的 60.5%；中国小麦
产量为 1.3 亿吨，相当于美国的 2 倍；大豆产量 1196 万吨，仅相当于
美国的 10%。[①]第三，就粮食自给率而言，2016 年中国狭义粮食自给

---

① 联合国粮食及农业组织，见 http://www.fao.org/faostat/en/#data/QC，访问时间：2019
年 6 月 23 日。

率为95.4%^①，美国为121%^②；中国广义粮食自给率为83.9%^③，美国为131.2%^④。中国为粮食净进口国，美国为粮食净出口国。第四，中国每公顷耕地消费的化肥为美国的3.7倍。

表 8-2　中、美农作物单产比较

	2017 年单产 （吨 / 公顷）		2017 年增速 （%）	
	中国	美国	中国	美国
玉米	5.9	10.6	−0.28	1.53
小麦	5.3	2.9	3.09	−2.76
棉花	1.5	0.9	3.82	−5.07
大豆	1.8	3.2	1.31	3.21
葵花籽	2.6	1.8	−0.51	9.07

资料来源：Wind、恒大研究院。

2017 年，中国工业增加值为 41452 亿美元，占 GDP 的 33.8%，制造业增加值为 35932 亿美元，占 GDP 的 29.3%；美国工业增加值为 28692 亿美元，占 GDP 的 14.8%，制造业增加值为 22443 亿美元，占 GDP 的 11.6%。

中国工业产能利用率整体低于美国，2017 年因国内"去产能"而略高于美国。2013 年以来，中国工业产能利用率整体上低于美国，但"去产能"取得进展，2019 年一季度产能利用率达 75.9%，低于美国的 78.6%，如图 8-14 所示。其中，煤炭、石油和天然气开采业，中国

---

① 联合国粮食及农业组织，中国狭义粮食自给率 = 中国谷物产量 / 中国谷物消费量。

② 联合国粮食及农业组织，美国狭义粮食自给率 = 美国谷物产量 / 美国谷物消费量。

③ 联合国粮食及农业组织，中国广义粮食自给率 =（中国谷物产量 + 中国大豆产量）/（中国谷物消费量 + 中国大豆消费量）。

④ 联合国粮食及农业组织，美国广义粮食自给率 =（美国谷物产量 + 美国大豆产量）/（美国谷物消费量 + 美国大豆消费量）。

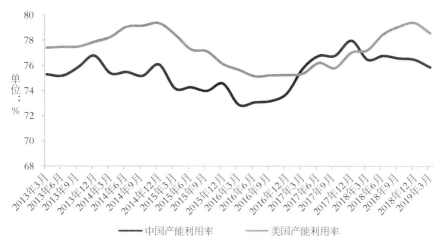

图 8-14　2013—2019 年中、美产能利用率

资料来源：Wind、恒大研究院。

为 73.1%，美国为 91.3%；黑色金属冶炼加工业，中国为 79.2%（有色金属冶炼及加工为 78.8%），美国为 81%；汽车制造业，中国为 78.3%，美国为 77.2%；电器机械和器材制造业，中国为 80.2%，美国为 73.9%；通信和其他电子设备，中国为 78%，美国为 71.6%。

2017 年，中国、美国的钢铁产量分别为 85007 万吨和 8161 万吨，中国钢铁产量是美国的 10 倍多。2017 年中国和美国的原油自给率分别是 32.2% 和 65.5%，中国仅为美国的一半；中国和美国的原油产量分别为 1.9 亿吨和 5.7 亿吨，中国是美国的 1/3；中国和美国原油消费量分别为 5.9 亿吨和 8.7 亿吨，中国是美国的 2/3；2013 年中国页岩气藏量为 134 万亿立方米，美国页岩气藏量为 131.5 万亿立方米；中国技术可开采量为 32 万亿立方米，美国技术可开采量为 33 万亿立方米。

中国金融业占比略超过美国，房地产业占比约为美国的一半。2018 年，中国金融业占 GDP 的 7.7%；美国金融业占 GDP 的 7.4%。2018 年，中国、美国的房地产与租赁业占 GDP 比重分别为 9.3% 和 13.3%。其中，中国、美国房地产业占 GDP 的比重分别为 6.7% 和 12.2%。

（六）金融：中国以间接融资为主，美国以直接融资为主

中国以银行主导的间接融资为主，风险偏好低，倾向于向国企、传统低风险行业放贷；美国以直接融资为主，风险投资发达，有利于推动实体经济和高科技的创新。2017 年中国间接融资占比约为 75%，直接融资占比约为 25%；美国直接融资占比约为 80%，间接融资约为 20%。

中国 M2/GDP 比重为美国的 2.8 倍。2018 年年底中国货币供应量（M2）为 26.3 万亿美元，占 GDP 比重为 193%；美国货币供应量为 14 万亿美元，占 GDP 比重为 69%，如图 8–15 所示。

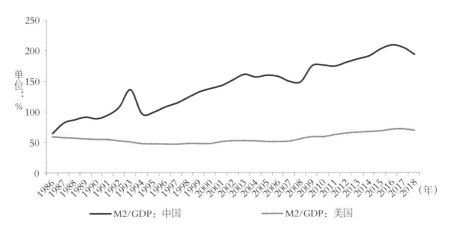

图 8–15　1986—2018 年中、美广义货币 M2 与 GDP 之比

资料来源：Wind、恒大研究院。

中国股票市场发展较晚，沪深两市总市值仅占美股的 1/5。2018 年年底沪深两市总市值为 6.6 万亿美元，占 GDP 比重为 48.5%；美股总市值已达 37.8 万亿美元，占 GDP 比重为 184.4%。沪深两市上市公司共 3584 家，美股上市公司总数为 4875 家。从股票发行与退市制度看，中国实行 IPO 审批制，公司上市程序复杂、用时较长，市场机制作用

发挥不充分；美国实行注册制，通过发行人和投资者的价格博弈可充
分发挥市场机制作用。从投资结构看，中国股市由个人投资者主导，
中小投资者（证券账户资产量低于 50 万元）占比为 75.1%，羊群效
应和非理性特征明显；美国股市由机构投资者主导，侧重长期价值投
资。从股指行情看，A 股表现出"牛短熊长"特征，上证综指在经过
几轮暴涨暴跌后长期趋势并不明显；美国表现出"慢牛行情"，长期
呈上涨趋势，如图 8-16 所示。分行业看，中国各行业市值均低于美
国，但材料、工业和金融行业相对市值较高，通信业务市值与美国差
距较大，如图 8-17 所示。

　　美元为国际储备货币，在全球外汇储备中占比高达 61.7%，人民
币占比仅为 1.9%，欧元、日元、英镑、加元占比分别为 20.7%、5.2%、
4.4% 和 1.8%。2017 年中国 IMF 投票权份额为 6.41%；美国为 17.46%，
具有一票否决权。2018 年年底中国外汇储备为 30727 亿美元，美国外

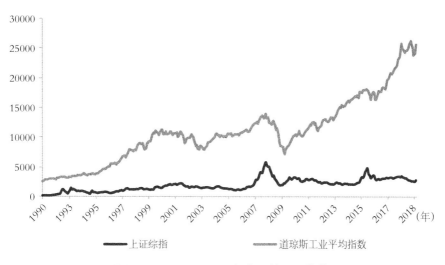

图 8-16　1990—2018 年中、美股票指数

资料来源：Wind、恒大研究院。

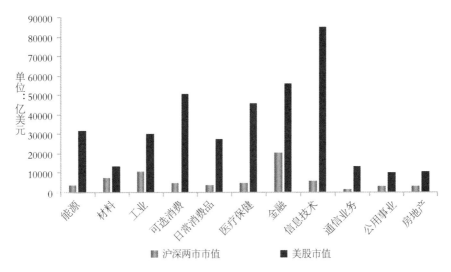

图 8-17　2017 年沪深两市、美股各行业市值

资料来源：Wind、恒大研究院。

汇储备为 419 亿美元，中国为全球第一大外汇储备国，占全球比重约 27%。

　　中国总储蓄率高于美国，但美国贷款利率低于中国，吸引外商投资规模高于中国。2018 年，中国总储蓄率为 46%，美国总储蓄率为 19%。2018 年，中国中短期贷款利率为 4.35%，美国中短期贷款利率为 3.9%，如表 8-3 所示。2018 年中国吸引外商直接投资金额为 1390 亿美元，美国吸引外商直接投资金额为 2518 亿美元。2018 年中国对外投资金额为 1298 亿美元，美国对外投资金额为 –635 亿美元。

表 8-3　2018 年中、美储蓄率、贷款利率等比较

	中国	美国
总储蓄率（%）	46	19
中短期贷款利率（%）	4.35	3.9%

续表

	中国	美国
外商直接投资规模（亿美元）	1390	2518
对外投资规模（亿美元）	1298	−635

资料来源：联合国，见 https://unctad.org/en/PublicationsLibrary/wir2019_en.pdf，访问时间：2019 年 7 月 3 日；恒大研究院。

（七）企业竞争力：中国的世界 500 强企业数量少于美国

中国跻身世界 500 强的企业数量不断接近美国，2018 年《财富》世界 500 强排行榜显示，中国上榜公司数量连续 11 年增长，达到 111 家，其中，国企有 83 家，民企 28 家；美国有 126 家上榜。[①] 中国有 3 家企业进入榜单前 10 名：国家电网（第 2 名）、中国石化（第 3 名）、中国石油（第 4 名）；美国沃尔玛零售商继续位列世界 500 强榜首，如表 8–4 所示。

表 8–4　2018 年中、美上榜前 10 名企业营业收入、利润对比表

（单位：百万美元）

企业名称（中国）	营业收入	利润	企业名称（美国）	营业收入	利润
国家电网	348903	9533	沃尔玛	500343	9862
中国石化	326953	1538	埃克森美孚	244363	19710
中国石油	326008	−691	哈克希尔 – 哈撒韦	242137	44940
中国建筑	156071	2675	苹果公司	229234	48351
中国工商银行	153021	42324	麦克森公司	208357	67
中国平安	144197	13181	联合健康集团	201159	10558
中国建设银行	138594	35845	CVS Health 公司	184765	6622

---

① 《2018 年财富世界 500 强排行榜》，2018 年 7 月 19 日，见 http://www.fortunechina.com/fortune500/c/2018-07/19/content_311046.htm。

企业名称 （中国）	营业收入	利润	企业名称 （美国）	营业收入	利润
上汽汽车	128819	5091	亚马逊	177866	3033
中国农业银行	122366	28550	美国电话电报公司	160546	29450
中国人寿	120224	267	通用汽车	157311	−3864
总计	1965156	138313	总计	2306081	168729

资料来源：《2018 年财富世界 500 强排行榜》，2018 年 7 月 19 日，见 http://www.for-tunechina.com/fortune500/c/2018-07/19/content_311046.htm，恒大研究院。

从行业分布看，中国上榜的企业主要集中在银行、保险、能源矿业、商业贸易和 IT 行业，生命健康、食品与生产加工等行业上榜企业空白；美国上榜企业分布在银行、保险、能源矿业、商业贸易、IT、食品与生产加工和生命健康等行业。互联网行业中，中国上榜的有 3 家（京东、阿里巴巴、腾讯），美国上榜的有 3 家（亚马逊、Alphabet、脸书）；电子通信行业中，中国有 15 家（鸿海、中国移动、华为、中国电信、中国联通等），美国有 23 家（苹果公司、美国电话电报公司、微软、Comcast、IBM 等）；汽车制造领域中，中国上榜的有 7 家（上汽汽车、东风汽车、一汽汽车等），美国上榜的有 2 家（通用汽车、福特）；航空、国防领域中，中国上榜数量与美国持平（均为 6 家）；食品与生产加工、生命健康行业，中国均无上榜企业，美国分别有 10 家食品与生产加工类企业和 12 家生命健康类企业上榜，如表 8–5 所示。

从盈利看，美国苹果公司排在第 1 位，利润为 483.5 亿美元，中国进入利润榜前 10 名的是四大国有银行。中国 10 家上榜银行平均利润高达 179 亿美元，利润总额占 111 家中国（包括香港地区，不包括台湾地区）上榜公司总利润的 50.7%。美国上榜的 8 家银行平均利润为 96 亿美元，利润总额占 126 家美国上榜公司的 11.7%。①

表 8-5　2018 年中美全球 500 强企业行业分布对比

世界 500 强企业数量（分行业）	中国（111 家）	美国（126 家）
半导体、电子元件	0	1
IT	11	18
食品与生产加工	0	10
生命健康	0	12
制药	2	5
汽车制造	7	2
舰船制造	3	0
航空、国防	6	6
金属制品	9	0
银行业	10	8
保险	7	15
房地产	5	0
工程与建筑	7	0
商业贸易	13	15
能源矿业	17	12
其他	14	22

注：中国 111 家企业中未包含台湾地区的数据。

资料来源：格隆汇：《中国 VS 美国：揭秘一个真实的世界 500 强》，2018 年 7 月 22 日，
见 https://m.gelonghui.com/p/194195；恒大研究院。

（八）人口与就业：中国人口总量为美国的 4.2 倍，老龄化率比美国低，但老龄化速度较快

2018 年年底中国总人口为 13.95 亿，美国为 3.3 亿，中国约为美国的 4.2 倍；中国人口密度为每平方公里 145 人，美国为 36 人，中国约为美国的 4 倍；2017 年中国人口老龄化率为 11.4%，美国为 15.4%，但我

---

① 《2018 年财富世界 500 强排行榜》，2018 年 7 月 19 日，见 http://www.fortunechina.com/fortune500/c/2018-07/19/content_311046.htm。

国老龄化率的增速快于美国，过去 10 年中国人口老龄化率增速为 0.3 个百分点 / 年，美国人口老龄化率增速为 0.28 个百分点 / 年；中美两国的男女比例为 1.05 和 0.97。

（九）城市：中国城镇化率低于美国 23.6 个百分点，城市圈（群）的集聚效应低于美国

中国常住人口城镇化率低于美国，户籍城镇化率更低，应加快推进进城务工人员市民化进程。中国五大城市群的集聚效应低于美国。2018 年中国的城镇化率为 59.6%（户籍城镇化率为 43.4%），美国为 82.3%，如图 8–18 所示。美国的大西洋沿岸城市群、五大湖城市群、西海岸城市群聚集的人口占全国总人口的比重分别为 21.8%、14.5% 和 12.1%，高于中国京津冀、长三角和珠三角人口占全国总人口比重的 8%、11% 和 4.4%。美国三大主要城市群的 GDP 占全国 GDP 的比重分别为 25.6%、13.8% 和 14.1%，高于中国三大主要城市群的 10%、20% 和 9.2%。

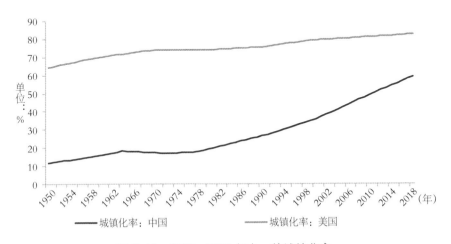

图 8–18　1950—2018 年中、美城镇化率

资料来源：Wind、恒大研究院。

1. 美国主要城市群的特征

（1）波士顿—华盛顿城市群：美国最大的商业贸易和国际金融中心

以波士顿、纽约、费城、巴尔的摩、华盛顿等 11 个城市组成的超大型城市群位于美国东海岸。区域总面积约 45 万平方公里，占美国国土面积的 4.7%；2016 年人口 7031 万人，占美国总人口的 21.8%，是美国人口密度最高的地区；GDP 达到 4.7 万亿美元，占美国 GDP 的 25.6%。

（2）芝加哥—匹兹堡城市群：美国最大的制造业中心

以芝加哥、匹兹堡、克利夫兰、托利多、底特律等 35 个城市组成的城市群，分布于美国中部五大湖沿岸地区。区域总面积约 63.4 万平方公里，占美国国土面积的 6.6%；2016 年人口 4676 万人，占美国总人口的 14.5%；GDP 达到 2.56 万亿美元，占美国 GDP 的 13.8%。

（3）圣地亚哥—旧金山城市群：美国"科技中心"

以洛杉矶、旧金山为中心的第三大城市群，位于西部太平洋沿岸地区，包括南加利福尼亚州、北加利福尼亚州两大部分，辐射整个加利福尼亚州。区域总面积约 40.4 万平方公里，占美国国土面积的 4.2%；2016 年人口 3925 万人，占美国总人口的 12.1%；GDP 达到 2.6 万亿美元，占美国 GDP 的 14.1%。[①]

2. 中国主要城市群的特征

（1）京津冀城市群

京津冀城市群由北京、天津两个直辖市和河北省 13 个地级市组成。区域总面积约 21.5 万平方公里，占中国国土面积的 2.3%；2017 年常

---

　　① 任荣荣、李牧汀：《美国都市带房地产市场发展的经验与启示》，《宏观经济研究》2018 年第 7 期。

住人口 1.1 亿人，占中国总人口的 8%，城镇化率 62.7%；2017 年 GDP 达到 8.3 万亿元（1.2 万亿美元），占中国 GDP 的 10%。

（2）长三角城市群

长三角城市群包括上海、南京、杭州等 26 个城市。区域总面积约 21.3 万平方公里，占中国国土面积的 2.2%；2017 年常住人口 1.5 亿人，占中国总人口的 11%；2017 年 GDP 达到 16.5 万亿元（2.4 万亿美元），占中国 GDP 的 20%。

（3）珠三角城市群

珠三角城市群包括广州、深圳、珠海、佛山、东莞等 9 个城市。区域总面积约 5.5 万平方公里，占中国国土面积的 0.6%，2017 年常住人口 6151 万人，占中国总人口的 4.4%；2017 年 GDP 达到 7.6 万亿元（1.1 万亿美元），占中国 GDP 的 9.2%。①

（十）资源能源储备：中国人均耕地和水资源少于美国，能源自给率逐年下滑，能源进口占比约为美国的两倍

中国耕地面积为美国的 78%，人均耕地面积为美国的 19%，人均可再生水资源为美国的 23%，能源自给率逐年下滑，能源进口占比约为美国的两倍，如图 8–19 所示。世界银行的数据显示，2015 年美国耕地面积为 152.3 万平方公里，占美国国土面积的 16.65%，是世界上耕地面积最大的国家，人均耕地面积为 0.47 公顷。中国耕地面积为 119 万平方公里（约合 17.85 亿亩），占中国国土面积的 12.68%，人均耕地面积为 0.09 公顷。美国耕地面积和人均耕地面积分别为中国的 1.3 倍和 5.2 倍。2014 年，中国人均可再生水资源为 2062 立方米 / 人，相当于美国 8846 立方米 / 人的 23%。中国能源消耗进口占比逐年上升，自给率逐年下降，与美国近年页岩气革命以来形成鲜明对比，2014 年中国能

---

① 数据来源：国家及地方统计局。

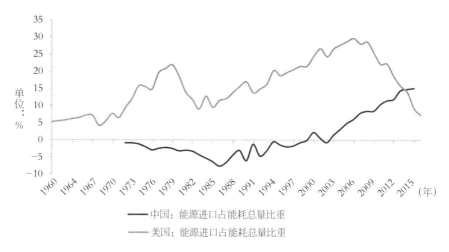

图 8-19　1960—2015 年中、美能源进口占能耗总量比重

资料来源：Wind、恒大研究院。

源进口占比为 15.02%，相当于美国 7.31% 的两倍。

（十一）财政：中国赤字率和政府债务率低于美国

中国的财政赤字率和政府债务率低于美国，但是隐性债务较多；中

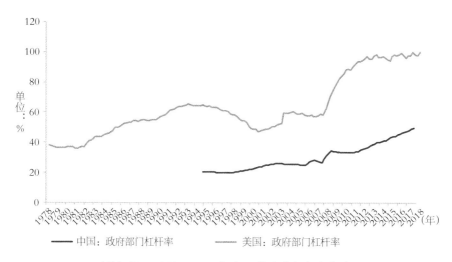

图 8-20　1978—2018 年中、美政府部门杠杆率

资料来源：Wind；BIS，"Total Credit to the Government Sector at the Market Value"，见 https://
stats.bis.org/statx/srs/table/f5.1，访问时间：2019 年 4 月 23 日；恒大研究院。

国的社会保障和基础设施建设水平仍低于美国。2018 年中国的财政赤字率为 4.2%（考虑到结转结余和调入资金使用），但剔除上述因素的官方赤字率为 2.6%，低于美国的 3.5%。中国政府的杠杆率为 49.8%，低于美国的 99.2%，如图 8-20 所示。

（十二）军费：美国军费开支全球第一，为中国的三倍

当前，新兴国家的崛起在很大程度上是以经济大国的身份进行，其政治影响力、军事实力相对于经济实力而言还存在很大差距。根据瑞典斯德哥尔摩国际和平研究所的数据，2017 年中国军费开支 2280 亿美元，居世界第 2 位，占 GDP 比重为 1.9%；美国军费开支为 6950 亿美元，占 GDP 比重为 3.6%，占全球军费开支比重为 40%，是中国的三倍。其次沙特阿拉伯为 694 亿美元、俄罗斯为 663 亿美元、印度为640 亿美元、法国为 578 亿美元、英国为 470 亿美元、日本为 454 亿美元，如图 8-21 所示。

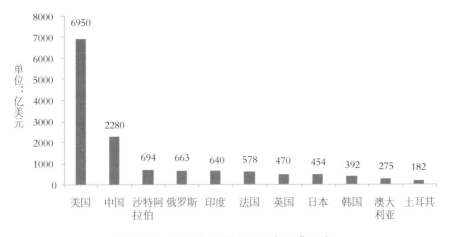

图 8-21　2017 年世界主要国家军费开支

资料来源：瑞典斯德哥尔摩国际和平研究所："SIPRI Military Expenditure Database"，见 https://www.sipri.org/databases/milex，访问时间：2019 年 4 月 23 日；恒大研究院。

三、最好的投资机会就在中国

在看到中美巨大差距的同时，我们要清晰地认识到中国经济发展的巨大潜力和优势，新一轮改革开放将释放巨大红利，最好的投资机会就在中国。

（一）中国近 14 亿人口，拥有全球规模最大的统一市场和中等收入群体

中国有覆盖近 14 亿人口的统一市场，商品、人员、服务和资本均可自由流动，产品的研发、生产、物流、销售等环节都存在巨大的规模效应。以移动互联网行业为例，中国网民数量为 8.3 亿人，同比增速达到 7.5%；而美国网民数量为 2.5 亿人，同比增速为 0.9%，不及中国。中国在移动互联网领域的高速发展很大程度上得益于极大的市场规模，产品一旦成功不仅能够获得广泛的影响力，还能得到大量用户的反馈，帮助企业快速迭代更新。

（二）劳动力资源近 9 亿人，接受高等教育和职业教育的高素质人才达 1.7 亿人，人口红利转向人才红利

2018 年年底中国劳动力年龄人口约 9 亿人，受过高等教育和职业教育的高素质人才有 1.7 亿人，每年有约 800 万大学生毕业。中国过去 10 年培养了 7000 多万大学生，包括大量的技术人才，这使得近年来中国在产业创新、基础科学等领域逐渐开始取得重要进展，一些领域如 5G 等已经开始取得突破。尽管中国总人口已跨过刘易斯拐点，但人口素质的上升使得中国孕育了新一轮、更大的人才（工程师）红利，成为中国经济长期发展的重要人才储备。

（三）创新创业十分活跃，中国新经济独角兽企业数量占全球 28%，仅次于美国

中国新经济具有旺盛活力，跨界创新蓬勃发展。2018 年，信息服

务业同比增速高达 30.7%，如图 8-22 所示。从子行业来看，移动游戏、网络购物、约车平台、旅游平台、智能家居、云计算等众多子行业都获得了 20%—50% 的增长。每个子行业都诞生了一批独角兽企业，使得中国企业在全球创新创业领域的话语权迅速提升。2018 年，全球新经济独角兽企业美国和中国分别占比为 49% 和 28%，中美独角兽企业占全球总量的 77%。从估值看，2018 年中国独角兽企业平均估值约为 59.6 亿美元，高于美国的 36.8 亿美元。未来信息服务业与人工智能、AR、VR 技术结合仍将释放巨大的增长潜力，为中国经济发展提供重要动能。

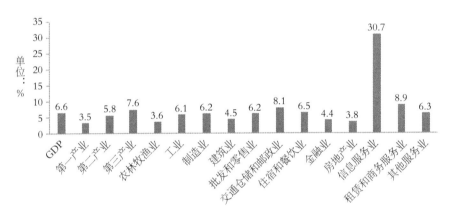

图 8-22　2018 年中国 GDP 分行业增速

资料来源：Wind、恒大研究院。

中国不断加大研发投入，在部分高科技领域与发达国家的差距逐渐缩小。中国在芯片制造、软件开发、航空等领域与以美国为代表的发达国家仍然存在差距，但中国在持续推进研发。以通信行业为例，当前全球四大通信设备巨头华为、爱立信、诺基亚、中兴，中国占据其二。世界知识产权组织数据显示，2018 年华为提交国际专利申请 5405 件，创下单一公司国际专利申请最高纪录。在 5G 的标准制定上，华为也开始崭露头角，中国在全球通信领域话语权逐渐提高。

（四）中国城镇化率与发达国家相比还有约 20 个百分点空间，将带来大量投资机会

中国城镇化还有较大提升空间，城镇化率提升将带来大量投资机会。过去 40 年城镇人口净增 6.6 亿，深刻地改变了中国经济社会格局。但是，户籍人口城镇化率低于常住人口城镇化率 16.2 个百分点，还有 2.3 亿进城务工人员及家属子女未能市民化。目前，中国 59.6% 的城镇化率稍高于 54.8% 的世界平均水平，但明显低于高收入经济体的 81.4% 和中高收入经济体的 65.5%，中国城市化还有较大空间。

未来 10 年，中国将新增近两亿城镇人口。《国家人口发展规划（2016—2030 年）》预测，中国人口将在 2030 年前后达到峰值，此后持续下降，届时中国城镇化率将达 70%[①]。联合国《世界城镇化展望(2018 年修订版)》预测，中国人口将在 2029 年左右达到峰值，中国城镇化率将在 2030 年达 70.6%，即城镇人口达 10.2 亿，但 2047 年城镇人口将

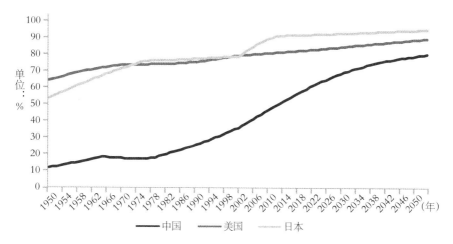

图 8–23　联合国预计 2050 年中国城镇化率将达 80%

资料来源：Wind、恒大研究院。

---

① 《国务院关于印发国家人口发展规划（2016—2030 年）的通知》，见 http://www.gov.cn/zhengce/content/2017-01/25/content_5163309.htm，访问时间：2019 年 6 月 27 日。

达 10.9 亿的峰值，对应城镇化率为 79%，2050 年城镇化率将达 80%，如图 8-23 所示。因此，2030 年中国城镇人口将比 2018 年增加约 1.9 亿，到 2047 年城镇人口达峰值时将比 2018 年增加约 2.6 亿。新增城镇人口将带来基础设施、地产、新零售、医疗卫生、文化娱乐等多个领域的广泛需求，为中国经济发展提供重要引擎。

第二节　中美教育、文化、营商环境、民生现状

一、教育

中国教育的财政投入占 GDP 比重、人均教育支出、劳动力受教育年限、高等教育入学率和高校世界排名远落后于美国。2018 年中国教育经费占 GDP 比重为 5.1%，其中财政投入教育支出占 GDP 比重为 4.1%，低于美国的 5.2%（英国的 5.7%、法国的 5.5%、德国的 4.9%、日本的 3.6%、韩国的 5.1%）。[①] 考虑中国人口基数较大，中美在人均教育经费上差距较大。2015 年，中国成人识字率为 96.36%，美国为 97.04%，基本相当。2016 年，中国平均受教育年限为 9.6 年，劳动年龄人口平均受教育年限为 10.5 年；美国劳动年龄人口平均受教育年限为 13.68 年，如表 8-6 所示。中国学龄前和小学毛入学率分别为 84% 和 100%，高于美国的 69% 和 99%；中国的中学毛入学率为 95%，略低于美国，如表 8-7 所示。2016 年中国的高等教育毛入学率为 48%，美国高等教育毛入学率为 86%。2018 年泰晤士高等教育发布的世界大学排名前 100 强榜单显示，中国有 6 所（分别为清华大学、北京大学、香港大学、香港科技大学、香港中文大学、

---

① 世界银行：《公共教育支出，总数（占政府支出的比例）》，见 https://data.worldbank.org.cn/indicator/se.xpd.totl.gb.zs，访问时间：2019 年 4 月 23 日。

中国科学技术大学）大学上榜，清华大学、北京大学和中国科学技术
大学分别排在第 22 位、第 31 位和第 93 位；美国共 41 所大学进入前
100 强。

表 8–6　中美人才比较

	中国	美国
成人识字率（2015 年，%）	96.36	97.04
研发、技术人员占比（2015 年，人 / 百万人）	1177	4232
劳动年龄人口受教育年限（2016 年，年）	10.5	13.68

资料来源：Wind；世界银行：《识字率，成人总体（占 15 岁以上人口的百分比）》，见
　　　　　https://data.worldbank.org.cn/indicator/SE.ADT.LITR.ZS?loca-tions=GH，访问时
　　　　　间：2019 年 4 月 23 日；恒大研究院。

表 8–7　2016 年中美入学率对比

（单位：%）

	中国	美国	世界
24 岁以上接受中等教育及以上的占比	77.4	95.3	66.5
学龄前毛入学率	84	69	50
小学毛入学率	100	99	105
中学毛入学率	95	97	79
高等教育毛入学率	48	86	36

注：入学率分为毛入学率和净入学率。《2017 年全国教育事业发展统计公报》解释毛入
　　学率，是指某一级教育不分年龄的在校人数占该级教育国家规定年龄组人口的百分
　　比。由于非正规年龄组（低龄或超龄）学生，毛入学率可能会超过 100%。
资料来源：United Nations Development Programme，"Human Development Data（1990—
　　　　　2017）"，见 http://hdr.undp.org/en/data，访问时间：2019 年 6 月 27 日；恒大研究院。

　　中国对留学生的吸引力低于美国，在华留学生人数仅为美国的1/5。
教育部和《2018 年美国门户开放报告》统计数据显示，全球留学生总

数为485万人，在华留学生人数为49万人，其中，"一带一路"沿线国家和地区留学生31.72万人，占总人数的64.85%；赴美留学生人数达109万，其中中国大陆生源占33%，印度占18%，韩国占5%，加拿大、日本、越南、中国台湾均占2%。

二、文化

美国博物馆和公共图书馆数量是中国的5.3倍。据国家统计局的数据显示，2017年中国博物馆达到4721个，公共图书馆有3166个，每17.6万和26.2万人拥有1个博物馆和公共图书馆。根据美国图书馆协会的数据，美国现有33100个博物馆，公共图书馆9057个（全美共有图书馆119487个，公共图书馆占比7.6%），平均不到0.8万和2.9万人就拥有1个博物馆和公共图书馆。

中国国民综合阅读率（含电子媒介）略高于美国，但图书阅读率、人均阅读量不及美国。据中国新闻出版研究院调查，2016年中国成年国民各媒介综合阅读率为79.9%，图书阅读率为58.8%，成年国民人均图书阅读量为7.86本；美国综合阅读率为76%，图书阅读率为65%，成年国民人均图书阅读量为15本。

中国学生偏爱故事类书籍，美国学生更喜欢哲学类书籍。中国大学生借阅榜排名前三的图书为：《平凡的世界》《明朝那些事儿》《藏地密码》；美国大学生借阅图书榜前三的图书：柏拉图的《理想国》、托马斯·霍布斯的《利维坦》、尼可罗·马基亚维利的《君主论》，如表8-8所示。当然，这种结构在一定程度上与美国更加注重版权，教材价格偏贵，以及课程设置有关，学生更多从图书馆借阅政治学类著作。

表 8–8　2015 年中美大学图书借阅排行榜

图书借阅排行榜	中国	美国
1	《平凡的世界》	《理想国》
2	《明朝那些事儿》	《利维坦》
3	《藏地密码》	《君主论》
4	《盗墓笔记》	《文明的冲突》
5	《天龙八部》	《风格的要素》
6	《追风筝的人》	《伦理学》
7	《穆斯林的葬礼》	《科学革命的结构》
8	《王小波全集》	《论美国的民主》
9	《从你的全世界路过》	《共产党宣言》
10	《冰与火之歌》	《政治学》

资料来源:《哈佛、北大等 11 所中美名校图书借阅榜大公开》,2018 年 4 月 18 日,见 http://www.thepaper.cn/newsDetail_forward_2082634;《中国 20 所高校图书借阅榜》,见 http://blog.sina.com.cn/s/blog_542dqf710102wbyk.html,访问时间:2019 年 4 月 23 日;恒大研究院。

三、营商环境

(一)营商环境:中国排名落后于美国 38 位

美国的营商环境要好于中国,但中国的营商环境正在大幅改善。世界银行公布的《2019 年营商环境报告》中,中国营商环境居世界第 46 位,较上年提高 32 名,美国排在第 8 位,较上年下降 2 名,如图 8–24 所示。从各分项指标来看,中国在开办企业(28/190)、获得电力(14/190)、登记财产(27/190)和执行合同(6/190)方面均好于美国,其他排名如办理施工许可证(121/190)和纳税(114/190)排名靠后,如图 8–25 所示。中国开办企业时间是美国的 1.5 倍,美国大企业平均寿命是中国的 5 倍。2018 年中国企业开办时间为 8.6 天,美国为 5.6 天,如图 8–26 所示。中国大型企业平均寿命约为 8 年,中小企业平均寿命约为2.9年，企业平均寿命约为3.5年；美国大型企业平均寿命约为40年，中小企业平均寿命约为7年，美国企业平均寿命约为12.5年。

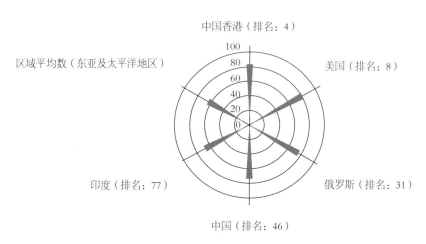

图 8-24　2018 年中美等国家及地区营商环境排名

资料来源：世界银行："DB 2019 Ease of Doing Business Score, China"，见 http://www.doingbusiness.org/en/data/exploreeconomies/china，访问时间：2019 年 4 月 23 日；恒大研究院。

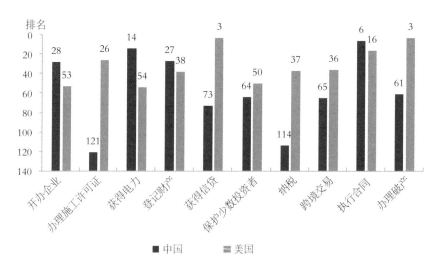

图 8-25　2018 年中美营商环境比较（细分）

资料来源：世界银行："DB 2019 Ease of Doing Business Score, China"，见 http://www.doingbusiness.org/en/data/exploreeconomies/china，访问时间：2019 年 4 月 23 日；恒大研究院。

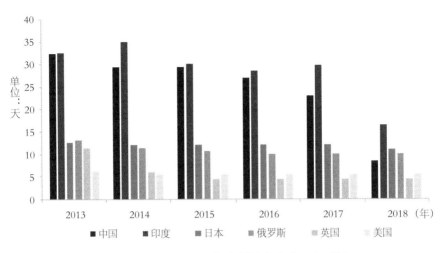

图 8-26　2013—2018 年主要国家企业开办时间

资料来源：世界银行："DB 2019 Ease of Doing Business Score, China"，见 http://www.doingbusiness.org/en/data/exploreeconomies/china，访问时间：2019 年 4 月 23 日；世界银行："DB 2019 Ease of Doing Business Score, United States"，见 http://www.doingbusiness.org/en/data/exploreeconomies/united-states，访问时间：2019 年 4 月 23 日；恒大研究院。

（二）基础设施：中国取得巨大进步，但与美国比仍有较大差距

中国基础设施取得巨大进步，但铁路、公路、轨道交通、宽带等信息基础设施与美国比仍有较大差距，分别相当于美国的 58%、73%、27% 和 82.5%。世界银行发布的"物流绩效指数"（LPI）显示，2016 年中国物流绩效指数为 3.61，低于美国的 3.89，物流绩效指数反映出中国基建水平仍低于美国，如图 8-27 所示。2018 年年底中国拥有 235 个机场，铁路总里程 13.1 万公里，其中高铁总里程 2.9 万公里（占世界 60% 以上），电气化铁路里程 8.5 万公里，铁路密度为 132.2 公里 / 万平方公里。美国共计有 5136 个公用机场，铁路总里程 22.5 万公里，为全球第一，其中电气化铁路里程 1600 公里，美国铁路密度为 233.7 公里 / 万平方公里，中国铁路里程仅相当于美国的 58%，中国的电气化铁路里程是美国的 53 倍。中国航空运输量为 436 万次，美国为 964 万次。

中国轨道交通运营长度为5021.7公里，美国为18264公里（11349英里），中国相当于美国的28%。2018年年底中国公路里程为486万公里，其中高速公路里程为14.4万公里；2017年年底美国公路里程为666.3万公里，其中高速公路里程为9.2万公里，如表8-9所示。2018年，中国每百人中的固定宽带用户为28人，美国为34人。

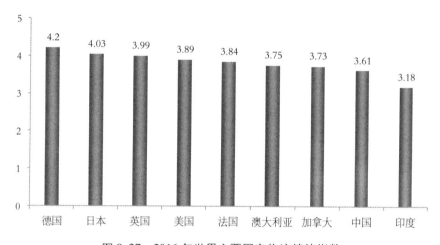

图8-27　2016年世界主要国家物流绩效指数

注：1＝低，5＝高。

资料来源：世界银行：《物流绩效指数：贸易和运输相关基础设施的质量》，见 https://data.worldbank.org.cn/indicator/lp.lpi.infr.xq，访问时间：2019年4月23日；恒大研究院。

表8-9　中美基础设施建设成果对比

	中国（2018年）	美国（2017年）
机场数量（个）	235	5136
铁路总里程（万公里）	13.1	22.5
电气化铁路里程（公里）	85000	1600
铁路密度（公里/万平方公里）	132.2	233.7
航空运输量（万次）	436	964
轨道交通运营长度（公里）	5021.7	18264
公路里程（万公里）	486	666.3

	中国（2018 年）	美国（2017 年）
高速公路里程（万公里）	14.4	9.2

资料来源：Bureau of Transportation Statistics，"Number of U.S. Airports"，见 https://www.
　　　　　bts.gov/content/number-us-airportsa；"Rail Profile"，见 https://www.bts.dot.gov/
　　　　　content/rail-profile；中华人民共和国交通运输部：《2018 年交通运输行业发展
　　　　　统计公报》，见 http://xxgk.mot.gov.cn/jigou/zhghs/201904/t20190412_3186720.
　　　　　html，访问时间：2019 年 6 月 27 日；恒大研究院。

四、民生

中国人均可支配收入、人均消费支出、人均医疗开支、人均住房面积等大幅低于美国，恩格尔系数为美国的 3.6 倍。2018 年中国人均可支配收入 2.8 万元，约合 4264 美元；2017 年美国人均可支配收入 4.5 万美元，为中国的 10.6 倍。2018 年中国人均消费支出 2999 美元；美国人均消费支出 4.3 万美元，为中国的 14.3 倍。2016 年，中国人均住房面积 40.8 平方米，其中城镇居民 36.6 平方米；美国人均住房面积 90.2 平方米。2016 年，中国人均医疗支出 425.6 美元；美国人均医疗支出 9535.9 美元。2016 年中国人均寿命为 76.25 岁；美国为 78.69 岁。《2017 年中国居民消费发展报告》显示，2016 年中国恩格尔系数为 30.1%，2016 年美国恩格尔系数为 8.3%，如表 8–10 所示。

表 8–10　2016 年中美居民生活质量比较

	中国	美国
人均住房面积（平方米）	40.8	90.2
人均寿命（岁）	76.25	78.69
人均医疗支出（美元）	425.6	9535.9
恩格尔系数（%）	30.1	8.30

资料来源：Wind、恒大研究院。

　　中国人类发展指数上升较快，但中国居民生活质量仍有较大发展空间。根据联合国开发计划署的数据，2017 年中国人类发展指数为 0.752，排名世界 86/189；美国为 0.924，排名世界 13/189，如图 8–28 所示。

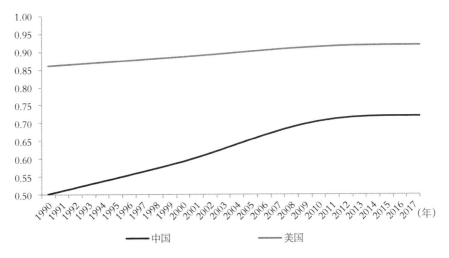

图 8–28　1990—2017 年中、美人类发展指数

资料来源：联合国开发计划署："Human Development Data（1990—2017）"，见 http://hdr. undp.org/en/data，访问时间：2019 年 4 月 23 日；恒大研究院。

　　中国人均耗能量、人均电力消费量均相当于美国的 1/3。2014 年中国人均耗能量为 2237 千克油当量，美国为 6956 千克油当量，中国人均耗能量相当于美国的 1/3。2014 年中国人均电力消费量为 3927 千瓦时，不到 4000 千瓦时，美国在 1960 年便已突破 4000 千瓦时；2014 年美国人均电力消费量为 12984 千瓦时，如图 8–29 所示。

　　中国每百户家庭拥有的耐用消费品数量尤其是汽车数量大幅低于美国，洗衣机除外。2017 年中国每百户家庭拥有洗衣机数量为 95.7 台，电冰箱 98 台，彩电 123.8 台，汽车 37.5 辆；2015 年美国每百户家庭拥有洗衣机数量为 82 台，电冰箱 130 台，彩电 230 台，汽车 197 辆，如表 8–11 所示。

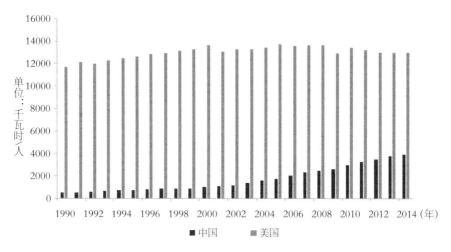

图 8-29 1990—2014 年中、美人均电力消费量

资料来源：世界银行："Electric Power Consumption（kWh per capita）"，见 https://data.world-bank.org/indicator/eg.use.elec.kh.pc，访问时间：2019 年 4 月 23 日；恒大研究院。

表 8-11 每百户家庭拥有耐用品数量

	中国（2017 年）	美国（2015 年）
洗衣机（台）	95.7	82
电冰箱（台）	98	130
彩电（台）	123.8	230
汽车（辆）	37.5	197

资料来源：Wind；U.S. Energy Information Administration（EIA），见 http://www.eia.gov/con-sumption/residential/data/2015，访问时间：2019 年 4 月 23 日；恒大研究院。

　　中国每万人拥有的医生数和床位数高于美国，基础医疗好于美国。2014 年中国每万人拥有医生数为 36 人，高于美国的 26 人；中国每万人拥有医院床位数为 38 张，高于美国的 29 张，如图 8-30 所示。

　　消费支出结构方面，中国居民在必需品方面消费较大，美国服务类消费较大。2018 年中国居民食品烟酒支出占比 28%，美国为 7%；中国医疗保健支出占比 9%，美国医疗保健支出占比 17%；中美居民在居住方面消费均较大，2018 年中国居民居住消费占比 23%，美国居民

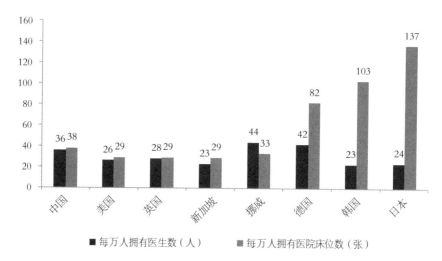

图 8-30　2014 年世界主要国家每万人拥有医生数和医院床位数

资料来源：联合国开发计划署："Dashboard1. Quality of Human Development"，见 http://hdr.undp.org/en/composite/Dashboard1，访问时间：2019 年 4 月 23 日；恒大研究院。

居住消费占比 18%。

五、启示与建议

40 年来中国在政治、经济、文化、科技、教育和社会等领域均取得巨大成就，各项指标在国际排名快速提高。习近平在庆祝改革开放 40 周年大会上的讲话中指出，40 年来，我们解放思想、实事求是，大胆地试、勇敢地改，干出了一片新天地。从传统的计划经济体制到前无古人的社会主义市场经济体制再到使市场在资源配置中起决定性作用和更好发挥政府作用，从以经济体制改革为主到全面深化经济、政治、文化、社会、生态文明体制和党的建设制度改革，一系列重大改革扎实推进，各项便民、惠民、利民举措持续实施，使改革开放成为当代中国最显著的特征、最壮丽的气象。40 年来，我们始终坚持以经济建设为中心，不断解放和发展社会生产力，中国人民在富起来、强起来的征程上迈出了决定性的步伐！

党的十八大以来，党中央全面审视国际国内新的形势，更是对各方面工作提出一系列新理念新思想新战略，推动党和国家事业发生历史性变革、取得历史性成就，中国特色社会主义进入了新时代。改革呈现全面发力、多点突破、蹄疾步稳、纵深推进的局面。当然，与美国相比，中国在上述相关领域仍存在较大差距，即使在部分总量领先性的指标上，人均差距依然较大，质量低于美国。中美差距是世界上最大发展中国家与最大发达国家的差距，因此必须进一步推进改革开放，激发市场主体活力和积极性，推动全要素生产率提高，实现高质量发展。中国的进步及中美仍存的差距只是表面现象和结果，本质是科技、教育和人才的竞争，背后深层次的原因是制度与改革。

（1）厘清政府与市场的边界，梳理政府职能，压缩事权和支出责任，精兵简政，降低企业和个人负担。

减税清费、降低社会保险缴费率的同时不增加财政风险，只能匹配以同等的支出减少，刚性的基本财政运转和社会保险资金必须保证，因此只能精兵简政、缩小政府规模。对于财政供养人员冗员以及岗位设置忙闲不均的状态，引进绩效考核机制，强化激励约束机制。以精兵简政腾出的财政资金用于为企业和个人减轻负担，"放水养鱼"。

（2）加大科技、教育、文化和卫生等有利于人力资本积累的财政投入，提高财政资金使用效率。

与美国等发达国家相比，中国在科技、教育、文化和卫生等领域投入的资金偏少，人均投入更是稀少，要加大投入并提高资金使用效率。一方面通过加大投入，解决居民后顾之忧，提高边际消费倾向；另一方面提高人力资本积累。

（3）全面推动改革开放，推动要素市场化改革和服务业开放，强化竞争。

第一，坚定国企改革，不要动辄上纲上线，陷入意识形态争论，要以

"黑猫白猫"的实用主义标准衡量。改革开放 40 年的经验，已经证明什么样的产权更有效率，什么样的产权是无效的。改革的目的是用有效率的产权替代无效率的产权，市场经济的本质是资源有效配置。因此，国企改革要完善各类国有资产管理体制，改革国有资本授权经营体制，加快国有经济布局优化、结构调整、战略性重组，促进国有资产保值增值。

第二，大力度、大规模地放活服务业。中国已经进入以服务业为主导的时代，制造业升级需要生产性服务业大发展，居民美好生活需要消费性服务业大发展。党的十九大报告提出，中国社会主要矛盾已经转化为人民日益增长的美好生活需要和不平衡不充分的发展之间的矛盾。中国制造业除了汽车等少数领域大部分已经对民企、外企开放，但是服务业领域仍存在严重的国企垄断和开放不足情况，导致效率低下，基础性成本高昂。未来应通过体制机制的完善，更大程度地放活服务业。

(4) 降低制度性交易成本。在鼓励民间投资和发展民营经济方面，关键是要给企业家提供安全、公平和低成本的环境，依法治国，保护企业家精神和财产权，稳定预期。在纳税服务、企业开办流程、跨境贸易等不足的方面改善营商环境。在融资、准入和税收优惠等方面对国企、民企一视同仁，实施负面清单管理。

第三节　中美宏观税负现状

特朗普政府税改减税力度颇大：企业所得税率大幅下调，个人所得税率边际下调，海外利润汇回免税。这些野心勃勃的减税政策试图重振美国制造业和实体经济。美国税改一石激起千层浪，引发全球减税竞争，中美宏观税负孰高孰低？中国该如何应对？这关系到中美吸引外资、实体竞争力以及全球新一轮增长周期的领导权。

一、中美宏观税负比较

宏观税负通常指一个国家（地区）在一定期间内税收收入（或财政收入）占当期国内生产总值（GDP）的比重，反映税收的总体负担水平。在不同国家间比较宏观税负时，统一税收收入的口径是关键，需要考虑不同的税制结构和国情条件。宏观税负的高低本身并不代表着好坏，而应与福利水平、公共服务均等化程度、经济发展阶段等因素相结合考虑。比如北欧福利国家，宏观税负高达 40%，[①] 但并不影响其居民的满意度及纳税的意愿，关键在于税收是否"取之于民，用之于民"（支出方向）、税收的使用效率和透明度。

美国特朗普政府税改平均每年减税约 1500 亿美元，[②] 以 18 万亿—19 万亿美元的 GDP 计算，预计降低宏观税负水平约 0.7—0.8 个百分点。伴随名义 GDP 增长，越到后期，减少的宏观税负幅度越小。

考虑到中美税制的差异，我们根据以下税收收入口径分别计算宏观税负水平：(1) 小口径：不包括社保、非税收入的狭义税收；(2) 中口径：狭义税收＋社保[③]；(3) 大口径：狭义税收＋社保＋非税收入；(4) 全口径：狭义税收＋社保＋非税收入＋国有资本经营收入＋政府性基金(土地出让收入)。

我们的结论是小口径中美宏观税负基本相当，中、大口径美国

---

① 宏观税负由恒大研究院根据世界银行统计数据计算而得。

② Keith Hall, "Re: Eestimated Deficits and Debt Under the Conference Agreement of H.R.1, a Bill to Provide for Reconciliation Pursuant to Titles II and V of the Concurrent Resolution on the Budget for Fiscal Year 2018, as Filed by the Conferees to H.R.1 on December 15, 2017", 见 https://www.cbo.gov/system/files/115th-congress-2017-2018/costestimate/53437-wydenltr.pdf，访问时间：2019 年 4 月 23 日。

③ 本节计算宏观税率涉及的社保具体含义为：美国为社会保障税，中国为社会保险费。

宏观税负高于中国。全口径下中国宏观税负 2009 年起高于美国，源于近年来土地出让收入大幅上升。2017 年中国全口径宏观税负为 34.2%，美国为 32.4%，中国高于美国 1.8 个百分点。

（一）小口径：不考虑社会保险税（费）和非税收入的情形，中国宏观税负略低于美国

美国的社会保障制度以企业和居民缴税为基础，社会保险税占联邦税收收入的 36%，而中国的社会保险是以缴费为基础，不纳入公共预算。为可比计算，以下分析暂不考虑社会保险和非税收入。

中国小口径的宏观税负，以税收收入除以同期名义 GDP 计算，而美国则将剔除掉社会保险税、杂项收益后的税收收入除以美国同期名义 GDP。小口径下的中国宏观税负从 2005 年开始上升，从 15.9% 上升至 2012 年的 18.6%，而后下行至 2017 年的 17.5%，未来预计呈缓慢下行趋势。小口径下的美国宏观税负在 2005—2007 年上升，2008—2009 年金融危机期间因财源缩减而迅速下行，2009 年降至 16.5%，其后随经济复苏而上升至 2017 年的 19.2%，如图 8-31 所示。综上所述，不考虑社会保险和非税收入的情形下，中国的宏观税负水平略低于美国。

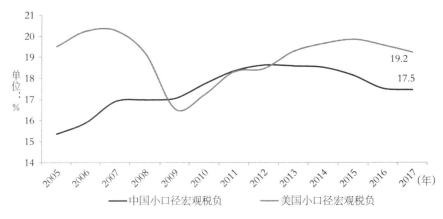

图 8-31　2005—2017 年小口径的中美宏观税负对比

资料来源：Wind、恒大研究院。

（二）中口径：考虑税收、社保的情形，中国宏观税负水平低于美国

中国中口径的宏观税负，以税收收入加上社保基金决算收入（剔除财政补贴）之和除以当期 GDP 计算，而美国与之相似的中口径则是用包含了社保税的全国税收收入除以当期 GDP。2017 年中口径下的中国宏观税负水平为 23%，相较于 2016 年（22.8%）略有提高，但总体上近年来缓慢下行。中口径下的美国宏观税负在 2005—2007 年上升，2008—2009 年金融危机期间下降，随着经济复苏回归常态，2010 年及以后宏观税负上升，2015 年达到 26.5%，2016 年又呈现小幅下降，2017 年为 25.9%，如图 8-32 所示。因此，中口径下的美国宏观税负水平近年高于中国，2017 年美国比中国高 2.9 个百分点。

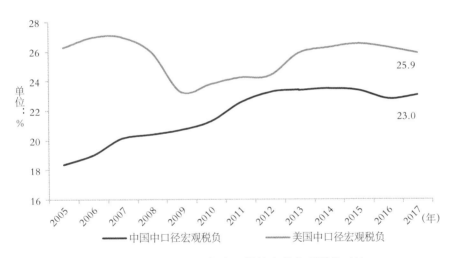

图 8-32　2005—2017 年中口径的中美宏观税负对比

资料来源：Wind、恒大研究院。

（三）大口径：考虑税收、社保、非税的情形，中国宏观税负水平低于美国

大口径税负考虑税收收入、社保收入和非税收入，在中国是公共财政收入与社会保险基金收入（剔除财政补贴）之和除以 GDP，在美国则是全国财政收入（税收收入＋非税收入）除以 GDP。大口径下，美国的宏观税负水平自 2005 年以来均高于中国，差距在 2005 年最大，高出中国 11 个百分点。但是随后美国受到金融危机的影响，财政收入出现负增长，2007—2009 年两年间大口径宏观税负下降 2.7 个百分点，而后逐步回升至 2017 年的 32.4% 左右。中国的大口径宏观税负水平自 2005 年以来整体增长，2017 年为 26.4%，低于美国 6 个百分点，如图 8-33 所示。

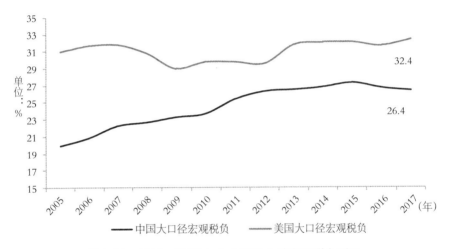

图 8-33　2005—2017 年大口径的中美宏观税负对比

资料来源：Wind、恒大研究院。

（四）全口径：中国有四本预算，2009 年起全口径下的宏观税负水平中国高于美国

自 2010 年起，中国开始构建公共财政预算、国有资本经营预算、政府性基金预算和社会保险预算，形成有机衔接、更加完整的政府预算体系。因此，全口径的政府收入应当包括上述四个部分，在 2013 年及之前，中国全口径的宏观税负水平整体向上，其后随着减税降费的推进，宏观税负水平开始向下，2017 年全口径的政府收入达到 28.3 万亿

元，宏观税负水平为 34.2%。

　　2008 年及之前美国全口径宏观税负高于中国，2008 年美国高出中国 3.2 个百分点（美国 30.7%，中国 27.5%）。2010 年及以后中国宏观税负迅速超过美国；2010 年中国高出美国 3 个百分点（2010 年美国为 29.8%，中国为 32.8%），主要源于中国 2010 年土地出让收入迅速增长，带动政府性基金的增速达到 100.6%。2017 年全口径下的中国宏观税负为 34.2%，比美国的 32.4% 高出 1.8 个百分点，如图 8-34 所示。

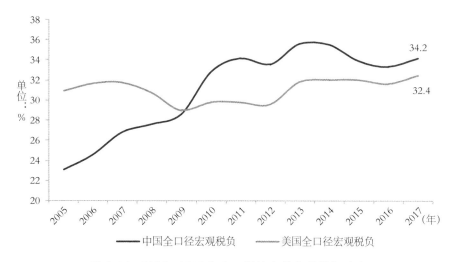

图 8-34　2005—2017 年全口径的中美宏观税负对比

注：中国的全口径包括土地出让收入；美国政府没有土地出让收入，其全口径与大口径一致，包括社保的全部税收及非税。
资料来源：Wind、恒大研究院。

二、全球减税格局下中国企业和居民税负感重

　　中国全口径宏观税负水平自 2009 年起高于美国。中国大量的财政支出用于一般基础性建设和相对庞大的机关供养人员开支，用于社会福利相关的支出规模与民众期待有差距，导致企业和居民税负感重，这也说明了在全球减税格局下中国应该继续完善税制、减税降费。中国企

业和居民的税负感重还与以下因素有关：中国税制以间接税为主体，近90%税收由企业缴纳；税收法定未完全落实；企业负担的社会保险费用高；税收透明度和财政资金的使用效率不高，税收"取之于民，用之于民"的感受不深。

（一）中国企业税负感重的原因

（1）中国是以间接税为主体的税制结构，近90%税收由企业缴纳，而美国间接税仅占15%。

（2）税收法定落实不到位，存在大量非税收入，非税收入占比18%，远高于美国的5%。因此非税收入的存在使得政府（征税机关）自由裁量权很大，容易以费代税，而非税收入主要是企业承担。

（3）企业除了缴纳税、费外，还需在用工成本中承担大额的"五险一金"。2018年中国（北京）企业的缴纳费率为43%，美国缴纳费率为13.55%。五险大约为基本工资的31%，其中养老保险为19%，医疗保险为10%，失业保险为0.8%，工伤保险为0.4%，生育保险为0.8%，加上12%的住房公积金，合计为工资的43%。2019年5月1日起，养老保险缴纳费率下降为16%，由此中国（北京）企业的缴纳费率为工资的40%，负担仍较重。对比美国，2017年美国企业缴纳的养老、遗属及残疾保险税率为6.2%，医疗保险税率为1.35%，失业保险为6%，合计承担13.55%，如图8-35所示。

（4）理论上可以转嫁的流转税，在实际经济运行中难以转嫁。比如，增值税可能因为难以取得相关抵扣凭证而无法转嫁，由企业自己承担。又如，企业所处的行业竞争激烈，因此难以提高价格转嫁税负。

（5）流转税在转嫁给消费者的过程中，占用企业资金。企业将流转税转嫁给消费者，需要在销售收入对应的应收账款收到现金时才能实现。所以当回款周期较长时，往往纳税义务已经发生，但仍未收到款项，只能由企业垫付资金。另外，企业缴纳的增值税额等于从销售中收

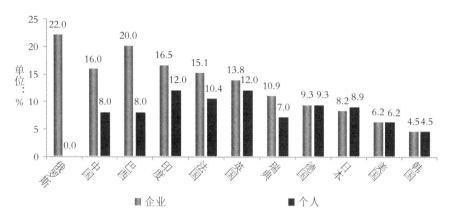

图 8–35 各国的养老保险缴纳费率比较

注：中国缴费率以北京地区 2019 年最新情况为示例。由于不同地区的数据并非同时更新，亚太国家数据来自 2016 年的统计数据，美洲国家为 2017 年，欧洲国家为 2018 年，https://www.ssa.gov/policy/docs/progdesc/ssptw/2018-2019/asia/index.html, https://www.ssa.gov/policy/docs/progdesc/ssptw/2018-2019/europe/index.html; https://www.socialsecurity.gov/policy/docs/progdesc/ssptw/2016-2017/americas/index.html。

资料来源："Social Security Programs Throughout the World: The American, 2017"，见 https://www.socialsecurity.gov/policy/docs/progdesc/ssptw/2016-2017/americas/index.html，访问时间：2018 年 12 月 29 日；恒大研究院。

到的销项税减去进项税额，意味着进项税的抵扣只能在销售后实现。因此，购买原材料付出的增值税进项税将占用企业资金。

（二）中国居民税负感重的原因

（1）缴纳个人所得税的居民人数占比较低，个税沦为"工薪税"。因此 1 万亿元的个人所得税实际上仅仅是几千万工薪阶层承担的，边际税率过高（高达 45%）有可能导致避税，财产税未能开征导致个税集中于特定群体，提高了实际纳税人群的纳税负担。

（2）虽然近年来中国财政支出结构中医疗、养老与就业、住房保障、教育等民生支出方面的占比不断提高，但财政资金投放的效率与居民的期待有差距。税收"取之于民，用之于民"的获得感不深。

（3）个税的免征额为固定数值，改革前每月 3500 元的标准自 2011 年实施至 2018 年，未能考虑通货膨胀的因素进行逐年微调，当房价大幅上涨而个人还须承担个税时，产生了"税收严重挤压可支配收入"的感觉。

（4）政府的预算公开不足，税制改革的参与感不够，导致个人实际的纳税与享受的公共服务不匹配。

三、中国税制改革的方向

为减轻中国企业和居民个人税负感强的情况，需要对税制进行一系列改革。同时，以美国为首的经济体在全球掀起税收改革竞争浪潮，虽然中国已经连续出台减税降费政策，但国际环境仍对中国造成压力，中国有必要在前期已经实施的减税清费的基础上继续减税，增值税、个人所得税和企业所得税率均有下调的空间，但也要注意平衡好减税与财政支出刚性的矛盾，更多的以结构性减税和改革的方式推动减税，真正让利于居民和有竞争力的、高科技的企业，进一步激发市场活力，推动高质量发展。

（一）继续清理非税收入，提高税收占比

非税收入中存在大量的收费，容易成为税收不足时地方政府变相筹集收入的手段。未来中央仍需持续推进清费行动，取消一系列费用并公开收费项目。对于确实需要保留的收费项目，通过法律法规加以规范；对于具有税收性质的收费，可以"费改税"，比如社会保险费改为社会保障税。对于重复收费项目、由部门凭借行政管理权收费的项目应取消。由此税收占比或从下降转为上升趋势。2018 年税收占比为85.3%，比 2017 年提高 1.6 个百分点。

（二）逐步提升税收法律级次，实现税收法定

中国目前的税收法律偏少，除《个人所得税法》《企业所得税法》《车船税法》《税收征收管理法》外，《环境保护税法》于 2018 年 1 月 1 日起实施，《烟叶税法》和《船舶吨税法》于 2017 年 12 月 27 日通过并于2018 年 7 月 1 日起实施，《车辆购置税法》于 2018 年 12 月 29 日通过

并于 2019 年 7 月 1 日起实施，此外则是大量的行政性法规、部门规章。因此，未来将逐步形成税法体系，税收立法利于真正实现税收法定，目前进程在加快，预计在 2020 年完成。

（三）降低间接税比重，简化并下调增值税税率，小幅下调企业所得税率，改变企业税负感重的状态

作为中国最大的税种，增值税（"营改增"后）占税收收入比重约 40%，是间接税的主要税种。逐步推进的简并税率能够为直接税占比的提高提供改革空间。

美国降低企业所得税率给中国带来压力。由于中美税制的差异，企业所得税占美国联邦财政不到 10%，而中国企业所得税占比达 18%，同等税率的下降，对中国造成的财政收入减少更加严重。因此，中国企业所得税改革的方向是：小幅下调税率而非大幅下调，须平衡好减税与财政可持续之间的关系。同时鼓励科研支出，进一步提高研发支出的加计扣除比例等，促进科技进步和全要素生产率的提高。鼓励企业增加研发投入抵税，而非简单大幅下调税率。

（四）个人所得税走向综合征收，降低最高边际税率，提高税收遵从度，明确个税改革的目的

（1）征税模式最终走向综合征收，确保所有收入来源按照同样标准纳税，同等对待资本与劳动所得。

（2）尽快推出以家庭为纳税主体的税制，充分考虑不同家庭收入结构、负担情况的差异，夫妻间的抵扣可以调剂，贯彻"量能纳税"的公平原则。在《专项附加扣除暂行办法》中赡养老人部分添加"纳税人赡养两位及以上被赡养人的赡养支出，扣除标准加倍"，鼓励社会养老敬老，缓解小规模家庭的赡养负担。

（3）设立综合扣除或者标准扣除，解决部分人群难以充分享受专项附加扣除导致负担加重的问题。综合扣除的标准可以设定为两项专项扣除相加的余额，如 2000 元 / 月，保证每个人至少可享受相当于两项专项附加扣除的抵扣，但是综合扣除与专项扣除只能选择适用其中一种。

（4）房贷利息、赡养老人的标准扣除与房租一样，均体现地区差异，设立不同级别城市的扣除标准，适度提高一线城市房贷利息抵扣标准。

（5）允许房贷利息和大病医疗可以跨年抵扣，但规定结转年限，比如三年或者五年，类似企业在缴纳所得税面临亏损时的处理方式。

（6）明确基本扣除额和专项附加扣除额的具体调整方式、调整时机和监测指标。财政、税务部门应当根据当前实际缴纳个税的人群和收入区间分布、居民收入分布、物价上涨情况、居民诉求等综合测算和考虑，并决定是否定期调整，是否有调整机制，并且公布相关依据。

（7）明确个税征收的目的，以筹集收入还是调节公平为主。如果是筹集收入，应该尽可能缩小抵扣范围；如果是以调节公平为主，应该提高抵扣范围，但是会引发纳税人群数量过少的问题，纳税人群过少的税种难以实现社会公平的目的。

（五）改革资源税、消费税等税种，充分发挥税收在保护环境、促进绿色发展方面的作用，促进资源合理配置

税改对企业减负，可能造成财政收入增收困难，因此需要从其他地方弥补。资源税已经进行了由从量计征到从价计征的改革，但是税率依然较低，未来可提高税率并扩大征税范围。消费税可通过调整征收对象范围，扩大对高污染、高耗能产品及部分高档消费品的征税，提高税率的方式真正实现以税收促进新发展理念的实施。水资源税的试点范围可逐步扩大，从河北实施的情况来看，水资源税促进水资源的节约，未来预计将在全国推广。

（六）加快房地产税立法，建立地方税体系

2018 年政府工作报告提出："健全地方税体系，稳妥推进房地产税立法。"2018 年 9 月，十三届全国人大常委会将房地产税法列入立法规划第一类项目，即条件比较成熟，拟在十三届全国人大常委会任期内提请审议。2019 年政府工作报告的提法是"健全地方税体系，稳步推进房地产税立法"。"营改增"之后，虽然通过调整中央与地方的收入分成比例以保证地方财力，但是地方税体系迟迟未能建立。美国的地方税体系以房产税、个人所得税、销售与总收入税为主体。中国可以建立以房地产税为主体，多种地方税相结合的地方税体系，并逐步推广。第一，为健全地方税体系，使地方政府财政收入适应未来存量房时代新形势，房地产税改革势在必行。随着城镇化推进和存量房时代逐步来临，以"开发交易"环节收入为主的土地财政将难以为继；叠加减税降费，地方财政压力进一步凸显。第二，房地产税改革不是一蹴而就的，需要"立法先行、充分授权、分步推进"。稳步推进房地产税立法是税法改革的重要内容；房地产税的征收需要充分考虑居民的税收负担和对房地产市场的影响。

（七）清理规范税收优惠，实现所有企业的公平竞争

中共十八届三中全会提出："按照统一税制、公平税负、促进公平竞争的原则，加强对税收优惠特别是区域税收优惠政策的规范管理。税收优惠政策统一由专门税收法律法规规定，清理规范税收优惠政策。"未来的税收优惠将实现全国一盘棋的统筹。

（八）税收支出方向上更加侧重民生，提高居民对"用之于民"的感受

虽然近年来中国一直在追求"钱从哪里来，用到哪里去"的财政透明度，但仍有待进一步提高。虽然近年来财政支出更加倾向于医疗、教育和社保等民生支出，但与居民的实际需求相比，中国的社会保障水平仍偏低。未来需进一步提高税收透明度和改善民生，提高居民对税收"用之于民"的感受。

第九章
中美科技、新一代信息技术现状[*]

科技是第一生产力，是国家实力的关键，是历史的杠杆。从日不落帝国到美元霸权，从机械革命到信息革命，两次科学革命、三次技术与工业革命，英国、法国、德国、日本、美国无一不是依靠抓住某次关键的产业革命机遇而成功崛起，最终成为世界的科技与经济中心。

世界科学中心转移也被称为"汤浅现象"。日本科学史学家汤浅光朝提出当一个国家的科学成果数量占世界科学成果总量的 25%，就可以称之为世界科学中心，并依此将历史上的世界科学中心转移分为五个阶段：意大利（1540—1610 年）、英国（1660—1730 年）、法国（1770—1830 年）、德国（1810—1920 年）、美国（1920 年之后），平均维持时间为 80 年。按照这一总结预测，2000 年前后美国的世界科技中心地位将受到新兴势力的挑战。中美科技实力在整体上虽然存在较大差距，但是近年中国科技实力快速崛起，在通信设备、集成电路、互联网等部分重要领域开始取得关键进展和优势，威胁到了美国所谓的"国家安全"和科技垄断地位，引起了美国的警惕和焦虑。

---

* 作者：任泽平、连一席、谢嘉琪。

　　美国对华贸易摩擦，剑指中国经济崛起和产业升级。2018 年 3 月的《301 报告》和 5 月的美方要价清单多次提及"中国制造 2025"。2019 年 5 月 16 日，特朗普更是不惜代价签署总统令，宣布美国进入"国家紧急状态"，以禁止美国企业与包括中国高科技旗舰企业华为公司在内的一切被控会"威胁"美国国家安全的公司进行商业交易，试图切断华为供应链。中美贸易摩擦已经升级为科技战，背后则是以教育体制、产学研模式、创新体制为核心的科技软实力竞争。

　　本章旨在客观评估过去几十年中国科技取得的进展、中美科技水平的真实差距以及中美在全球科技版图中的位置；全面客观比较中美科技体制的差异，总结硅谷产学研模式的成功经验，并分析产业政策在美国发展高科技产业过程中起到的关键作用。

第一节　中美科技比较：全球视角

一、研发经费与人力投入

当今世界的前沿科技研究，越来越离不开科研基础设施与高端精密设备的大量投入，以物理学研究为例，如果没有造价近 3 亿美元的 LIGO（激光干涉引力波天文台），那么，2016 年引力波的成功探测也就成了"无米之炊"。

国家在研发方面的资金投入是科研成果的前提保证。2017 年美国 R&D 国内支出达到 5432.5 亿美元，位居世界第一；中国 R&D 国内支出达到 2551.1 亿美元，位居世界第二，但不及美国的一半；其次为日本、德国、韩国等。2000—2017 年，中国 R&D 国内支出增长超过 20 倍，年均复合增速达到 20.5%，同期美国 R&D 国内支出增长接近 2 倍，年均复合增速仅为 4.2%。按照 2010 年以来中美 R&D 国内支出的复合增速测算，2024 年前后中国研发资金投入将超越美国，成为世界第一。

从研发强度（R&D 支出 /GDP）来看，2017 年 R&D 支出排名靠前国家的研发强度普遍维持在 3% 左右，其中韩国（4.5%）、日本（3.2%）、德国（3.0%）、美国（2.8%）处于前列。2017 年中国研发强度达到 2.1%，相较于 2000 年 0.9% 的强度水平明显提升，目前已经接近法国（2.2%）并且超过英国（1.7%）等发达国家，但距离美、日、德、韩等国仍有一定差距。

从 R&D 支出的投向结构来看，中国目前的 R&D 活动主要侧重于试验发展（experimental development）阶段（2015 年占比达到 84%），基础研究（basic research）和应用研究（applied research）投入比例合计仅 16%。美国在基础研究和应用研究领域相对投入更多资源，合计占比达到 36%，如图 9–1 所示。尤其在联邦政府层面，除国防部外的其他部门（包括能源部、NASA 等）基本以资助基础研究与应用研究为主，即使国防部资助的试验发展也是以先进技术与重要系统开发为导向，并且孕育了 ARPANET（阿帕网，因特网的前身）、GPS（全球卫星定位系统）等重要发明。

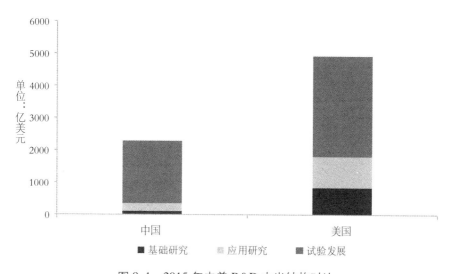

图 9–1　2015 年中美 R&D 支出结构对比

资料来源：NSF；关晓静编：《中国科技统计年鉴—2016》，中国统计出版社 2016 年版；恒大研究院。

除了研发经费的支持，科研成果离不开强大的工程师与科学家队伍。2014 年自然科学与工程学学士学位获得人数排名靠前的国家和地区分别为中国（144.7 万人）、欧盟（56.9 万人）、美国（37.7 万人）、日本（12.2 万人）、韩国（11.4 万人），中国已经成为世界第一，博士学位获得人数的国家和地区排名分别为欧盟（4.9 万人）、中国（3.2 万人）、美国（3.0 万人）、日本（0.6 万人）、韩国（0.6 万人）。可见在最高学历人才供给方面，中国相对欧美国家并没有显著的人数优势。

从科学与技术领域全职研究人员数量来看，2017 年排名分别为中国（174 万人）、美国（约 138 万人）、日本（67.6 万人）、德国（41.4

万人)、韩国(38.3 万人)。尽管在总量上已经超过美国,但中国每千人劳动力中研究人员数量仅 2.2 人,远低于美国、日本、韩国等发达国家。

二、高等教育

近代以来,大学的研究职能与社会服务职能得到越来越多的重视,尤其是进入 20 世纪后,以美国斯坦福大学的崛起为代表,大学实际上成为人类科技创新的桥头堡。

当前国际四大权威的大学排名(QS/US News/THE/ARWU)中,泰晤士高等教育世界大学排名(THE)和世界大学学术排名(ARWU)更偏重教学与研究能力。2019 年 THE 前 100 名榜单中,美国有 41 所大学,其次为英国 12 所,德国 8 所,中国 6 所上榜。2011 年以来,美国在世界前 100 名大学中的数量有所下降,但仍占近一半;中国在世界前 100 名大学中的数量略有提升,但相比美国差距较大。

另一份更加注重科研与学术的 ARWU 榜单显示,2018 年世界排名前 100 的大学中,美国仍然以 46 所占到近一半,中国仅清华、北大和浙江大学 3 所上榜。榜单排名前 10 的大学中,哈佛大学、斯坦福大学、麻省理工学院等美国大学占据了 8 名,而清华、北大则排到了 40 名之外。

三、论文与期刊发表

论文是基础研究成果的精华,最顶尖的论文往往能够改变甚至开创一个新的研究领域。例如,图灵在《论数字计算在决断难题中的应用》中首次提出"图灵机"的设想并由此奠定了现代计算机的理论基础;香农的《通信的数学理论》直接创建了信息论并成为现代通信技术的基石。因此,高质量的论文实质上代表了对人类知识边界的探索能力,更代表国家在基础科研领域的实力。

从科学与工程（S&E）领域发表的论文数量来看，2016 年排名靠前的国家和地区分别为欧盟（61.4 万篇）、中国（42.6 万篇）、美国（40.9 万篇）、印度（11 万篇）、日本（9.7 万篇），中国首次在数量上超过美国。2016 年科学与工程领域发表的引用率位于前 1% 的高质量论文中，美国相对比例指数为 1.9、欧盟为 1.3、中国为 1.0，中国近几年高引用率论文的比例有所提升，但相对美国、欧盟来说差距仍然不小。（注：相对比例指数 = 某国前 1% 引用率论文数量 / 论文总数。）

能否发表于顶级刊物是检验论文质量的另一有力标准。为了衡量基础科研产出，《自然》的发行者自然出版集团挑选了 82 本自然科学领域的顶级期刊（数量不到总体的 1%，但引用率占总引文数的 30%），并基于文章合作者的情况计算出了自然指数，考虑文章作者的所属国家与机构情况后得到的自然指数称之为分数计数（FC）。从 2017 年各国分数计数的排名来看，第一名美国（19579），第二名中国（9088），其次为德国（4363）、英国（3608）、日本（3053）。这与 S&E 论文指标得出的结论类似，中国近年来在基础科研领域的进步较快，但与美国仍有较大差距。

诺贝尔奖是对最顶尖基础科研成果的肯定。从各国诺贝尔奖的获得数量情况来看，第二次世界大战前德国、英国、美国处于第一方阵，第二次世界大战后美国实力大幅提升，不论在物理、化学及医学领域，美国的获奖数量都占到全球总数的半壁江山。而中国目前除了 2015 年屠呦呦获得诺贝尔生理学或医学奖之外，在物理学与化学领域尚未实现零的突破。

四、发明专利

专利可以分为发明专利（patent for invention）、实用新型专利（patent

for utility model）和外观设计专利（industrial design）。其中，发明专利最能代表科技创新水平，并在全球范围内都被认作是衡量创新行为的有用指标。美国专利密集度靠前的几大行业——计算机、通信设备、半导体均是典型的高科技行业，美国无线通信巨头高通更是凭借在 CDMA 领域的研发布局在 3G/4G 时代获利颇丰，高通依靠核心专利授权收取的费用甚至被称为"高通税"。

根据世界知识产权组织（WIPO）统计，截至 2017 年年底全球共有 1043 万件有效发明专利。其中保有量排名前五的分别为日本（282 万件）、美国（236 万件）、中国（152 万件）、韩国（99 万件）、德国（67 万件）。从增量角度, 2017 年各国发明专利申请量排名分别为中国（131 万件）、美国（53 万件）、日本（46 万件）、韩国（23 万件）、德国（18 万件），而专利授权量排名分别为中国（35 万件）、日本（29 万件）、美国（29 万件）、韩国（13 万件）、德国（10 万件）。中国近年来在专利方面发力明显，在申请数量上已经大幅超越美国、日本，授权数量略超美国、日本，在专利的授权率与实际转化方面中国仍有较长的路要走。

从 2013—2015 年主要国家已公示专利申请（published patent applications）的行业分布情况来看，美国和日本在通信、计算机技术与半导体领域布局了大量专利，其中美国（18.82 万件），日本（16.71 万件），中国（9.58 万件）。日本在机床、发动机、机械零件、光学以及测量等领域的专利数量显著多于美国和中国；美国除了在信息通信技术领域拥有了大量专利，在生物技术、医学技术与药物领域更是一枝独秀，公示阶段专利申请数量超过日本与中国之和；相对而言，中国在基础材料化学、精细材料化学、食品化学等领域投入更多。（注：专利申请 18 个月后进入公示阶段，通过实质审查后才会被授予专利。）

五、经济活动

（一）高科技领域的国际贸易活动

高科技领域的国际贸易活动可以在一定程度上反映一国在国际产业链中的相对位置与实力。在联合国国际贸易标准分类（SITC）四位数分组标准下，当前国际贸易金额较大的高科技商品包括电子集成电路、通信设备、飞机与航天器等。

在电子集成电路领域，2016 年中国是最大的净进口国（出口 608.8亿美元，进口 2269.3 亿美元），目前电子集成电路已经超过原油成为中国进口金额最大的商品。韩国净出口 221.9 亿美元（出口 520.6 亿美元，进口 298.6 亿美元），具有较强的竞争力；美国、日本则保持小额顺差，德国基本持平。值得一提的是，商品贸易并不能反映产业竞争力的全貌，对于电子集成电路这类高科技行业，上游的专利授权等高附加值活动属于服务贸易并不包含在商品进出口数据中，因此结合更具体的价值链构成分析是必要的，对于电子集成电路产业的国际比较我们将在第二节做进一步探讨。

在通信设备领域，2016 年中国是最大的净出口国（出口 2013.6 亿美元，进口 459.0 亿美元），除了韩国保持小幅顺差外，美国、日本、德国均存在逆差。中国在通信设备领域的顺差金额基本与在电子集成电路领域的逆差金额接近，作为全球电子设备产业链的"组装工厂"，中国每年出口金额看似巨大，实际上由于核心的电子集成电路大量依赖进口，利润十分微薄。尽管美国在通信设备领域存在巨额逆差，但是美国实际获得的利润最大。以移动通信设备领域为例，仅一家苹果公司每年的净利润就超过其余所有手机厂商之和。中国在通信设备领域的贸易顺差难掩不均衡的产业链利润分配。

在飞机与航天器领域，2016 年美国顺差超过 1000 亿美元（出口

1347.7 亿美元，进口 310.3 亿美元），传统工业强国德国也存在较大顺差（出口 444.4 亿美元，进口 197.3 亿美元）。中国在此领域存在较大逆差（出口 33.6 亿美元，进口 228.4 亿美元）。相比于 2010 年，2016 年中国在航空航天领域的逆差金额接近增长一倍，美的顺差同时大幅增加。航空航天及电子集成电路已经成为中国迈向科技强国亟须提升的技术领域。

（二）风险投资活动

风险投资（VC）是初创企业重要的融资渠道之一，风险投资的活跃程度可以从侧面反映新经济的活力。风险投资可以分为三个阶段——种子期、早期与后期。据 PitchBook，2016 年全球种子期 VC 规模达 58.1 亿美元，早期与后期规模总计达 1248 亿美元。

2016 年全球种子期 VC 规模中，美国达 33.4 亿美元，占比超过一半，欧盟（9 亿美元）和以色列（7.4 亿美元）紧随其后。美国种子期 VC 投向的新兴领域中，机器人与无人机、人工智能、物联网、无人驾驶受到热捧，从绝对金额来看，人工智能成为当下 VC 最看好的方向。

美国和中国已经成为全世界新经济最具活力的国家。2016 年全球早期与后期 VC 规模中，美国达 652 亿美元，仍然占到一半份额，其次为中国（341 亿美元）、欧盟（110 亿美元）。中国早期与后期 VC 活动比种子期 VC 活动更加活跃，发展速度也远超其他国家。

第二节 中美新一代信息技术现状

信息通信技术（information and communication technology，ICT）作为通用性技术，对整体经济增长具有明显的辐射作用。从科技发展史来看，20 世纪人类进入了信息与互联网时代，而随着人工智能技术的成熟，21世纪人类将步入智能时代。智能社会由三个战略核心组成：
（1）芯片/半导体，即信息智能社会的心脏，负责信息的计算处理；
（2）软件/操作系统，即信息智能社会的大脑，负责信息的规划决策、
资源的调度；（3）通信，即信息智能社会的神经纤维和末梢神经，负
责信息的传输与接收。

　　ICT产业是智能社会的基石，也是未来各国科技竞赛的制高点。
中国在通信和智能手机终端市场处于世界领先水平，在半导体集成
电路领域取得积极进展但仍难以撼动美国的垄断地位，在软件互联
网云计算等领域最为薄弱。美国是半导体集成电路、软件互联网云
计算和高端智能手机市场的绝对霸主。目前全球科技企业中能够同
时在这三个领域发起冲锋的仅有华为。以"构建万物互联的智能世
界"为使命，华为已经在通信、芯片设计等数个领域打破了美国构
筑的高科技垄断壁垒，这也是美国政客真正感到恐惧并进行战略打
压的本质原因。

一、半导体与集成电路

　　中国是全球最大的半导体与集成电路消费市场，但是90%依赖进
口，每年的进口金额超过3000亿美元。中国在集成电路领域的资本
与研发投入方面与美国存在较大差距。在细分领域来看，中国在半导
体关键设备与材料方面最为欠缺；在IC设计领域，华为海思、紫光展
锐等近年来进步较大，但差距仍较大；在制造领域，台积电实力强大，
中芯国际与国际最先进制程相差了两代工艺水平。

（一）全球半导体市场格局

　　全球半导体产业市场规模已经从1999年的1494亿美元增长至
2018年的4686亿美元，如图9-2所示。据美国半导体行业协会（SIA）
统计，按照半导体企业总部所在地分类，2017年美国公司占到全球半

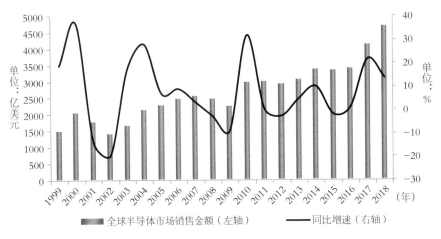

图 9-2　1999—2018 年全球半导体市场销售金额

资料来源：世界半导体贸易统计组织（WSTS）、恒大研究院。

导体市场份额的 46%，其次为韩国、日本，中国目前市场份额在 5%
左右。

　　半导体可以分为分立器件、光电子、传感器、集成电路，其中集
成电路占比最高，占到 2018 年全球半导体销售金额的 83.9%。中国目
前已经成为全球最大的半导体与集成电路消费市场，但是自给比例仅
10%左右，2018 年全年集成电路进口金额超过 3000 亿美元。

　　根据清华大学微电子学研究所魏少军在《2017 年中国集成电路产
业现状分析》中所述，在诸多核心集成电路如服务器 MPU、个人电脑
MPU、FPGA、DSP 等领域，我国都尚无法实现芯片自给，如表 9-1 所示。
在 2018 年"中兴事件"中，正是由于中兴在高端光通信芯片、路由器
芯片等方面依赖博通等供应商，以致一旦被美国制裁就将面临破产风
险。对外依赖只是中国在核心芯片领域竞争力弱的外在表现，其实质是
在集成电路的各核心产业链环节缺少足够的长期资本与研发投入。2018
年，美国芯片巨头英特尔研发投入达到 131 亿美元，资本支出达到 155
亿美元，其研发投入接近中国全部半导体企业全年的收入之和；高通、

博通、英伟达等芯片设计厂商 20% 左右的销售收入用于研发，如图 9–3 所示。而国内集成电路制造领军企业中芯国际 2018 年研发投入 5.58 亿美元，资本支出 19 亿美元，在悬殊的投入对比下，中美半导体领域的产出差距大。

表 9–1　2017 年核心集成电路领域的国产芯片占有率

系统	设备	核心集成电路	国产芯片占有率（%）
计算机系统	服务器	MPU	0
	个人电脑	MPU	0
	工业应用	MCU	2
通用电子系统	可编程逻辑设备	FPGA/EPLD	0
	数字信号处理设备	DSP	0
通信装备	移动通信终端	应用处理器	18
		通信处理器	22
		嵌入式 MPU	0
		嵌入式 DSP	0
	核心设备网络	NPU	15
内存设备	半导体存储器	DRAM	0
		NAND 快闪	0
		NAND 快闪	5
		图像处理器	5
显示及视频系统	高清电视 / 智能电视	图像处理器	5
		显示驱动	0

资料来源：魏少军：《2017 年中国集成电路产业现状分析》，《集成电路应用》2017 年第 4 期；恒大研究院。

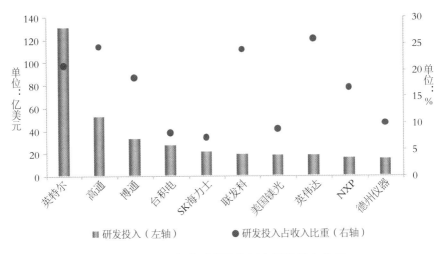

图 9–3　2018 年全球半导体厂商研发投入排名

资料来源：IC Insights、恒大研究院。

（二）半导体设备与材料

作为现代精密制造业的代表，一颗微处理器上集成数十亿个晶体管，需要经历数百道工艺，这决定了芯片领域的"短板效应"——任何一个零件或环节出错，都会导致无法达到量产的良率要求；任何一个步骤都需要经过漫长的研发、尝试与积累，绝非一朝一夕就能实现。这个过程不仅需要大量专业人才，更需要在关键设备与原材料领域供应率先实现突破。

2018 年全球前 10 名半导体设备供应商中，除了荷兰的 ASML，其余四家位于美国、五家位于日本，其中美国的应用材料公司（AMAT）营业收入排名第一，达 140.2 亿美元。四家美国公司已经占到全球市场份额的 37.7%，第二名荷兰光刻巨头 ASML 股东中也有着英特尔的身影，半导体设备领域国内尚无企业上榜，如图 9–4 所示。常年占据全球半导体设备供应商榜首的美国 AMAT 产品几乎横跨 CVD、PVD、刻蚀、CMP 等除光刻机外的所有半导体设备，其 30% 的员工为研发人员，拥有超过 12000 项专利，每年研发投入超过 15 亿美元，而国内半导体

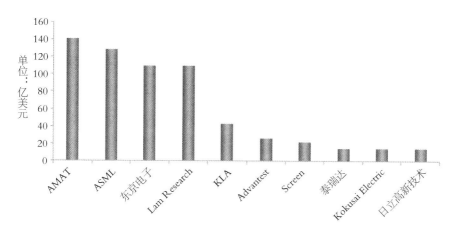

图 9-4　2018 年全球前 10 名半导体设备供应商营业收入

资料来源：VLSI Research、恒大研究院。

设备代表企业北方华创每年研发投入尚不到 1 亿美元（2018 年研发费用为 3.5 亿元人民币）。

（三）半导体设计

从产业链来看，集成电路可以分为设计、制造与封装测试三个环节，其中垂直一体化模式称之为 IDM（integrated device manufacture），以英特尔、三星为代表。专业化分工则可以分为 Fabless（IC 设计）、Foundry（晶圆代工）、封测，Fabless 的核心是 IP，以高通为代表；Foundry 的核心是制程与工艺的先进性和稳定性，以台积电为代表；封装测试的技术要求相对来说不如前两者。

IC 设计领域，从地区分布来看，2018 年美国在全球芯片设计领域拥有 68% 的市场占有率，是芯片设计领域的绝对王者；中国台湾地区市场占有率约 16%，位居全球第二；中国大陆则拥有 13% 的市场占有率，位居全球第三。

2018 年全球前 10 大 Fabless 厂商中，美国公司占据六家、中国台湾三家、中国大陆仅上榜华为海思一家，排名第五，市场份额约

7%，如图 9–5 所示。2018 年华为海思营业收入达到 75.7 亿美元，同比增长 34.2%，增速位居前 10 大芯片设计公司之首。

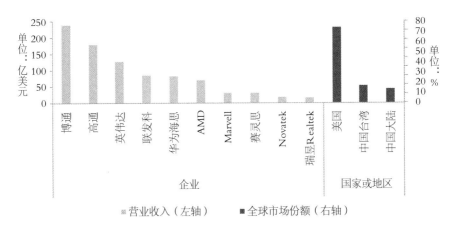

图 9–5　2018 年全球半导体设计公司排名

资料来源：DIGITIMES Research、恒大研究院。

中国 IC 设计领域近年来进步不小。2010 年全球前 10 大 Fabless 厂商中尚无一家中国大陆企业入围，除了台湾地区的联发科排名第五，其余九家均为美国企业。经过近 10 年的发展，中国大陆企业在 IC 设计领域的全球市场份额由 2010 年的 5% 左右提升至 2018 年的约 13%。尽管短期之内美国在 IC 设计领域的霸主地位难以撼动，但相对实力正在下降。

（四）半导体制造

晶圆代工领域，全球前 10 大晶圆代工厂中，中国占据两席，其中中芯国际排名第五、华虹排名第七，市场份额合计达到 7%；美国格罗方德排名第二，市场份额为 10%。台积电为晶圆代工领域绝对龙头，市场份额达到 52%，如图 9–6 所示。除了销售收入的差距，华虹最高水平制程只有 90nm，主要产品都是为电源管理 IC、射频器件芯片代工。中芯国际 14nm 制程已经量产但仍处于客户导入阶段，而台积电已经导入 7nm 制程为苹果、华为代工，并且计划在 2019 年至 2020 年量产

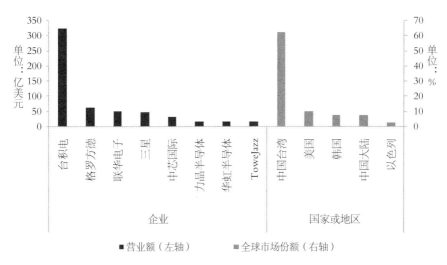

图 9–6　2017 年全球晶圆代工厂排名

资料来源：IC Insights、恒大研究院。

5nm 制程。从"28nm—20nm—14nm—10nm—7nm"的工艺升级路径来看，中芯国际与台积电的技术工艺水平差了两代。

二、软件与互联网服务

　　中国在软件领域相当薄弱，尤其在系统软件和支撑软件领域，在互联网服务领域 BAT 尚能与亚马逊、谷歌、Facebook 一较高下，但在研发投入方面远不及美国同行。在云计算领域，阿里云发展很快，但体量仅为亚马逊 AWS 的 1/10。

　　以功能分类，软件可以分为系统软件、支撑软件和应用软件，其中系统软件负责管理和调度各种硬件资源和程序；应用软件负责面向特定领域实现特定功能；支撑软件位于两者之间，负责支持其他软件的编写与维护，如编程软件、数据库管理软件等。目前的多数互联网服务，实际上也是应用软件。

　　根据普华永道思略特发布的"2018 全球创新企业 1000 强"榜单，

软件与互联网服务公司按照研发投入排名的创新十强榜单中，中国凭借 BAT 占据第 7、第 8 及第 9 名，前五名均为美国企业——Alphabet、微软、Facebook、甲骨文、IBM。美国前两强软件与互联网服务公司 Alphabet、微软每年的研发投入均超过百亿美元，相比之下，BAT 中最高的阿里巴巴也仅达到 36 亿美元，如图 9-7 所示。

如果不仅限于互联网服务公司，在软件领域创新十强榜单中除了德国的 SAP 外其余均为美国公司，中国公司无一上榜。

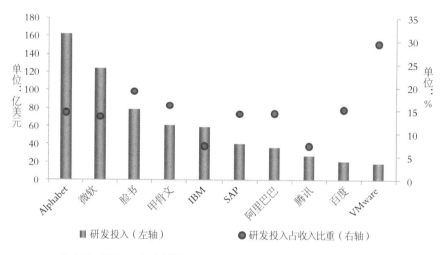

图 9-7 "2018 全球创新企业 1000 强"软件与互联网服务公司
研发投入前 10 名企业

资料来源：普华永道思略特、恒大研究院。

（一）操作系统

在系统软件领域，当前 PC 操作系统基本上被 Windows 垄断，Windows 装机量市场占比 75.5%，Windows 与 MacOS 合计超过 87%；手机操作系统则被 iOS 与安卓两家瓜分，合计市场占比接近 100%。数据库系统则是甲骨文独占鳌头。在这些基础软件与底层系统领域，中国目前仍是空白。

操作系统开发是一件系统工程，Windows 7 开发大约有 23 个小组超千人团队，需要代码量约 5000 万行，缺乏顶层设计的研发注定缺乏效率。中国当前的操作系统研发大多是基于 Linux 开源内核进行二次开发，如果以"两弹一星"模式，倾举国之力进行攻关，相信技术难题可解，政用、军用的自主可控需求也可以得到满足，但短期商用的可能性微乎其微，根本原因在于操作系统开发并不符合商业的投入产出比逻辑。

Windows、iOS、安卓等底层操作系统相当于大厦地基，在此之上已经形成了应用程序库与开发者社区相互影响、相互促进、相互依赖的成熟生态。如果没有革命性的体验变革，从头开始研发相当于把大厦推倒重建，投入与产出不成正比，因此商业公司鲜有涉足，而更适合大学与科研机构作为学术课题进行研发。

（二）云计算

云计算是对互联网上的计算、存储和网络三类资源和应用进行系统管理与调配。按照服务形式，云计算主要可以分为三类——基础设施即服务（IaaS，Infrastructure-as-a-Service）、平台即服务（PaaS，Platform-as-a-Service）、软件即服务（SaaS，Software-as-a-Service）。其中 IaaS 和 PaaS 管理的是最底层的硬件资源和基础应用（如数据库），因此也被视作下一代信息社会的基础设施。

根据美国市场研究机构 Canalys Cloud Analysis 统计，目前全球基础设施云服务（IaaS+PaaS+ 托管私有云）市场中，亚马逊 AWS 市场占有率接近 32%，其次为微软 Azure、谷歌云、阿里云、IBM 云，其中阿里云全球市场份额不到 5%。

在 SaaS 领域，微软收购 LinkedIn 后超越 Salesforce 成为第一，其余排名靠前的 Adobe、Oracle、SAP 均是传统软件领域的领先企业。由于中国在传统软件领域的薄弱，在 SaaS 领域没有代表性的龙头企业出现。

三、通信

通信是信息社会的"神经网络"。当前全球四大通信设备巨头华为、爱立信、诺基亚、中兴，中国企业占据一半。华为 2018 年销售额 1051 亿美元，研发投入 148 亿美元，大幅超越传统通信设备巨头爱立信与诺基亚，如图 9–8 所示。与美国无线通信巨头高通相比，华为的收入与研发投入体量同样领先。在过去 10 年内，华为在研发领域累计投入超过 4850 亿元人民币，截至 2018 年年底拥有 8.78 万件专利（超过 90% 是发明专利）。

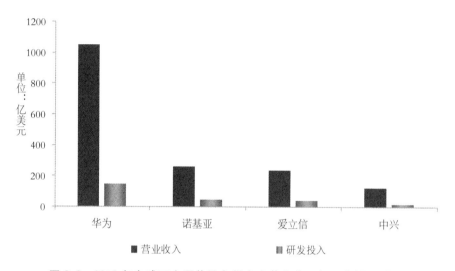

图 9–8　2018 年全球四大通信设备供应商营业收入与研发投入对比

注：汇率按 2018 年 12 月 31 日，1 美元兑 6.8632 元人民币，1 美元兑 0.8731 欧元，1 美元兑 8.971 瑞典克朗。

资料来源：各公司年报、恒大研究院。

从代理交换机起家，2004 年建立海思半导体进行集成电路的自主研发，华为通过 30 年的积累成为全球通信设备第一，并在此基础上进入企业级核心路由器与移动终端市场。根据市场研究机构 IDC 数据，2018 年第一季度华为的以太网交换机市场份额达到 8.1%，企业级路由器市场份额达到 25.1%，仅次于思科。

在下一代通信技术（5G）领域，中国已经进入第一方阵。根据德国专利数据公司 IPlytics 数据，截至 2019 年 4 月中国企业申请的 5G 通信系统 SEPs（Standards-Essential Patents，标准关键专利）件数占全球 34%，居全球第一，其中华为占 15%，位居企业榜首，如图 9-9 所示。

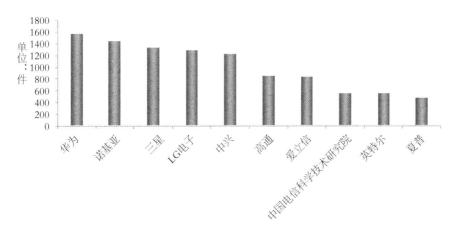

图 9-9　全球 5G 通信系统标准关键专利拥有量情况

注：时间截至 2019 年 4 月。

资料来源："Who is leading the 5G patent race?"，见 http://www.iplytics.com/up-content/up-loads/2019/01/who-Leads-the-5G-Patent-Raue_2019.pdf；恒大研究院。

在 5G 标准制定上，以华为为代表的中国企业也开始崭露头角。3GPP 定义了 5G 的三大应用场景——eMBB（3D/ 超高清视频等大流量移动宽带业务）、mMTC（大规模物联网业务）、URLLC（无人驾驶和工业自动化等超高可靠超低时延通信业务）。2017 年 11 月，在美国里诺（Reno）举行的 3GPP RAN1 87 次会议中，华为主导的 Polar 码成为 eMBB 场景下控制信道编码最终方案，而高通主导的 LDPC 码成为数字信道编码方案，中美平分秋色。这也是作为通信物理层技术的信道编码标准制定以来第一次由中国公司推动，显示出中国在全球通信领域话语权的提高。

5G 芯片方面，2018 年 2 月华为在 2018 世界移动通信大会（MWC）

上发布了全球首款 3GPP 标准的 5G 商用基带芯片巴龙 5G01，可以提供 2.3Gbps 的传输速度，支持高低频，也支持独立或非独立方式组网。华为也成为首个具备"5G 芯片—终端—网络能力"的 5G 解决方案提供商。在国家 5G 测试项目中，华为在第二阶段领先爱立信、诺基亚贝尔等厂商率先完成全部测试项目，并且在小区容量、网络时延等性能指标上处于领先地位。

尽管已经成为全球通信行业第一，华为对过去的发展却有着比常人更清醒的认识。华为创始人任正非在 2016 年全国科技创新大会上谈道，随着通信行业逼近香农定理、摩尔定律的极限，华为正在本行业攻入无人区，过去跟着人跑的"机会主义"高速度将逐渐减缓。如何从工程数学、物理算法等工程科学层面的创新过渡到重大基础理论创新，如何从跟随者成为引领者，任正非之间的答案可能并不在华为公司层面。要保证科技领域的长期竞争力与领导力，教育体制、科技体制、创新环境等软实力同样重要。

四、智能手机

在手机整机市场中，中国品牌市场份额已经成为全球第一，但产品以中低端为主，高端市场仍难撼动苹果和三星的地位。2018 年四季度华为、小米、OPPO、vivo 四家中国手机品牌合计已经占到全球市场份额的 40% 和中国市场份额的近 80%。三星和苹果的全球份额分别为 19% 和 18%，但中国市场份额仅为 1% 和 12%。从单机均价（ASP）来看，苹果、三星、华为、其他品牌 ASP 分别为 794 美元、255 美元、205 美元、149 美元。苹果虽然市场份额不到 20%，却以超高的品牌溢价占据全球手机市场 50% 的收入和 80% 的利润。

按照功能分类，智能手机由芯片、显示屏、摄像头、功能件、结构件、被动元件和其他部分组成。其中芯片（35%—50%）、显示屏

（10%—20%）、摄像头（10%—13%）三类零部件成本占比最大，对手机整体性能影响也最深。相对于整机市场，在这些产业链上游领域美、日、韩三国领先优势更大，中国的短板更明显。但以华为海思、京东方、舜宇光学为代表，中国企业近年来在芯片、显示面板、光学镜头等部分手机核心技术领域实现了从无到有的突破，逐步具备了与美、日、韩三国竞争的实力。

（一）应用处理器（AP）

高通是全球手机应用处理器市场霸主。2018 年第一季度，高通在 AP 市场的占有率达到 45%，其次为苹果（17%）、三星 LSI（14%）、联发科（14%），华为海思市场份额在 9% 左右。其中苹果、三星、华为芯片均只配套自家品牌的手机，高通则是小米、OPPO、vivo 的主要芯片供应商，联发科主要侧重于中低端市场。

手机应用处理器是一个高度垄断的市场，仅五家企业参与其中，而美国高通和苹果两家合计占据 62% 的份额。对于小米、OPPO、vivo 等整机厂来说，芯片的研发成本高、周期长、风险大，目前欠缺足够的研发实力。

以小米为例，小米为了第一代松果芯片耗费几十亿元，把唯一一款搭载澎湃 S1 的小米 5C 作为重磅产品推向市场。虽然澎湃 S1 在 CPU 和 GPU 参数上和高通骁龙、海思麒麟并无多大差异，但由于处理器制程上明显落后，使得小米 5C 的续航和散热能力受到诟病，最终也没能如预期成为爆款。

目前中国手机芯片设计厂商仅有海思凭借华为在终端市场的表现维持 10% 左右的份额，同时麒麟芯片的良好性能也增加了整机的口碑和品牌溢价。采用麒麟芯片后，2017 年价格在 300—400 美元的华为手机销量增幅高达 150%。

（二）基带处理器（BP）

手机基带处理器同样是一个高度垄断的市场，全球主要参与者仅高通、联发科、三星 LSI、海思、紫光展锐和英特尔。2018 年第一季度，高通市场份额达到 52%，其次为三星 LSI（14%）、联发科（13%）、海思（10%）。其中联发科和紫光展锐均侧重中低端市场。

国内厂商仅有海思和紫光展锐能够参与基带处理器市场。海思目前维持 10% 左右的市场份额，但紫光展锐由于在 4G 领域的技术积累不够，2G 与 3G 手机出货量下降，目前面临市场份额下滑风险。

（三）射频芯片

基带处理器中射频芯片占到整个线路板面积的 30%—40%，一款 4G 手机中前段射频器件包括 2—3 颗功率放大器、2—4 颗开关、6—10 颗滤波器，成本为 9—10 美元，随着 5G 时代到来，未来射频芯片的重要性还将进一步上升。

4G 时代旗舰手机的射频系统市场基本由 Skyworks、博通、Murata、Qorvo、TDK 五家美国和日本公司把持，中国在这个领域基本还处于空白。

（四）存储芯片

韩国在存储芯片领域优势突出并垄断过半市场，中国短板明显。存储芯片可以分为 DRAM 和 NAND 闪存，DRAM 市场由三星、SK 海力士和镁光垄断，NAND 闪存市场由三星、东芝、西部数据、镁光、SK 海力士、英特尔垄断。

韩国在发展半导体初期将 DRAM 作为切入点，利用技术引进、收购、自主研发和反周期投资等多种手段建立技术、规模和成本优势，连续多年市场份额超过 70%，成为存储芯片第一强国。之后韩国将技术与市场优势扩大到 NAND 闪存市场，2018 年第四季度韩国 NAND 闪存市场份额接近 50%。

由于韩国在 DRAM 的绝对领导地位，除了美国镁光仍占超过 10% 的份额，其他竞争对手的市场份额基本在 1% 左右，无法对韩形成威胁。华为海思虽然能够自主研发应用和基带处理器，但存储芯片仍依赖外部供应商。

我国在存储芯片领域竞争力不足，NAND 闪存和 DRAM 两个市场份额总额不超过 1%。福建晋华曾希望与中国台湾联华电子合作开发 DRAM 存储芯片，但由于联华电子在 2017 年 12 月面临镁光盗窃技术产权的指控并遭到起诉，福建晋华与联华电子的合作面临不确定性，福建晋华也受到美国半导体设备和材料的禁运，DRAM 存储芯片开发进展受阻。

（五）显示屏

在显示屏领域，中国大陆和韩国位于第一梯队，中国台湾和日本逐渐掉队。虽然面板技术发源地为欧美地区，但目前生产与技术研发多集中在东亚地区，主要参与者为中国、韩国和日本。

从地区出货量来看，中国大陆多年保持第一。与 2016 年相比，2018 年上半年韩国、中国台湾和日本的份额占比均有不同程度下滑，其中韩国份额下滑约 5 个百分点，而同期中国大陆份额则增长近 8 个百分点，如图 9–10 所示。

从参与公司来看，除了三星与京东方依旧保持排名前二，其余排名均有较大变化。此外，2018 年上半年智能手机面板出货量排名前五中京东方、天马、深超光电均为中国大陆企业，合计份额达到 35%。

在 AMOLED 市场，三星目前维持垄断地位，国内厂商正在追赶。从技术分类来看，显示面板可以分为 LCD（液晶显示）和 AMOLED（有机电激光显示即柔性显示）两大类。LCD 又包括 α-Si（非晶硅）、LTPS（低温多晶硅）与 Oxide(氧化物半导体)。对比传统的 LCD 技术，AMOLED 屏幕具有广色域、高色彩度、轻薄、省电等特性，被称

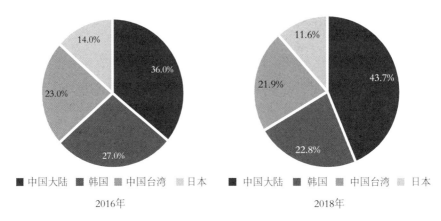

2016年 2018年

图 9-10　全球智能手机面板各地区出货量对比

资料来源：CINNO Research、恒大研究院。

为下一代显示技术，因此，自 2012 年开始由三星主导在高端机型中用 AMOLED 逐渐替代 LCD。2018 年上半年 α-Si 出货占比降至 42.9%，AMOLED 份额不断提升至 20.4%。

据 UBI Research 数据统计，2018 年上半年三星的 AMOLED 面板出货量占整体的 92.6%（1.6 亿片），虽然略低于 2017 年同期的 99%，但依然远高于其他竞争对手。

（六）摄像头

手机摄像头由 CMOS 图像传感器、光学镜头、音圈马达、红外滤光片、支架等组成。其中 CMOS 图像传感器成本占比最高，其次为光学镜头、模组封装、音圈马达与红外滤光片，如图 9-11 所示。

目前手机摄像头产业集中在东亚地区，日本、韩国和中国台湾是 CMOS 图像传感器与光学镜头的主要生产研发地区。中国大陆企业主要集中在红外滤光片与模组封装。

相比芯片的高技术门槛、高研发投入，摄像头技术相对来说突破快、对整机效益贡献明显。近年来摄像头领域创新包括双摄、3D 拍照、人工智能摄像等，其中双摄渗透率超 20%，成为当下整机的主要卖点

图 9–11　手机摄像头成本构成

资料来源：TrendForce、恒大研究院。

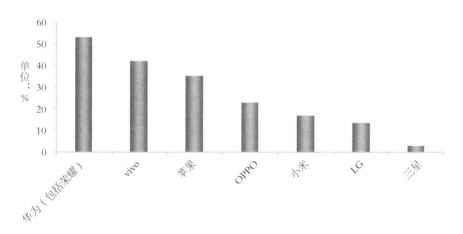

图 9–12　2017 年各手机品牌双摄像头渗透率对比

资料来源：旭日大数据、恒大研究院。

之一，如图 9–12 所示。在双摄领域，国内厂商推动力度较大，三星相对进度较慢。

1. CMOS 图像传感器。日、韩企业垄断高端 CMOS 图像传感器（CIS，CMOS Image Sensor）市场，中国企业正在进军中高端市场。CMOS 图像传感器是摄像头成本占比最高的部件，据 IC Insights 数据，2017 年 CMOS 图像传感器销售额 125 亿美元，同比增长 19％，如图 9–13 所示。

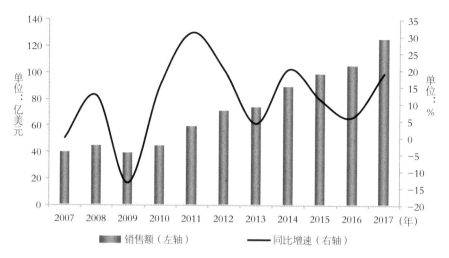

图 9–13 2007—2017 年全球 CMOS 图像传感器销售额与增速

资料来源：IC Insights、恒大研究院。

　　CIS 行业市场占有率前三名厂商分别为索尼、三星和豪威科技。索尼深耕摄像领域多年，一直是苹果和华为旗舰手机的首要供应商，2017年市场份额高达 42%，几乎垄断了 CIS 高端市场。三星技术实力较强，但以自产自销为主，2017 年市场份额达到 20%。排名第三的豪威科技原为纳斯达克上市公司，2016 年年初被中国企业私有化退市后主攻中高端市场，是苹果 CIS 的供应商之一，也是唯一能够进入苹果供应链的中国半导体企业。

　　2. 光学镜头。光学镜头一直是中国台湾的优势产业，中国台湾多年保持 50% 以上市场份额，其中，大立光排名第一，2017 年市场份额达到 38%。

　　早期中国大陆厂商主要集中在中低端镜头市场，但在大陆终端品牌对双摄和高像素等需求的带动下，大陆厂商技术进步加快，产业正逐渐向大陆转移。目前可以生产 1000 万以上像素的仅中国台湾大立光、日本关东辰美、Sekonix、韩国三星和中国大陆舜宇光学。其中，舜宇光学近年来增长较快，市场占有率由 2014 年的 4.2% 提升至 2017 年的 17%，排名由第七升至第二。

第三节　美国科技体制的特点

1891 年，斯坦福大学正式招生。1939 年，斯坦福大学毕业生休利特和帕卡德创立惠普公司，硅谷诞生。1955 年，"晶体管之父"肖克利在硅谷建立半导体实验室。自此，硅、晶体管、集成电路、互联网领域相关企业在硅谷扎根，仙童半导体、英特尔、AMD、思科、谷歌、苹果、Facebook 陆续登上硅谷的舞台中心，硅谷成为美国乃至世界的科技创新中心。根据《2019 硅谷指数报告》，硅谷人口约 310 万，2017 年人均年收入达 10.2 万美元，远高于美国 5.2 万美元的平均水平；2017 年硅谷登记的专利数量占美国的 12.9%；2018 年风险投资金额占美国的 17.1%。

一、美国科技体制

1787 年，在美国立国之初，"通过保障作者和发明者对他们的作品和发现在一定时间内的专有权利，来促进科学和有用艺术的进步"就写入了美国《宪法》，以此鼓励科技与创新。

1945 年，时任国家科学研究与开发办公室主任的万尼瓦尔·布什向杜鲁门总统提交了著名报告《科学——没有止境的前沿》，系统阐述了科学的重要性和科技管理的理念，并总结出三条历史经验：（1）基础研究是为实现国家特定目标而进行应用研究和发展研究的基础，最适宜开展基础研究的是大学体制；（2）政府可以通过与工业界和大学签订研究合同和提供资助的制度来支持科技；（3）政府吸收科学家作为顾问，在政府中设置科学咨询机构，有助于总统和政府做出更准确有效的科技决策。在布什报告的基础上，承担政府对基础研究资助职责的美国国家科学基金会（NSF）建立，美国现代科技体制开始逐渐形成。

经过近80年的迭代与完善，美国已经形成一套与政治体制相匹配的多元分散的科技体系。从联邦角度看，多元分散最直接的体现在于科学政策制定的责任由行政部门和立法部门共同承担。其中政府负责制定科技预算、推进相关政策、协调科技工作；国会负责审批科技预算、人员机构的任命与设置，监管和评估相关的联邦部门和机构工作，并通过立法决定各项科技政策的框架。

美国科技体系形成了"决策—执行—研究"三层架构，各层级主体众多但分工明确。决策层面美国总统享有国家科技活动的最高决策权和领导权，总统行政办公室下设白宫科学技术政策办公室（OSTP）、国家科学技术委员会（NSTC）、总统科学技术顾问委员会（PCAST）和管理与预算办公室（OMB）。其中OSTP主要为总统制定科技政策、分配研究经费提出分析建议，对科技政策形成与发展具有重要影响；NSTC主要负责协调各政府机构间的科学政策，并由总统亲任委员会主席；PCAST是总统最高级别的科学顾问团，主要提供政策咨询，其成员大多是政府外的顶尖科学家、工程师和学者，具有一定的独立性；OMB主要负责管理总统向国会汇报预算的准备工作以及后续的协商，在确定科学项目的优先性方面有着最重要的影响力。

执行和管理层面，大部分国家通过一个中央政府部门或科技部集中支持科学，但多元化的科学资助体系是美国科技体制最大的特点。众多联邦部门和独立机构共同承担资助科学研究和指导科技政策的责任，其中与科技关系最密切的联邦部门包括国防部（DOD）、卫生与公共服务部（HHS）、航空航天局（NASA）、能源部（DOE）、国家科学基金会（NSF）和农业部（USDA）六大部门。不同联邦部门与独立机构对应不同的使命，例如，航空航天局主要支持空间探索，DOD 研究增强国家安全，NSF 则支持更广泛的基础研究。但在某些交叉学科与前沿科研领域的资助上，多元化的体系会带来重复工作，某些项目可能面临多头管理。美国的立法者认为，不同机构出于不同的使命，看待科学问题的视角也会略有不同，这样把资助研究作为实现更广泛使命的一个要素，这种资助体系更有生命力，往往会产生意想不到的"溢出效应"。因此，这套多元化的科学资助体系得以沿袭至今。

研究层面，联邦研究机构、大学、企业和非营利研究机构四类主体形成了有效的分工协作。联邦研究机构由政府直接管理或采取合同方式管理，主要从事重要技术的应用研究与部分基础研究，如隶属于能源部的橡树岭国家实验室，曾对负责原子弹研制的曼哈顿计划做出了重要贡献；大学以基础研究为主，美国拥有世界上数量最多、水平最高的研究型大学，同时给予研究人员极大的自由度，包括鼓励科研人员创业、促进科研成果转化；企业侧重于试验发展，大多以工业研究实验室为载体开发新技术与新产品，最知名的如美国贝尔实验室，发明了晶体管并开创了信息时代；其他非营利研究机构主要包括地方政府或私人研究机构，主要从事基础研究与政策研究，对前三类主体形成补充。

立法层面，国会最重要的职能在于监督和立法。监督方面，国会有两类重要的职能机构：一类是国会的"百科全书"，包括国会研究服务部（CRS），负责为国会提供广泛的政策和议题分析，以及一些专门委员会如众议院下设的科学、空间和技术委员会；另一类是国会的"侦探机构"，如审计总署（GAO），负责调查和评估现有的政府政策及计划项目、确保经费被高效正确地使用。美国非常注重科技成果的转化与对创新创业的鼓励支持，国会通过立法对从事科研工作的中小企业进行税收优惠、界定研究成果与发明专利的归属权，例如 1980 年制定的《专利与商标法修正案》（又称《拜杜法案》），为联邦所资助的研究而产生的商业化创新提供了一个统一的框架，允许大学和其他非营利研究机构获得这些发明的专利，并可以与公司合作，将它们推向市场。这个法案被普遍认为提高了美国大学与工业界之间的技术转移水平。

二、美国的产学研：斯坦福大学和硅谷的经典案例

斯坦福大学建校之初默默无名，发展远不及哈佛大学及邻近的加州大学伯克利分校。1951年，时任工程学院院长的特曼与校长斯特林商定，将学校的大量土地以极低的价格出租来创办工业园区，此举既为学校创造了一定的收入，又吸引了不少企业入驻，解决了学生的就业问题，成为斯坦福大学发展的转折点。

1938年，斯坦福大学毕业生休利特和帕卡德在恩师特曼教授的支持下创立了惠普公司，被广泛认为是硅谷起源的标志。1955年，在特曼的邀请下，"晶体管之父"肖克利将半导体实验室建立在了硅谷，并于1963年到斯坦福大学任教。自此，硅、晶体管和集成电路等领域企业在硅谷扎根，硅谷步入了高速发展时期。

斯坦福大学与硅谷取得巨大成功之后，世界上有许多大学都争相学习效仿，但成功者寥寥，根本原因在于斯坦福大学与硅谷的崛起并非简单依靠打造产业园区、孵化器或者设立技术转让办公室，而是以一流大学、一流科研人员与初创企业为核心主体，以自由开放、鼓励创新、包容失败的文化为基础，构建了一套各主体紧密合作、相互促进的生态系统，如图9-14所示。下文对政府、大学与企业三大主体各自在硅谷生态中的作用进行分析。

美国政府在斯坦福大学和硅谷的发展初期起到了至关重要的作用。一方面，联邦政府是大学基础研究的主要资助者。冷战时期，美国政府

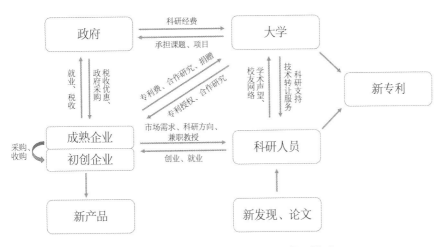

图 9-14 斯坦福大学与硅谷的产学研模式

资料来源：恒大研究院。

对军事技术方面的研究投入大幅增加，斯坦福大学在特曼的带领下与联邦政府合作建立了西尔维尼亚电子国防实验室（EDL）和电磁系统实验室（ESL）等实验室，在无线电和晶体管技术方面的研究迅速发展。另一方面，联邦政府是冷战时期硅谷许多初创企业的主要客户。20 世纪50 年代，晶体管仍然非常昂贵，一台电子计算器的价格相当于一辆汽车价格的 1/4。而政府出于国家安全需要大量采购晶体管、电子微波管等高科技产品，对价格也并不敏感，正是政府的支持使得这类初创企业能够持续地进行技术升级和降低成本。第一批入驻斯坦福工业园的惠普、洛克希德马丁、Watkins Johnson、英特尔等均受益于此。移民政策方面，美国政府的 H1B 赴美工作签证与移民签证机制吸引了大量国际人才流入。2017 年硅谷外国出生的人口占比达到 38.2%，远高于美国13.7% 的平均水平，如图 9-15 所示。

　　大学是硅谷生态系统的核心之一。以斯坦福大学为例，大学的主要作用有三点：（1）对外形成技术授权和合作机制；（2）对内形成技术转化服务体系；（3）打造一流的师资，培养一流的人才。其中技术

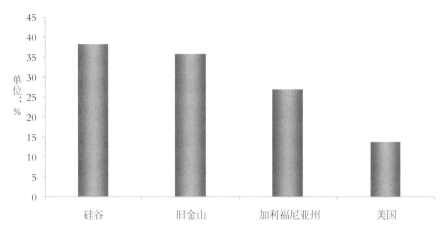

图 9-15　2017 年硅谷外国出生人口占比远高于美国平均水平

资料来源:《2019 硅谷指数报告》、恒大研究院。

转化机制的核心部门为技术授权办公室（office of technology licensing,
OTL）。OTL 主要由具有科研或技术背景的项目经理组成，负责对技术
转化的全生命周期进行管理，包括评估科研成果或发明是否可转化为专
利，是否具有商业潜力、项目估值，并在此基础上为专利寻找合适的产
业合作伙伴、协商最优条款等。技术授权的形式非常灵活，包括但不限
于授权费、版税、股权等，同时斯坦福大学规定，技术授权产生的收益
由科研人员、所在学院、所在系平均分配，即各占 1/3。根据 OTL 披露
的数据，2016 年斯坦福大学新增 141 个技术授权项目，全部技术授权
项目的年度收入达到 9500 万美元。虽然技术授权收入占学校整体年度
预算（超过 40 亿美元）的比例不大，但斯坦福大学认为此举可以增强
学校与工业界的联系，并且可以彰显自身的基础科研实力，有利于争取
更多的联邦科研经费支持。

　　此外，斯坦福大学也鼓励师生凭借研究成果创业，学校可以给予
市场、资金、技术等方面的支持。2004 年谷歌上市后斯坦福大学作为
早期投资人退出，仅此项投资收益就达到 3.4 亿美元。

　　更关键的是，与传统产学研"大学负责研究，企业负责商业化"的线性模式不同，斯坦福大学与硅谷企业之间建立了类似于"共生"的相互依存关系。研究成果的商业化仅仅是其中的一部分，企业与大学之间还建立了合作研究、委托研究、人才合作培养、企业咨询、数据共享、设备租赁等多形式、多主体的协作机制，例如斯坦福大学的 BIO-X 项目就与强生、诺华等十余家生物制药巨头合作开展如访问学者助学金、资助合作研究、赠予基金等多种形式的研究计划，如表 9-2 所示。根据斯坦福大学披露的数据，通过工业合同办公室（industrial contracts office，ICO），学校每年与企业签订 150 项资助研究协议、450 项材料转让协议。这些项目大大拓宽了斯坦福大学和企业之间的合作范围与内涵。

表 9-2　斯坦福大学与企业的合作模式

合作模式	简介	特点	备注
技术授权（license）	由 OTL 为发明进行系统评估，申请专利并寻找合适的企业进行技术授权	合作形式多元化，包括授权费、版税、股权等	2016 年新增 141 项技术授权，年度收入达 9500 万美元
资助研究协议（sponsored research agreements，SRA）	企业对研究项目进行资助，项目合同由 ICO 签订	有特定的研究计划、时间期限和预算；企业享有科研成果的使用权和进一步研究的权利	约 150 项 / 年
材料转让协议（material transfer agreements，MTA）	研究材料（生物样品、化合物、实验动物等）的转入和转出	基于研究项目的协议，无特定的预算；最终成果的享有由政策和协议综合决定	约 450 项 / 年
咨询协议（consulting）	教职工或学生在企业内担任顾问	由公司和研究者签订的个人合同；研究成果由企业和学校共同享有	

合作模式	简介	特点	备注
设备出租协议	企业以出租设备换取研究的数据或报告	无资金和知识产权往来	
数据使用协议	研究人员以研究为目的使用企业的数据	无知识产权往来	
伙伴计划	由研究人员牵头进行的业内人士交流计划	由企业缴纳的会员费提供资金，无知识产权往来	
赠予（gifts）	企业对教职工或实验室的无偿赠予		
学者访问	研究人员邀请合格的企业人士进行合作研究	最终的专利权和著作权由学校和企业共同持有	

资料来源：斯坦福大学官网、恒大研究院。

在师资队伍建设与人才培养方面，特曼教授有一个著名的理念——"steeples of excellence"，即要让斯坦福大学成为一流的大学，必须要有一流的教授。由于美国的联邦资助采取同行评议制度，只有拥有一流的师资，才能获得更多的联邦资助。斯坦福大学共有 81 位校友、教授或研究人员获得诺贝尔奖，位列世界第七；27 位获得图灵奖（计算机界最高奖项），位列世界第一；现任教职中有 19 名诺贝尔奖获得者。斯坦福大学在化学、物理和电子工程方面的学科优势也吸引了大量理工科学生前来求学，斯坦福大学也已经累计为硅谷输送了数以万计的"新鲜血液"。

企业是硅谷生态系统中的另一核心。除了上文提及的企业与大学之间多元化的合作机制，硅谷企业与科研人员也有着非常紧密的联系，不少企业创始人和高管与在校科研人员本身就是师生、同学或校友关系。这其中最著名的例子就是惠普公司，特曼一开始利用军方的资源为惠普初期的发展解决了不少资金和订单方面的困难，并一直担任惠普的董事给予咨询。最终惠普成为美国最大的科技公司之一，特曼也成为公认的"硅谷之父"。2001 年斯坦福大学 110 年校庆之际，惠普创始人休利特的基金会曾向斯坦福大学捐赠 4 亿美元用于基础教育与研究，创下当时美国大学接受单笔捐助金额的最高纪录。

除了私人关系，企业和大学的科研人员存在着广泛的互访、交流、合作和兼职，并且企业往往为大学科研人员带来以解决现实问题为导向的研究灵感。这其中的一个著名例子就是谷歌和经济学教授范里安的故事。范里安一开始在硅谷另一所知名大学加州大学伯克利分校任职，他在休假期间到谷歌兼职并帮助谷歌设计了在线广告拍卖系统 AdWords，从大学退休后甚至成为全职的谷歌首席经济学家。范里安认为这一职位能够让他通过接触大量的数据从而站在理论前沿，并有机会与大量优秀的业界人士交流，这一过程"非常有趣"，而他设计的 AdWords 也为谷歌带来每年数百亿美元收入。

另外，由于企业的集聚，企业与企业之间经济合作的开展难度和成本大大降低。合作主要分两方面，站在产业链角度，初创企业一般提供成熟企业的上游产品、技术或服务，因此初创企业一开始只需面向企业用户而非终端消费者，可以减少初期的营销成本与市场风险，SaaS 领域巨头 Salesforce 就是一个成功案例。

站在股权角度，成熟企业可以通过并购初创公司不断扩充产品线、增强技术和专利储备，苹果、思科、惠普等巨头都是活跃的收购方；对初创企业来说，可以借助巨头的销售和用户网络加快新产品的推广，对股东来说并购也意味着更多元和便捷的退出渠道。

站在系统的角度，企业是硅谷生态的重要闭环，只有企业不断发展壮大，才能最终创造就业、产生收入、贡献税收，而更高的收入水平、更多的产业集聚、更好的创业氛围进一步吸引优秀企业和一流人才流入，由此形成正向循环。据不完全统计，斯坦福大学的校友们创立了惠普、谷歌、雅虎、思科、英伟达、Twitter、LinkedIn、Netflix、Instagram 等硅谷巨头。斯坦福大学的两位教授在 2011 年做的一份调查结果显示[①]，自斯坦福大学成立以来校友共成立了近 4 万家企业，年均创造营收约 2.7 万亿美元，如果将这些企业合起来将成为全球第 10 大经济体。正是这些企业的不断出现与成长为硅谷带来了源源不断的创新活力。根据《2019 硅谷指数报告》，近十年来硅谷和旧金山地区的人均收入水平基本维持在美国整体水平的 2 倍左右[②]，大多数年份人口呈净流入状态；金融危机后的 2010 年 6 月至 2018 年 6 月间硅谷地区的就业机会数量增长了 29%，远高于同期美国整体 14% 的水平[③]。硅谷的生命力可见一斑。

但值得注意的是，2016 年以来硅谷房价快速上行，2018 年硅谷房价中位数涨幅高达 21%（同期加利福尼亚州仅 3.4%）[④]，目前已经达到 120 万美元，导致具备中等房价购买能力的群体比例出现下降。与此同时，近几年硅谷人口净流入几乎停滞，人口增长基本仅依靠自然增长。2015 年 7 月至 2018 年 7 月间硅谷的外国移民人数达到 6.2 万人，但人口流出同样高达 6.4 万。[⑤]2018 年硅谷人口增长速度创下 2000 年互联网泡沫破裂后的新低，房价快速上行可能正是主要原因。

三、美国政府产业政策：以半导体为例

尽管美国在贸易摩擦中多次指责中国政府通过国家战略、产业政策等手段扶持"中国制造 2025"涉及的高科技领域，但实际上美

---

① Charles E. Eesley, William F. Miller, "Stanford University's Economic Impact via Innovation and Entrepreneurship", 2011.

② "2019 Silicon Valley Index", p.26.

③ "2019 Silicon Valley Index", p.18.

④ "2019 Silicon Valley Index", p.64.

⑤ "2019 Silicon Valley Index", p.10.

国自身在发展高科技产业时却采取了政府采购、资金支持等多种产业政策。

尤其在半导体产业，美日贸易战期间当美国政府认定半导体产业事关国家安全之后，甚至不惜以关税、外交等多种手段打压遏制日本半导体产业。针对日本成立超大规模集成电路研发联盟并快速取得半导体技术突破，美国的贸易代表一面指责日本的半导体产业政策不合理，另一面却对它赞叹不已，并游说美国政府也采取类似的政策措施。此后美国政府牵头成立半导体制造技术战略联盟（SEMATECH），在国防部高级研究项目机构（DARPA）领导下联合英特尔、德州仪器、IBM、摩托罗拉等在内的共 11 家公司共同研发，重新取得了对半导体产业的技术优势。

（一）技术方向、资金支持与政府采购

技术发展初期，即 20 世纪 50—70 年代，美国政府既是技术发展的提出者，又是资金提供与产品采购者。一项新技术的发明存在资金与风险双高情况，私人企业无法承担，政府的大力支持可以很好地缓和企业风险，为技术创新准备充分条件。

作为军方的技术支持，早期各大企业与实验室的研发多基于政府需求，因此，政府对技术发展方向影响重大。因战争产生的对电子信息技术"高效、快速"要求，催生了晶体管的诞生。但第一枚晶体管原材料锗的化学性能在高温条件下不稳定且产量有限，促使了硅材料的使用。其次，军方对元器件线路庞大复杂、故障率高提出了"微型、轻便、高效"的要求，激发研发小型整合体，这也是 1959 年德州仪器实验室发明集成电路的直接动机。再者，美国政府的资金支持与大规模采购加快了技术发展与产品商业化，其中空军支持率最高。研发经费分政府经费与民间经费，政府经费又分直接拨款与承包合同两种主要形式，而承包合同贡献率更强。集成电路发明后的六年内，政府对其资助达 3200 万美元，

70%来自空军。合作内容包括德州仪器 115 万美元的两年半的技术研发、德州仪器 210 万美元的 500 个集成电路生产能力、西屋公司的 430 万美元的电子产品生产等。在产品得到初步回报后，政府降低采购与资金力度，转接给个人与企业投资者，再借助市场效应扩大规模，如图 9-16 所示。

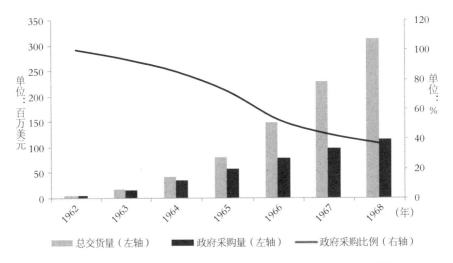

图 9-16　1962—1968 年美国政府对集成电路采购金额和比例

资料来源：John Tilton, "International Diffusion of Technology: The Case of Semiconductors", Brookings Institution Press, 1971；恒大研究院。

（二）特殊时期的外交与贸易手段

到了发展中期，日本以 DRAM 储存器为切入点，无论从产量、技术还是价格上均反超美国，从"后来者"逆袭为世界霸主。对此，美国政府迅速做出了战略调整，包括最为著名的《美日半导体贸易协定》(*The U. S.-Japan Semiconductor Trade Agreements*) 与 SEMATECH。

双边协议签订背景是日本抢占部分高科技领域而引发美国对自身发展的担忧。美日双边协议取消日本贸易壁垒、扩大市场，同时遏制日本发展。20 世纪 80 年代前全球销量最高半导体公司被美国所垄断，包括国民半导体、德州仪器、摩托罗拉等，到 1986 年全球前 10 大公司有

6家来自日本，前三强更是易主为日本电气、日立、东芝。为此，美国政府开始在1985年与日本进行谈判，以"反倾销"名义令日本政府调整产业政策，主要要求为：（1）至1991年年底，非日本企业生产的半导体器件与芯片在日本销量必须占日本市场总销量的20%（之前在日本政府保护下为10%以下）；（2）禁止日资企业在美投资并购；（3）建立价格监督机制，禁止第三国反倾销。由于依赖美军保护与国防需求，日本在1986年签订了协议。由于当时众多美国企业为避免与日本低价竞争，转向ASIC（某种特殊目的的定制芯片）等高技术高附加值市场，双边协议带来的效益不算很大。协议过后，日本半导体市场份额与DRAM市场的全球份额变动不大，依旧领先于美国。对此美国于1989年再次与日本签订贸易协议，条款扩大至专利保护与专利授权等，对此，日本不得不令本国企业开始采用美国标准与产品。1996年非日企业半导体产品在日本市场份额升至30%，其中75%来自美国。

尽管美国对产业做出调整改变分工方式，转向ASIC定制市场形成Fabless运营模式，但基础技术、设备、材料的劣势不能忽视，对比日本产品的"价廉物美"，美国亟须提高制造工艺降低成本，SEMATECH为此发挥了巨大作用。1987年，政府发挥主导效仿日本超大规模集成电路技术研发联盟经验联合英特尔、德州仪器、IBM、摩托罗拉等在内的共11家公司建立SEMATECH，旨在增强美国国内半导体制造与原材料等基础供应能力。在国防部高级研究项目机构（DARPA）领导下，11家企业除了互通有无，更是加强了与设备制造厂商之间的合作，包括：（1）委托开发设备；（2）改进现有设备；（3）制定下一阶段技术发展战略；（4）加强信息交流。其中最重要的是新设备开发，占总预算的60%，项目集中在金属板印刷技术、蚀刻、软件及制造等。统一规划合理配置资源的同时，企业合作降低研究与实验的重复性，改善无主攻方向问题并大大提升制造能力与材料研发进程。因此，1992年美国半导体市场份额重回第一。市场方面，美国国内对美产新设备采购意愿从 1984 年的 40% 提升至 1991 年的 70%，1992 年美国应用材料公司成为全球最大设备材料供应商，并保持至今；技术方面，日本终端芯片对比美国的相对成品率从 1985 年的 50% 下降到 1991 年的 9%，1993 年 SEMATECH 完成 0.35 微米的电路制造。[1]

（三）相关立法与优惠政策

注重法律保护的美国，在半导体方面实施了多项政策，直接或间接地影响半导体行业在融资、投资、税收、专利保护、科技研发等方面的进程。政策形式可分为减免所得税、企业低税率、额外费用减扣、亏损结转、所有权保护、打击恶性竞争等，如表 9-3 所示。

以《1981 年经济复苏税收法案》为例，企业研发费用不作为资本支持而作为费用抵扣，如当年研发开支超过前三年平均值，超出部分给予 25% 税收减免，企业用于新技术改进的设备投资可以按照投资额 10% 进行所得税抵免。这一法案的实施，在减免企业营业压力的同时增加企业创新研发动力与研发强度。

针对早期芯片行业版权混乱现象，美国出台了世界第一部《半导体芯片保护法》，进行注册后的集成电路权利人可以在 10 年内享有该作品的复制、发行等基础权利，也享有对恶性抄袭复制者的追诉权，即使没有注册，设计者也在两年内享有权利。但是《半导体芯片保护法》不反对反向工程（通过现成产品进行设计复原），也一定程度促进了市场竞争。这部创新性的保护法案也影响了其他国家集成电路的专利保护，更是影响了 WIPO 修订《集成电路知识产权条约》与 WTO 修订《与贸易有关的知识产权协议》。

---

① 黄京生：《国家干预：维持美国半导体产业竞争能力的钥匙》，外交学院硕士学位论文，1988 年，第 74 页，原数据引用惠普公司。

表 9-3 美国对半导体高科技领域相关法律梳理

	时间	法案	具体内容
融资风投	1958 年	《小企业投资公司法》(SBICA)	小企业管理局(SBA)批准小企业投资公司享受税收优惠和政府软贷款,小企业可以通过 SBA 获得四倍于投资额的低息贷款
	1977 年	《公平信贷机会法》	规定商业贷款机构对申请创办企业的个人或者规模较小贷款企业不得实行歧视性政策,确保中小企业获得公平待遇
	1977 年	《社区再投资法》	鼓励社区银行对所在社区的中小企业发放融资
	1982 年	《小企业创新发展法》	研发预算超过 1 亿美金的联邦机构要设立小企业创新研究项目,并按一定比例向中小企业提供资金支持
	1992 年	《小企业股权投资促进法》	规定 SBA 可以为从事股权投资的中小企业进行担保,当小企业实现资本增值后再一次性偿付本息并向 SBA 交纳 10% 的收益分成
税收优惠	1981 年	《经济复苏税收法案》	企业 R&D 支出不作为资本性支出,可以直接作为费用抵扣
	1986 年	《国内税收法》	企业或非营利机构如果捐给政府下属基础研究机构、教育机构、独立研究机构,可以享有部分税收减免
	1987 年	《投资收益税降低法》	研发投资税从 49% 降低至 25%
	2017 年	共和党税收计划	美国众议院和参议院通过的 1.5 万亿美金的税收法案将企业税率从 35% 锐减到 21%,包括对未来的国外利润征收 10.5% 的税
知识产权保护	1984 年	《半导体芯片保护法》	对集成电路等设计、专利进行保护,1987 年、1988 年、1990 年、1997 年陆续修改并完善
	2015 年	《国外伪冒商品阻止法案》	遏制国外仿冒美国 IC 设计、制造等

注:部分法案经过多年修订,沿用至今。

资料来源:恒大研究院。

第四节　中国科技体制改革及政策建议

一、中国科技体制改革

1978 年，邓小平在全国科学大会开幕式讲话中全面阐述了科学技术的重要性，鲜明提出"科学技术是第一生产力"，标志着中国科技体制的重大转折，"科学的春天"正式到来。2012 年党的十八大明确提出实施创新驱动发展战略，强调"科技创新是提高社会生产力和综合国力的战略支撑，必须摆在国家发展全局的核心位置"。在创新驱动发展战略的指引下，2015 年我国开始科技体制改革，重点解决资源碎片化和战略目标不够聚焦等问题。

改革主要分为两方面。一方面是对科技计划体制的改革。改革前，40 多个政府部门管理着 90 多个资助项目，存在着重复、分散、封闭的问题；改革后，中央全面深化改革领导委员会牵头，科学技术部、财政部、国家发展和改革委员会、工业和信息化部、教育部等部门参与形成科技计划管理部际联席会议制度，并将资助项目归入国家自然科学基金、国家科技重大专项等五大类科技计划，由不同部门代表组成的部际会议来共同讨论决定资助项目的优先级和资金分配。改革前，政府部门既有权分配研究资金，也负责项目管理、资金用途监督与评估；改革后，政府部门不再介入研究项目的管理工作，这部分工作将外包给专业的独立机构，机构之间通过竞争来获得政府部门的服务合同。

这期间，1980 年深圳经济特区成立。1985 年，中兴通讯成立；1987 年华为由任正非创立；1998 年和 2006 年腾讯和大疆创新相继成立。2018 年深圳市战略性新兴产业增加值合计 9155 亿元，占全市 GDP 比重达 38%。其中，新一代信息技术产业增加值达到 4772 亿元，占深圳 GDP 比重达 20%。PCT 国际专利申请量 1.8 万件，居全国第一。2015

年以来深圳常住人口年均增量均超 50 万，居全国之首。大批创新创业者汇聚到深圳，昔日的小渔村迅速崛起成为中国的创新之都，市场化的商业土壤、自由包容的文化氛围、简单开放的创业环境、集聚的优秀人才，正是深圳崛起的秘密。

另一方面，顶层设计与立法工作进一步加强。近年来，国家陆续发布《深化科技体制改革实施方案》《国家创新驱动发展战略纲要》等系列政策文件，提出了一系列战略目标与实施方案。2015 年全国人大常委会通过《促进科技成果转化法》修正案，降低了大学所有的知识产权转让及销售过程中的法律风险，为促进技术转移与转化、鼓励研发人员创业创新创造了制度环境。

二、政策建议

2018 年 5 月 28 日，习近平总书记在两院院士大会上的讲话中强调，"中国要强盛、要复兴，就一定要大力发展科学技术，努力成为世界主要科学中心和创新高地。"习近平指出："充分认识创新是第一动力，提供高质量科技供给，着力支撑现代化经济体系建设。""科技体制改革要敢于啃硬骨头，敢于涉险滩、闯难关，破除一切制约科技创新的思想障碍和制度藩篱"。为了加快科学技术发展，我们认为：

1. 加快科教体制改革，建立市场化、多层次的产学研协作体系。由国家主导加大基础研究投入，由企业主导加大试验开发投入，多类主体形成合理的科研分工。在经费分配和科研项目管理方面可以借鉴美国的"同行评价"模式，加强对项目的内部竞争、事前筛选和事后评估，确保经费得到高效利用。对于企业尤其是中小初创企业主导的研发活动应加大减税力度，进一步提高研发费用加计扣除比例，加强对专利保护的立法工作。学习斯坦福大学技术授权办公室的成功模式，完善对内对外的技术转化服务体系，并鼓励大学与企业开展多层次的合作模式，给予大学教职人员在创业、兼职、咨询方面更大的自主权，给学生创造更好的学习、创业和交流环境，形成良好的创新氛围。改革教育管理制度，夯实基础教育，提高高等教育投入，放开教育行业管制，改革教育理念，充分给予学术讨论的自由，生产思想与人才。

2. 切实提高科研人员与教师的收入待遇，加大海外高端人才引进力度。当前美国加大了对华裔科学家的审查，并企图以阻碍人才交流等方式遏制中国科技进步，中国学者赴美交流限制趋严，限制范围已经拓展到在美的中国"千人计划"学者。中国应该抓住这一机遇，在研究经费资助、个人税收、签证、户口、子女教育等一系列领域推出引进海外高端人才的一揽子政策，赋予科研人员科研产权以激发其积极性，切实解决科研人员后顾之忧，并为其科研、创业提供更大力度的支持。

3. 运用合理的产业政策和政府采购，发挥"集中力量办大事"的体制优势，组建研发联盟对"卡脖子"技术领域进行联合攻关。美国20世纪60年代在半导体产业发展初期，政府采购集成电路的产品数量一度占到企业全部产量的37%—44%，这对创新企业、中小企业带来巨大的帮助。在20世纪80年代后期半导体产业面临日本挑战时，美国由国防科学委员会和美国半导体协会共同牵头建立半导体制造技术科研联合体，由联邦政府提供联合体一半的经费，研究成果由政府和企业共享，最终夺回半导体企业世界第一的位置。中国虽然目前成立了规模达数千亿的国家集成电路产业投资基金（以下简称"大基金"），但大基金的投资模式仍以分散投资和入股为主，无法像日本20世纪70年代的VLSI（超大规模集成电路）计划和美国80年代的SEMATECH一样实现资源整合、集中攻关、减少浪费、信息成果共享等多重效果。我们建议：（1）在党政军领域加大对国产操作系统和国产软件的采购比例，逐步打造自主可控的生态；（2）由政府牵头组建半导体技术研发联盟，联合华为、中兴、紫光、中芯国际等企业进行技术攻关。

4.积极发挥金融对经济的支撑作用，推动科创板注册制改革，支持科技企业融资。发展直接融资尤其是风险投资、地方性中小银行解决创业型、科技型中小企业的融资问题，加大对于风险投资的企业所得税减免力度。我国当前间接融资比重过高，直接融资占比偏低，不利于新兴产业和高科技企业的融资。通过"科创板＋注册制试点"探索多层次资本市场建设，提高科技创新企业融资效率。

结　论
大国兴衰的世纪性规律与中国复兴
面临的挑战及未来 *

　　关于大国兴衰的命题，长期存在着争论，它涉及的问题非常复杂。随着中国作为经济大国崛起，世界对中国的看法和期待都在发生变化。无论是被动接受还是主动迎接，中国都需要面对并适应这种变化，谋求更大的发展空间，承担相应的全球责任。

　　从战略的层面看，当前亟须研究：（1）历史上世界经济大国兴衰演变的一般规律，经济大国崛起对世界政经格局的影响；（2）中国成为新兴经济大国尤其是世界第二大经济体之后，进一步崛起可能面临的机遇与挑战；（3）中国从经济大国迈向综合性大国的现实战略选择及其前景。

---

　　* 本章作者：任泽平、罗志恒、孙婉莹、罗丽娟。

第一节 全球经济格局的变化必将引发
全球治理格局的洗牌

2008 年国际金融危机以来，全球最令人瞩目的经济格局变化是以中国领衔的包括印度、巴西在内的新兴经济体在全球舞台上的崛起，而与之对应的是欧美经济体的相对衰落。

以中国的经济成就为例，改革开放 40 年来中国经济年均增长9.5%，创造了人类历史上大型国家经济增长的奇迹；2018 年中国 GDP规模达到 90.0 万亿元（13.6 万亿美元），占全球比重 16.1%，为世界第二大经济体，为全球经济增长贡献 29%，如图 10–1 所示。

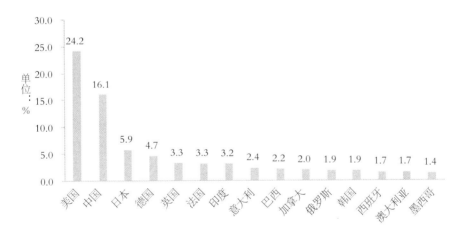

图 10–1 2018 年全球前 15 大经济体经济总量占全球的比重

资料来源：Wind；国际货币基金组织：《世界经济展望》，2018 年 10 月，见 http://www.imf.org/en/Publications/WEO/Issues/2018/09/24/world-economic-outlook-october-2018，访问时间：2019 年 6 月 3 日；恒大研究院。

但目前来看，新兴国家的崛起在很大程度上是以经济大国的身份进行的，其政治影响力、军事实力相对于经济实力而言还存在很大差距。

新兴国家所创造的经济发展成就，在世界上引发了对新兴经济大国崛起及其后果的争论，金砖五国、中美 G2、《北京共识》、中美贸易摩擦等议题引起热议。按照历史经验，全球经济格局的变化必将引发全球政治格局的洗牌，区别只是在于这种调整是以战争还是以和平的形式进行。从英国和西班牙的海上争霸，到两次世界大战，再到冷战、星球大战、《广场协议》，大国争霸既是军事霸主地位的角逐，也是经济实力的较量。核时代到来以后，世界大国间相互自杀式的战争已不太可能，取而代之以"经济战"为主，在国际贸易、国际金融、能源资源、区域组织、地缘政治等领域广泛开展角逐。

一流国家在世界事务中的相对地位总是不断变化的，这不仅是军事斗争的结果，更是经济发展竞争的结果。各国国力增长速度不同、技术突破和组织形式变革等因素均将带来世界大国的兴衰变化。如果说 21 世纪全球格局正在走向多极化的话，那么这种变化首先是从经济格局开始的。但历史的经验告诉我们，如果全球经济大国之间实力差距日趋缩小，美国继续主导全球政治格局将越来越困难。根据麦迪逊数据，守成大国与新兴国家矛盾集中爆发前，两国 GDP 的差距均明显缩小。具体来看，德国统一后，经济持续追赶，德国和英国 GDP 之比从 1870—1880 年的 70% 左右持续上升到 1913 年的 106%，德国挑战英国霸权，1914 年第一次世界大战爆发；德国战败后又迅速崛起，德国和英国 GDP 之比迅速上升到 1939 年的 125%，第二次世界大战爆发。苏联和美国 GDP 之比从 1929 年的 30% 左右持续上升到第二次世界大战前的 50% 左右，美苏冷战期间苏联采取进攻态势正发生于苏联和美国 GDP 之比相对较高的 20 世纪 70 年代。日本在第二次世界大战后崛起，日本和美国 GDP 之比从战后不到 10% 上升至 20 世纪 70 年代后期的 43%，《广场协议》后因日元升值而继续上升至 58%，美日冲突加剧。欧美 GDP 之比从 1951 年马歇尔计划结束时的 50％上升至 20 世纪 60 年代的 65％左右和 70 年代后期的 90％，欧美冲突不断，欧洲反美国控制的情绪加深。

第二节　大国兴衰的世纪性规律

"大国兴衰"不仅是经济现象，同时也是生物现象、历史现象、社会现象、地理现象和政治现象。

一、经济学

经济增长理论把一国的经济增长归因于以下方面：人口、技术创新、投资、制度、财产权、社会分工、教育（人力资本投资）、比较优势、产业政策、发展规划、财政货币政策、公共物品的供给、知识产权保护、对待冒险的态度、竞争与垄断等，并形成了重商主义、古典主义、凯恩斯主义、结构主义、新自由主义等不同的经济学流派，归纳出了重工业赶超、进口替代、出口导向、《华盛顿共识》《北京共识》等不同的经济发展模式，如表 10–1 所示。主要代表有：亚当·斯密《国民财富的性质和原因的研究》，沃尔特·罗斯托《经济增长的阶段：非共产党宣言》，霍利斯·钱纳里等《工业化和经济增长的比较研究》，约翰·威廉姆森《华盛顿共识》，乔舒亚·雷默《北京共识》，等等。

表 10–1　国家干预主义和自由主义的不同经济学流派

国家干预主义	自由主义
凯恩斯主义	古典经济学：亚当·斯密、配第、李嘉图
新古典综合派	新古典学派
新剑桥学派	弗莱堡学派
新凯恩斯主义	熊彼特经济思想

续表

国家干预主义	自由主义
希克斯的经济思想	奥地利学派：米塞斯、哈耶克
—	货币主义
—	理性预期学派
—	供给学派
—	公共选择学派
—	新制度经济学派

资料来源：恒大研究院。

二、生物学

达尔文的进化理论从生物与环境相互作用出发，认为生物的变异、遗传和自然选择作用能导致生物的适应性改变，"物竞天择，适者生存"。从生物进化理论引申而来的"国家生命周期理论"认为一个国家跟一个人一样，都存在从朝气蓬勃到衰老死亡的生命周期。对于全球大国霸权更迭历史，学者提出了不同角度下的划分，如沃勒斯坦根据经济全方面优势（生产、商业和金融）进行划分，如表 10-2 所示。而莫德尔斯基根据"海国时代"各国海军相对实力进行划分，如图 10-2 所示。国家衰落的内部原因包括规避风险、过度消费、创新能力下降、生产率降低、政府和公司官僚作风普遍，既得利益集团不愿意适应并抵制改革等；外部原因包括战争、过度扩张、残酷竞争等。表 10-3 列举了七大国家近 200 年 GDP 占世界比重的变化。国家跟人不同的是，在适当的外部刺激之后通过有效的内部改革，国家可以重生，即通过外部冲击和内部改革后，国家可重回兴盛阶段，如改革开放以来的中国。

国家生命周期理论的主要代表人物和著作有达尔文《物种起源》，1859 年；查尔斯·P. 金德尔伯格《世界经济霸权：1500—1990》，1995 年。

表 10-2　沃勒斯坦全球大国霸权周期

霸权的权力	哈布斯堡王朝	荷兰（联合省）	英国	美国
崛起中的霸权	1450—? 年	1575—1590 年	1789—1815 年	1897—1913/1920 年
霸权的胜利	……	1590—1620 年	1815—1850 年	1913/1920—1945 年
霸权的成熟	? —1559 年	1620—1650 年	1850—1873 年	1945—1967 年
衰落的霸权	1559—1575 年	1650—1672 年	1873—1897 年	1967—? 年

资料来源：Terence K. Hopkins, Immanuel Wallerstein, *World-Systems Analysis*: *Theory and Methodol-ogy*，SAGE Publications, 1982, p.118；恒大研究院。

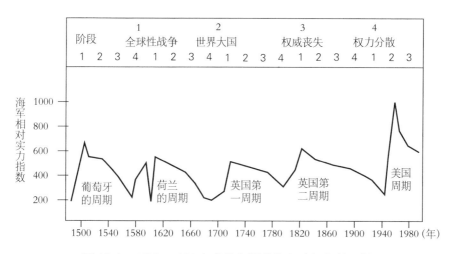

图 10-2　1500—1980 年莫德尔斯基的全球权力长周期

资料来源：George Modelski, William R. Thompson, *Seapower in Global Politics*, Macmillan Press,1988, p.109；恒大研究院。

表 10-3　七大国家近 200 年 GDP 占世界比重的变化

（单位：%）

年份	1820	1870	1913	1929	1950	1973	2001
英国	5.21	9	8.22	6.76	6.53	4.22	3.23
德国	3.86	6.48	8.69	7.06	4.98	5.9	4.13
美国	1.8	8.84	18.94	22.7	27.32	22.07	21.42
苏联 / 俄罗斯	5.42	7.52	8.5	6.42	9.57	9.44	3.61
中国	32.88	17.05	8.83	7.37	4.5	4.62	12.29

续表

年份	1820	1870	1913	1929	1950	1973	2001
日本	2.98	2.28	2.62	3.45	3.02	7.76	7.06
印度	16.02	12.12	7.48	6.52	4.17	3.09	5.39

资料来源：[英]安格斯·麦迪森：《世界经济千年史》，伍晓鹰等译，北京大学出版社
2003 年版，第 265 页；恒大研究院。

三、历史学

历史学通常以较为全面的历史事件和形势分析大国兴衰，分析范围涵盖社会阶层、文化氛围、政治制度、国际局势等多个方面。表 10-4 总结了部分新兴崛起国家与守成大国之间的摩擦，并从多个方面分析了不同历史时期新兴崛起国家不同结局的原因。[①] 贡德·弗兰克在《白银资本：重视经济全球化中的东方》中指出，中国曾长期占据世界经济的中心地位，经济总量曾达到整个世界的 50%。但在"航海时代"开启的特定历史进程当中，中国未能顺应历史潮流是后期走向衰落的重要原因。从荷兰的兴衰看，当时强国纷争的历史时机无疑是荷兰崛起的土壤，当西班牙"王位继承战争"结束，各强国结束彼此纷争，加速经济发展，荷兰逐渐衰落，这并非文化、地理、经济等因素能全部解释的。

过度对外扩张理论认为，自 16 世纪西欧国家进步以来，从西班牙、荷兰、法国、英国、苏联到美国等一流强国的兴衰史表明，国家的生产力、收入增长能力与军事力量会形成相互依存关系。对霸权国家而言，长期的对外扩张必将导致国力的削弱和霸权的旁落；对新兴国家而言，

---

① [德]贡德·弗兰克：《白银资本：重视经济全球化中的东方》，刘北成译，中央编译出版社 2008 年版，第 197 页。

一个国家经济力量和军事力量的增减并非同步进行，大部分历史事例表明，二者存在"时滞差"。历史学在大国兴衰领域研究众多，如德尼兹·加亚尔《欧洲史》，李世安《欧美资本主义发展史》，郭守田《世界通史资料选辑（中古部分）》，斯塔夫里阿诺斯《全球通史——1500 年以后的世界》，保罗·肯尼迪《大国的兴衰》。

表 10-4　历史上新兴崛起国家和守成大国的不同结局

守成大国	新兴崛起国家	追赶时间	结果
英国	德国	1880—1920 年	德国与英国贸易摩擦不断，开展军备竞赛，爆发第一次世界大战
英国	美国	1870—1945 年	英国精力集中于制衡欧洲大陆，放松对美压制，美国逐步在经济、政治、军事、金融等领域取得霸权地位，最终成功取代英国成为世界霸主
美国	苏联	1945—1990 年	政治、军事及意识形态的分歧使得美苏两国在第二次世界大战结束后关系逐步恶化，涉及领域包括军事、政治、经济等。美苏双方总体呈现对立状态，伴随阶段性局部缓和。苏联在美国的持续打压与"和平演变"下，陷入经济危机，最终解体，美国维持其世界霸主地位
美国	日本	1950—1990 年	美国逐步升级对日压制力度与手段，日美经济争霸从贸易战逐步升级为汇率金融战、经济战，从产业冲突到宏观协调和经济制度冲突，最终日本金融战败陷入"失去的二十年"，美国维持其世界经济金融霸权
美国	欧共体（欧盟）	1960 年至今	欧共体经济总量逐步扩张，美欧多次爆发贸易战，摩擦领域包含农业、钢铁以及高科技产品等，但欧盟并非主权国家，内部结构性问题使得其难以全面挑战美国霸权

资料来源：恒大研究院。

四、社会学

社会学尤其重视社会阶层和文化对于大国兴衰的影响。例如，英国成为第一个工业化国家的重要因素在于其独特的社会结构，即强大的中间阶层。工业革命前夕，英国较欧洲大部分国家的突出特征是英国有一个强大的中间阶层，而非只有社会上层和社会下层两层，且阶层间界限相对模糊，社会开放性和流动性较强。这使得在工商业生产活动中，英国有着其他国家缺失的社会活力。中间阶层推动着工业革命，而工业革命也反过来促进新兴资产阶级的壮大，这是英国领跑工业革命的突出原因。

文化论是社会学解释大国崛起的重要分支，该观点认为国家兴衰的首要原因在于价值观、科学精神和技术人才的培养。哈佛大学历史学家和经济学家兰德斯是这一观点的代表人物。他指出，地理大发现得益于西方文化中的冒险精神；工业革命首先发生在欧洲得益于欧洲对科学精神的追求和对技术知识的积累；而清朝曾经经济发展的停滞也是因为科学文化上的原因。

文明冲突论也对国家兴衰进行了深入分析。该理论认为，冷战后的世界由八个主要文明板块构成，国家立足于自身利益而行动，它们和与自己有共同根源和文化的国家合作或结盟，并常常和与自己有不同文化的国家发生冲突，冷战后冲突的主要差异不再是意识形态差异，而是文化差异。文明与经济相互影响，推动了国际经贸、政治格局的变化从而影响各国兴衰。

社会学观点的主要代表人物和著作有塞缪尔·S.亨廷顿《文明的冲突与世界秩序的重建》，戴维·S.兰德斯《国富国穷》。

五、地理学

大国兴衰的地理论认为地理环境对国家兴衰有重要影响，但不同的历史时期其影响不同。在交通不便、农牧发达的早期历史时期，充足的水源、适宜耕种或畜牧的气候以及平原地势都是助力国家发展的重要因素，人类社会的几大文明古国因此诞生在黄河、印度河、尼罗河等流域。自 15 世纪以来的"航海时代"中，临近大海且拥有充足深水港口的国家，如西班牙、葡萄牙、英国和荷兰都通过大力发展海运和海军促进经济腾飞。在工业经济发展、海陆空运输空前发达的时代，各国自然资源分布不均依然对经济发展产生重要影响，依托石油资源的中东国家长期积累财富，马六甲海峡两岸的港口城市依托天然地理位置积极发展贸易等。

地理因素对国家兴衰的影响还表现在国家的文化、政治体制、军事力量、地缘战略等方面。第一，地理环境影响国家的民族精神和性格，如海洋型国家长久与外界频繁接触，从事航海业和商业较多，民族性格更具冒险性，追求自由，从而更愿意参与远洋航海和贸易。第二，地理环境影响国家政治体制，海洋型国家的封建专制体制普遍延续时间较短，而大陆型国家封建专制体制延续较长。欧洲之所以呈现政治上的多元性，其重要原因也在于其碎片化的地理格局，缺乏广阔平原使得人群分散，从而难以以统一的中央集权政权进行统治。第三，地理环境影响国家领土防御体系和军事力量结构，四面临海的英国需要一支强大的海军，而国土辽阔、平原众多、缺乏天然屏障的俄国则需要一支强大的陆军。第四，国家在国际地缘政治中的位置也对其国家兴衰影响深远，欧盟（欧共体）的形成在很大程度上源于国际地缘政治。

在大国兴衰地理论的影响下，地缘政治学把地理因素视为影响甚至决定国家政治行为的一个基本因素，并形成了"大陆均势说""心脏地带说""边缘地带说""陆权海权制空权""高边疆战略"等分析世界各国地缘政治博弈的观点。地缘经济学认为每个国家从地缘的角度，在国际竞争中保护国家自身利益，通过经济手段开展国际竞争并处理国际关系。人类历史上以及当下世界主要经济强国基本处在同一纬度区域。

地理论的主要代表有保罗·肯尼迪《大国的兴衰》，詹姆斯·多尔蒂等《争论中的国际关系理论》，哈尔福德·麦金德《历史的地理枢纽》，马汉《海权论》，朱里奥·杜黑《制空权》，亨利·基辛格《大外交》，兹比格纽·布热津斯基《大棋局：美国的首要地位及其地缘战略》。

六、政治学

国家兴衰的政治论也被称为制度论，认为国家的基本制度尤其是政治制度决定了国家发展的进程与效率。纵观历史，大国兴起往往伴随着制度变革，秦孝公商鞅变法和秦始皇大一统为秦汉帝国400年盛世奠定了基础；三省六部制、科举制、均田制和两税制等重大制度创新是隋唐兴盛的基石；君主立宪制和共和制为英荷崛起铺垫道路；美国废除黑奴制、建立联邦制和三权分立的政治体系为其国力强盛之基础。

政治制度决定国家权力的划分，而统治阶层的利己意志可能限制国家发展的潜力。政治制度的基本内涵是对国家权力进行划分，古代封建王朝君主制是以君主为代表的贵族阶级掌握统治权；中世纪欧洲宗教国家是以王族和教会共同掌握统治权；现代民主制则是由人民享有管理国家的权力。在少数人掌握国家统治权的政治制度下，统治阶层可因为利己因素遏制有利于国家进步的经济创新。如第一次工业革命之初，蒸汽机首先诞生于法国而非英国，但法国政治精英担心蒸汽机的普及导致法国行会的衰落，进而影响其统治根基，从而限制了蒸汽机的发展，使得法国错失了大国崛起的机遇。

　　缺乏对产权的有效保护是政治制度失败的首要原因。以詹姆斯·罗宾逊为代表的制度理论认为国家失败的根源在于榨取型的政治和经济制度，且政治制度作用优先于经济制度。从本质上来说，由于缺乏对产权的有效保护，榨取型政治和经济制度无法对行为体提供持续有力的激励，最终导致发展停滞。典型案例是美国南部的奴隶制度：19 世纪 60 年代的美国，中北部以工商业经济为主，南部以黑奴制为基础的种植园经济为主，尽管南北战争结束了奴隶制，但南方的统治精英以各类手段延续奴隶制，促使南方各州经济发展水平长久落后于北部，这一差距直至 20 世纪 60 年代之后才逐步缩小。

　　该理论的主要代表有德隆·阿西莫格鲁、詹姆斯·A.罗宾逊《国家为什么会失败》，道格拉斯·诺斯等《西方世界的兴起》，《制度变迁与美国经济增长》，塞缪尔·亨廷顿《导致变化的变化：现代化、发展和政治》，《变化社会中的政治秩序》。

第三节　中国经验：中国做对了什么？

　　改革开放 40 年来中国经济取得了举世瞩目的发展成就，引发了各国对中国经济增长模式及其后果的争论。

　　当前关于中国经济增长模式的观点主要有两种：

　　第一种观点在国际上比较流行，认为中国是出口依赖型模式，通过实行重商主义的战略，维持低汇率，低估能源、土地和劳动力成本，高度依赖出口和投资。在国内消费需求不足的情况下把过剩产能向全球输出，形成了较严重的内外部失衡，导致世界经济失衡加剧。持这种观点的人认为，要推动世界经济再平衡，必须对中国实行贸易保护主义，并敦促人民币尽快升值。

第二种观点认为，中国是内需为主的增长模式，每一阶段的经济增长引擎切换都是沿着居民消费结构升级路径展开的，如表 10-5 所示，从 20 世纪 80 年代的轻纺，到 90 年代的家电，再到 21 世纪以来的汽车、地产，每次主导产业升级与经济增长浪潮的都是在居民从"衣食"到"耐用品"再到"住行"的消费结构升级带动下实现的。

我们认为，从中国经济增长的动力结构来看，中国经济增长模式具有"双轮驱动"的基本特征。从 20 世纪 90 年代中期以来，中国经济增长的动力结构由内需驱动为主向内外需"双轮驱动"过渡，由国际竞争力带来的外需和由居民消费升级带来的内需共同构成了中国经济增长的"双轮驱动"力量，而且两股力量都很强劲。中国逐渐完善的基础设施，大量熟练的制造业工人和技术人员，有效的汇改和入世等政策措施，使得物美价廉的中国制造产品走向世界，经济的外向程度快速提高。同时，中国拥有近 14 亿人口的广阔市场，中国的城镇化率为59.6%[①]，处在城市化快速推进时期，进城务工人员市民化愿望迫切，城市居民消费升级加快，中国经济的内在需求旺盛。从过去 20 年的历史来看，内需和外需这两股力量轮番交替共同驱动中国经济增长。中国经济增长模式既不是过度依赖外需的小国出口导向型模式，也不是完全以内需为主的大国封闭经济体模式，而是典型的大国开放型经济体。

更深层次的，中国过去 40 年的发展成就取决于市场化导向的改革开放，比如 20 世纪 80 年代的家庭联产承包责任制、乡镇企业、设立经济特区、1994 年分税制改革、1998 年房改、2001 年加入 WTO、2015年以来的供给侧结构性改革等，充分释放了农民、地方政府、民企经济、国有企业、外资企业等主体创造财富的活力。

---

① 国家统计局：《2018 年国民经济和社会发展统计公报》，见 http://www.stats.gov.cn/tjsj/zxfb/201902/t20190228_1651265.html，访问时间：2019 年 6 月 26 日。

表 10-5　1978—2018 年中国经济增长的主导行业

时期	20 世纪 70 年代末 80 年代初	20 世纪 90 年代	21 世纪
内需发展阶段	衣食	耐用品	住行
外需发展阶段	实行对外开放、设立经济特区	1994 年汇率超贬、出口导向战略	2001 年加入 WTO、融入全球
主导经济增长与周期波动的行业	食品	家电	汽车
	纺织	电子	房地产
	金融	汽车	煤电、钢铁、石化
	冶金	冶金	金融
	石化	石化	互联网
			电子

资料来源：恒大研究院。

第四节　世界经济重心转移的趋势及后果

一、过去 100 年来的基本事实

1900 年以来，世界经济的重心先是从大西洋的东岸转移到大西洋的西岸，再从环大西洋地区转移到环太平洋地区，现在正从太平洋的东岸转移到太平洋的西岸。

二、全球经济重心转移的基本原因

一国经济最重要的就是要具备"生产性"，历史上的经济霸权大多经历了从"生产性"到"非生产性"的转变，这就使得霸权国家有了生命周期性质，从而无法逃脱由盛而衰的宿命。经济霸权国最初作为最先进的工业品制造者，然后逐步把产业以资本输出的方式转移到后发国家中，自己越来越成为依赖金融服务业的食利者（2008 年美国房地产金融部门引发的次贷危机、2009 年欧洲主权债务危机以及 2012 年银行业

危机）；这个过程从经济上看是有利可图的，但是从安全和政治上看却会导致霸权基础相对衰落，其间的背离达到不可持续的地步必将导致全球政治格局的重新调整。

历史上全球经济重心的转移首先是具有"生产性"部分的全球生产制造中心的转移，从而使新兴国家具备了进行后发追赶的模仿学习条件、大规模技术创新的产业基础、组织全球生产的能力以及调动全球资源的实力，进而提升了新兴国家在全球治理中的影响力与软实力。

过去100年来，美国和欧洲经济面临的主要问题就是从"生产性"向"非生产性"的转变。美国次贷危机和欧洲主权债务危机的形成由来已久，是生产性下降、制造业萎缩、产业空心化、地区经济竞争力下降、高福利模式弊端（欧）、过度消费（美）等弊病长期侵蚀的结果，是昔日全球霸主不可避免地走向没落的生动写照。

以中国为代表的新兴经济体崛起的原因，正是通过对内改革和对外开放，释放了内部活力，扩大了外部发展空间，很好地承接了全球"生产中心"的转移。新兴国家的崛起和欧美老牌发达国家的衰落，正应了中国的古训，所谓"成于勤俭，败于奢侈""生于忧患，死于安乐"。

三、世界经济重心转移带来的政治、军事后果

霸权国家日益衰落的相对经济实力与仍然强大的政治军事实力并存，新兴国家充满活力的经济实力与仍然薄弱的政治军事实力并存。

21世纪全球争霸出现新手段：经济战争、货币战争、地缘战争、文化战争、科技战争。

当前需要战略性地对世界主要经济大国未来30年的经济发展进行预测，描绘出到2050年世界经济的地缘格局。

《广场协议》签订前，日本GDP与美国GDP之比接近40%；中国当前GDP相当于美国GDP的66%，如图10–3所示。按照6%左右的GDP

图 10-3　1970—2016 年中国、苏联、日本分别与美国 GDP 的比值

资料来源：联合国、俄罗斯统计署、恒大研究院。

增速，在 2027 年前后，中国有望取代美国，成为世界第一大经济体。

第五节　中国经济大国崛起的挑战与未来

一、历史经验：世界新兴经济大国走向经济强国的成败借鉴

历史上几次世界新兴经济大国崛起对当时世界政治经济格局都产生了深远的影响。以足够长远的历史视角来看，自世界地理大发现和工业革命以来，全球经济霸权的争夺就像一场永不停歇的锦标赛。海权时代英国对西班牙海上霸权挑战成功；两次世界大战期间德国对英国全球经济霸权的挑战失败；两次世界大战前后美国对英国全球经济霸权挑战成功；20 世纪 80 年代末日本对美国全球经济霸权挑战失败。

二、机遇与挑战：中国能否持续保持经济发展？

中国的经济发展未来面临新的内外部机遇和挑战，也面临着日益

复杂的地缘关系。

中国经济发展面临的外部环境挑战：能源安全、新的国际地位、新的全球责任等。中国如何适应新的经济大国角色和全球规则，塑造良好的国家形象？

中国如何跨越"中等收入陷阱"的世界性难题？未来如何实现吸纳3亿农村人口的工业化和城市化？到哪里去寻找支撑中国经济持续发展的能源资源？如何从要素驱动的高速增长阶段转型迈向创新驱动的高质量发展阶段？

中国经济发展面临的内部制度障碍，持续改革的动力来自哪里？如何克服来自既得利益集团的阻碍，实现"机会公平、过程参与、成果共享"的和谐社会？

三、现实战略选择：中国如何从经济大国走向综合性大国

（一）中国最重要的外交关系是中美关系

中美关系的本质是新兴大国与在位霸权国家的关系模式问题，三类基本模式是竞争对抗、合作追随、韬晦孤立。从经济大国走向综合性大国需要卓越伟大的领导人、凝聚人心的梦想愿景、高超的战略智慧、纵横捭阖的外交布局、坚决灵活的执行力以及全方位的人才。

（二）制定新的立国战略

改革开放 40 年来，中国一方面在经济规模上跃升为世界第二大经济体，另一方面在人均 GDP、基础技术、软实力等方面与发达国家还有很大差距。中国正处于战略转型期和战略迷茫期，所需要解决的关键问题是新的立国战略问题，即面对未来政治经济形势演化趋势以及世界领导权更迭，确定一种对我国有利的长远的战略定位，类似当年英国的大陆均势，美国的孤立主义，中国的韬光养晦。

（三）清醒、冷静、客观认识中国所处的发展阶段，继续坚持三大战略并保持战略定力

我们应继续坚持三大战略：必须继续保持谦虚的学习态度，必须继续韬光养晦，必须坚定不移地推动新一轮改革开放。

（四）推动六大改革，从国际新三角分工中突围

在当前国际分工格局中形成的新三角关系（以美国为金融和科技创新中心，以日德为高端制造业中心，以中国为代表的东亚国家为中低端制造业中心），中国如何实现从"外围"走向"中心"，从制造业中心走向创新中心和金融中心，从追赶走向局部领域领跑？

展望未来，为迈向高质量发展，从国际新三角分工中突围，六大改革亟待突破：通过地方试点方式，调动地方在新一轮改革开放中的积极性；国企改革；大力度、大规模地放活服务业；大规模地降低微观主体的成本；防范化解重大风险，促进金融回归本源，更好地服务实体经济；按照"房子是用来住的，不是用来炒的"定位，建立居住导向的新住房制度和长效机制，关键是货币金融稳健和人地挂钩。

（五）构建人类命运共同体，共创世界美好未来

中国如何从全球视野出发构建自身发展的战略体系，实现经济发展战略与政治、军事发展战略的良好配合，如何处理好新形势下的内政外交关系。中国如何参与到全球治理中去，争取更大的发展空间，承担相应的全球责任？推动经济全球化，坚定支持多边主义，积极参与推动全球治理体系变革，携手构建人类命运共同体，共创世界美好未来。

大道之行，天下为公。站立在960多万平方公里的广袤土地上，汲取着五千多年中华民族漫长奋斗积累的文化养分，拥有近14亿中国人民聚合的磅礴之力，只要坚定不移地推动新一轮改革开放，我国经济转型必将成功！

参考文献

［美］艾尔弗雷德·塞耶·马汉：《海权对历史的影响（1660—1783 年)》，李少彦等译，海洋出版社 2013 年版。

［美］阿瑟·刘易斯：《增长与波动》，梁小民译，华夏出版社 1987 年版。

［英］安格斯·麦迪森：《世界经济千年史》，伍晓鹰等译，北京大学出版社 2003 年版。

［英］安格斯·麦迪森：《中国经济的长期表现（公元 960—2030 年)》，伍晓鹰、马德斌译，上海人民出版社 2016 年版。

［日］浜野洁等：《日本经济史：1600—2000》，彭曦等译，南京大学出版社 2010 年版。

［美］保罗·肯尼迪：《大国的兴衰》，陈景彪等译，国际文化出版公司 2006 年版。

［美］兹比格纽·布热津斯基：《大棋局：美国的首要地位及其地缘战略》，中国国际问题研究所译，上海人民出版社 2010 年版。

［美］查尔斯·P.金德尔伯格：《世界经济霸权：1500—1990》，高祖贵译，商务印书馆 2003 年版。

［英］达尔文：《物种起源》，王之光译，译林出版社 2014 年版。

［英］哈尔福德·麦金德：《历史的地理枢纽》，周定瑛译，陕西人民出版社 2013 年版。

［美］亨利·基辛格：《大外交》，顾淑馨、林添贵译，海南出版社 1998 年版。

［美］霍利斯·钱纳里等：《工业化和经济增长的比较研究》，吴奇等译，上海三联书店 1989 年版。

［美］加布里埃尔·A.阿尔蒙德等：《当代比较政治学：世界视野》（第八版更新版），杨红伟等译，上海人民出版社 2010 年版。

［日］久保田勇夫：《日美金融战的真相》，路邈等译，机械工业出版社

2015 年版。

[瑞典] 鲁道夫·契伦:《作为有机体的国家》，1916 年。

[德] 马克思:《资本论》，中共中央马克思恩格斯列宁斯大林著作编译局译，人民出版社 2004 年版。

[美] 迈克尔·G. 罗斯金等:《政治科学》(第十版)，林震等译，中国人民大学出版社 2009 年版。

[美] 乔舒亚·雷默:《北京共识》，新华社《参考资料》编辑部译，2004 年。

[美] 塞缪尔·亨廷顿:《文明的冲突与世界秩序的重建》(修订版)，周琪等译，新华出版社 2010 年版。

[日] 三桥规宏等:《透视日本经济》，丁红卫、胡左浩译，清华大学出版社 2018 年版。

[美] 托尼·朱特:《战后欧洲史》，林骧华等译，中信出版社 2014 年版。

[美] W.W. 罗斯托:《经济增长的阶段:非共产党宣言》，郭熙保、王松茂译，中国社会科学出版社 2001 年版。

[日] 五百旗头真主编:《战后日本外交史:1945—2010》，吴万虹译，世界知识出版社 2013 年版。

[美] 西蒙·库兹涅茨:《各国的经济增长》，常勋等译，商务印书馆 1999 年版。

[英] 亚当·斯密:《国民财富的性质和原因的研究》，郭大力、王亚南译，商务印书馆 1974 年版。

[日] 野口悠纪雄:《战后日本经济史》，张玲译，民主与建设出版社 2018 年版。

[美] 约瑟夫·熊彼特:《经济分析史》，朱泱译，商务印书馆 1996 年版。

[美] 约翰·威廉姆森:《华盛顿共识》，1989 年。

[意] 朱里奥·杜黑:《制空权》，曹毅风、华人杰译，解放军出版社 2005 年版。

蔡林海、翟锋:《前车之鉴:日本的经济泡沫与"失去的十年"》，经济科学出版社 2007 年版。

何晓松:《日美政治经济摩擦与日本大国化:以 20 世纪 80 年代为中心》，社会科学文献出版社 2015 年版。

胡方:《日美经济摩擦的理论与实态——我国对日美贸易的对策与建议》，武汉大学出版社 2001 年版。

徐梅:《日美贸易摩擦再探讨》，中国税务出版社 2016 年版。

赵瑾:《全球化与经济摩擦:日美经济摩擦的理论与实证研究》，商务印书馆 2002 年版。

责任编辑：曹　春

封面设计：木　辛　汪　莹

图书在版编目（CIP）数据

全球贸易摩擦与大国兴衰／任泽平，罗志恒 著 . —北京：人民出版社，
　2019.9（2019.9 重印）

ISBN 978 - 7 - 01 - 020778 - 0

I. ①全…　II. ①任…②罗…　III. ①国际贸易 - 贸易争端 - 研究
　IV. ① F744

中国版本图书馆 CIP 数据核字（2019）第 083230 号

全球贸易摩擦与大国兴衰

QUANQIU MAOYI MOCA YU DAGUO XINGSHUAI

任泽平　罗志恒　著

人民出版社 出版发行

（100706　北京市东城区隆福寺街 99 号）

中煤（北京）印务有限公司印刷　新华书店经销

2019 年 9 月第 1 版　2019 年 9 月北京第 3 次印刷

开本：710 毫米 ×1000 毫米 1/16　印张：23

字数：308 千字

ISBN 978 - 7 - 01 - 020778 - 0　定价：68.00 元

邮购地址 100706　北京市东城区隆福寺街 99 号

人民东方图书销售中心　电话（010）65250042　65289539